国家精品课程配套教材系列

电子商务概论

主 编 张晓云

内 容 提 要

本书全面地介绍了电子商务的基本内容，以帮助读者对电子商务的最新理论、技术与应用有一个清晰完整的了解。教学内容的编排以学生的认知规律为指导，以帮助学生学会学习方法，培养终身的学习意识和能力。

本书的理论知识渗透在一个个教学情境中，教学内容的编写是按照"设置学习情境，安排学习任务"的模式进行，全书共分为 7 个学习情境：学习情境 1 是初始电子商务；学习情境 2 是网上交易商流处理；学习情境 3 是网络推广与促销；学习情境 4 是网上交易安全信息处理；学习情境 5 是网上交易支付信息处理；学习情境 6 是网上交易物流处理；学习情境 7 是网络商店策划与设计。本书把握学科发展前沿，充分反映本学科在国内外的最新研究和教学成果及其最新进展，具有前瞻性。

本书为国家级精品课程的配套教材，既可作为各高等学校相关专业的学习用书，也可作为相关领域高级管理人员的参考或培训用书。

本书配有免费电子教案，读者可以到中国水利水电出版社和万水书苑的网站上免费下载，网址为：http://www.waterpub.com.cn/softdown/ 和 http://www.wsbookshow.com。

图书在版编目（CIP）数据

电子商务概论 / 张晓云主编. -- 北京：中国水利水电出版社，2014.8（2018.1 重印）
 国家精品课程配套教材系列
 ISBN 978-7-5170-2402-6

Ⅰ. ①电… Ⅱ. ①张… Ⅲ. ①电子商务－概论－高等学校－教材 Ⅳ. ①F713.36

中国版本图书馆CIP数据核字(2014)第199893号

策划编辑：石永峰/雷顺加　责任编辑：张玉玲　加工编辑：芦丹桐　封面设计：李佳

书　　名	国家精品课程配套教材系列 **电子商务概论**
作　　者	主　编　张晓云
出版发行	中国水利水电出版社 （北京市海淀区玉渊潭南路 1 号 D 座　100038） 网址：www.waterpub.com.cn E-mail：mchannel@263.net（万水） 　　　　sales@waterpub.com.cn 电话：（010）68367658（发行部）、82562819（万水）
经　　售	北京科水图书销售中心（零售） 电话：（010）88383994、63202643、68545874 全国各地新华书店和相关出版物销售网点
排　　版	北京万水电子信息有限公司
印　　刷	三河市鑫金马印装有限公司
规　　格	184mm×260mm　16 开本　13.5 印张　331 千字
版　　次	2014 年 8 月第 1 版　2018 年 1 月第 2 次印刷
印　　数	3001—5000 册
定　　价	26.00 元

凡购买我社图书，如有缺页、倒页、脱页的，本社发行部负责调换

版权所有·侵权必究

前　言

伴随着互联网和信息技术的飞速发展，电子商务应运而生并在世界范围内得到了广泛的发展和应用。电子商务是具有商业活动能力和需求的实体为了跨越时空限制，提高商务活动效率，采用电子方式实现商品交易和服务交易的一种贸易形式。电子商务是一门复合型学科，是多重学科相融合的产物，是技术和管理相结合的结果，是一种完全崭新的商务手段，从根本上改变了人们在传统经济活动中的交易方式和流通技术，同时改变了人们传统的生活方式和思想观念。它是世界经济新的增长点，代表新经济的发展方向，因而对未来社会的经济发展和商务活动具有特别重要的意义。

电子商务和网络经济的迅猛发展得益于全球经济一体化的迅速发展，得益于信息处理技术和通信技术的快速发展和成熟，更源于其自身适应知识经济时代商务模式的内在特点。商业企业管理信息系统及金融业自动服务系统的形成和不断完善也为电子商务的形成奠定了基础，并为其进一步发展创造了更加有利的条件。电子商务已成为人们的主要商务模式以及用来推动社会、经济、生活和文化进步的重要动力和工具。如何开发和应用电子商务技术，探讨政府、企业、公众在电子商务发展过程中各阶段的作用，分析电子商务对社会、经济、法律的影响，总结其发展的规律和得失，研究电子商务对企业的潜在冲击，制定各发展阶段的不同对策等，都是非常重要的研究课题。

《电子商务概论》课程设计遵循以职业能力培养为重点的理念，与行业企业合作进行基于工作过程的课程开发与设计，充分体现职业性、实践性和开放性的要求。

本课程主要采用基于工作过程的项目式教学方法，通过与企业合作开发真实环境（网络开店）下的创业平台和工作情境，设计一个完整的创业项目，推动理论知识的学习，并将项目分解为基本操作工作任务和扩展工作任务，培养学生的各种职业素养和职业能力。课程设计还注重与电子商务职业资格证书相结合，通过课程的理论与实践学习，为学生获取电子商务师岗位打下扎实的基础，提高学生的就业竞争力，促进以创业带动就业工程。

课程内容设计以学生为主体建立一个自己独立拥有的商务交易网店为切入点，致力于激发学生学习商务活动的兴趣，调动学生的兴奋点，从而达到通过课程学习使学生能够拥有自己的网上店铺并建立简单的商务交易网站，灵活应用网络营销、网上支付、交易安全和电子商务物流等相关知识的目的。课程设计充分地结合了各类商务网站的实际工作业务流程，设计和开发了教学内容，从能力点的认识和训练上拓展学生的技能。

课程实施设计注重练讲结合，课内课外结合，虚实结合，着力将学生引入到一个"实际网络商务工作"的过程中，充分体现了职业性、实践性和开放性的要求，具体表现如下：

1. 职业性

注重学生良好职业素养的培养，结合课程特点，让学生在学习和实践的过程中锻炼自己的语言表达和团队协作能力并熟悉必要的商业礼仪等内容，增强自信，全面提高学生的综合素质。

2. 实践性

将学生组织成若干个项目小组，制定项目小组的任务规划并每周召开例会，各组汇报项目任务的进行状况并进行对比分析，制定下一步工作计划。例如，在讲到网络营销手段内容时，通过项目小组例会先鼓励学生自己了解和运用网络营销方式进行指定产品的推广，然后通过推广业绩的比较，再讲解不同网络营销手段的应用特点和背景。强化实践技能，培养学生利用所学理论和方法来解决生产经营中的实际问题的能力。

3. 开放性

从提高学生利用互联网学习的能力和兴趣入手，将问题简单化，让学生在获得成就感的时候去主动了解课程内容所要求的知识。例如，开始先通过"淘宝网"等网站提供的个人开店为蓝本，让学生建立个性化的网站，让学生在掌握电子商务基本理论的基础上，把理论知识与现实的经营活动实践相结合，学会开展基本的电子商务业务。同时始终给学生营造一个网络营销和"竞争"的氛围，激发学生的学习能动性。例如，以在班级内的产品模拟营销为起点，逐步拓展营销范围到宿舍区、校内外等，利用课堂、周例会进行不间断的产品营销业绩点评，使学生一直沉浸在"工作过程"中。

本书由西安航空学院张晓云老师任主编，赵琳老师编写了本书的第 1、7 学习情境；程传旭老师编写了第 2、3、6 学习情境；刘文哲老师编写了第 4、5 学习情境；张晓云负责全书的策划和统稿工作。

本书编写过程中，参考了同行的相关资料及有关网站，在此表示感谢。因此，在本书出版之际，我们谨向参与组织、编写以上学习材料的人员和提供资料的单位和个人，表示诚挚感谢。

由于编写者时间仓促且水平有限，书中疏漏与不足之处在所难免，恳请广大读者批评指正。

编　者
2014 年 6 月

目 录

前言

学习情境1　初识电子商务 ⋯⋯⋯⋯⋯⋯⋯⋯ 1
　【项目任务1.1】　认识电子商务 ⋯⋯⋯⋯⋯ 1
　　1.1.1　认识电子商务 ⋯⋯⋯⋯⋯⋯⋯⋯⋯ 2
　　1.1.2　电子商务系统 ⋯⋯⋯⋯⋯⋯⋯⋯⋯ 11
　　1.1.3　移动电子商务 ⋯⋯⋯⋯⋯⋯⋯⋯⋯ 15
　　1.1.4　电子商务技术基础 ⋯⋯⋯⋯⋯⋯⋯ 21
　【思考与实践】⋯⋯⋯⋯⋯⋯⋯⋯⋯⋯⋯⋯ 30

学习情景2　网上交易商流处理 ⋯⋯⋯⋯⋯ 31
　【项目任务2.1】　网络零售商务信息处理 ⋯ 31
　　2.1.1　网络商务信息收集 ⋯⋯⋯⋯⋯⋯⋯ 32
　【项目任务2.2】　选择C2C购物操作流程 ⋯ 34
　　2.2.1　C2C电子商务模式分析 ⋯⋯⋯⋯⋯ 34
　　2.2.2　选择C2C模式的问题分析 ⋯⋯⋯⋯ 35
　【项目任务2.3】　选择B2C购物操作流程 ⋯ 36
　　2.3.1　B2C电子商务模式分析 ⋯⋯⋯⋯⋯ 37
　【项目任务2.4】　选择B2B购物操作流程 ⋯ 38
　　2.4.1　典型的B2B类电子商务网站运营
　　　　　　模式 ⋯⋯⋯⋯⋯⋯⋯⋯⋯⋯⋯⋯ 39
　【项目任务2.5】　处理电子交易过程 ⋯⋯⋯ 41
　　2.5.1　处理订单 ⋯⋯⋯⋯⋯⋯⋯⋯⋯⋯⋯ 42
　　2.5.2　选择电子支付方式 ⋯⋯⋯⋯⋯⋯⋯ 46
　【思考与实践】⋯⋯⋯⋯⋯⋯⋯⋯⋯⋯⋯⋯ 50

学习情景3　网络推广与促销 ⋯⋯⋯⋯⋯⋯ 53
　【项目任务3.1】　分析网上商店，进行市场
　　　　　　　　　调研和消费者行为分析 ⋯ 53
　　3.1.1　网络市场调研 ⋯⋯⋯⋯⋯⋯⋯⋯⋯ 54
　　3.1.2　分析网络消费者行为 ⋯⋯⋯⋯⋯⋯ 59
　【项目任务3.2】　设计发布网络广告并实施
　　　　　　　　　网络营销 ⋯⋯⋯⋯⋯⋯⋯ 61
　　3.2.1　网络营销的营销环境分析 ⋯⋯⋯⋯ 62

　　3.2.2　网络营销策略分析 ⋯⋯⋯⋯⋯⋯⋯ 65
　　3.2.3　进行网络广告与促销 ⋯⋯⋯⋯⋯⋯ 72
　【项目任务3.3】　设计网上商店网络推广
　　　　　　　　　方案并实施 ⋯⋯⋯⋯⋯⋯ 80
　　3.3.1　运用网络营销工具营销 ⋯⋯⋯⋯⋯ 81
　【思考与实践】⋯⋯⋯⋯⋯⋯⋯⋯⋯⋯⋯⋯ 87

学习情境4　网上交易安全信息处理 ⋯⋯⋯ 91
　【项目任务4.1】　认识电子商务安全的需求 ⋯ 91
　　4.1.1　识别电子商务交易风险 ⋯⋯⋯⋯⋯ 98
　　4.1.2　构建电子商务安全体系 ⋯⋯⋯⋯⋯ 99
　　4.1.3　数据加密技术 ⋯⋯⋯⋯⋯⋯⋯⋯⋯ 100
　　4.1.4　认证技术 ⋯⋯⋯⋯⋯⋯⋯⋯⋯⋯⋯ 105
　【思考与实践】⋯⋯⋯⋯⋯⋯⋯⋯⋯⋯⋯⋯ 115

学习情境5　网上交易支付信息处理 ⋯⋯⋯ 117
　【项目任务5.1】　网上支付基本操作 ⋯⋯⋯ 117
　　5.1.1　网上支付 ⋯⋯⋯⋯⋯⋯⋯⋯⋯⋯⋯ 120
　【项目任务5.2】　利用第三方支付平台完成
　　　　　　　　　在线支付与结算操作 ⋯⋯ 125
　　5.2.1　第三方支付 ⋯⋯⋯⋯⋯⋯⋯⋯⋯⋯ 131
　【思考与实践】⋯⋯⋯⋯⋯⋯⋯⋯⋯⋯⋯⋯ 144

学习情景6　网上交易物流处理 ⋯⋯⋯⋯⋯ 145
　【项目任务6.1】　确定网络零售的物流配送
　　　　　　　　　模式 ⋯⋯⋯⋯⋯⋯⋯⋯⋯ 145
　　6.1.1　选择电子商务物流模式 ⋯⋯⋯⋯⋯ 147
　　6.1.2　电子商务物流模式分析 ⋯⋯⋯⋯⋯ 149
　　6.1.3　分析电子商务与物流关系 ⋯⋯⋯⋯ 155
　　6.1.4　选择电子商务物流配送 ⋯⋯⋯⋯⋯ 158
　【项目任务6.2】　以网上某项交易业务为例，
　　　　　　　　　完成物流配送方案的实施 ⋯ 163
　　6.2.1　收集物流基本作业信息 ⋯⋯⋯⋯⋯ 163

  6.2.2 制定配送方案 …………………… 166
 【思考与实践】………………………………… 184
学习情境 7 网络商店策划与设计 ………… 185
 【项目任务 7.1】 认识电子商务网站 ……… 185
  7.1.1 商务网站需求分析 …………………… 185
  7.1.2 网站前台页面制作与实现 …………… 187
  7.1.3 网站数据库设计 ……………………… 196
  7.1.4 网站发布 ……………………………… 198
 【思考与实践】………………………………… 205
参考文献 ……………………………………………… 206

学习情境 1　初识电子商务

【学习情境描述】

电子商务已经越来越多地进入到我们的生活当中。大学生小雨对此很感兴趣。除了已经体验过的网上购物以外,她还想学习更多更全面的关于电子商务的知识。于是她开始了关于电子商务基础知识的学习和探索。

【知识点及技能点】

1. 了解电子商务的发展
2. 掌握电子商务的基本概念、电子商务的作用、电子商务的分类
3. 理解电子商务的概念模型、电子商务的应用、电子商务参与角色

【重点难点】

电子商务的概念
电子商务的作用及分类
电子商务的参与角色
电子商务的框架结构

【项目任务 1.1】　认识电子商务

✓　**任务要求**

全面掌握电子商务基础知识。

✓　**完成结果**

全面了解和认识电子商务涉及的基础知识以及涉及到的主要技术。

【相关概念】

- 电子商务:利用简单、快捷、低成本的电子通信方式,买卖双方不谋面地进行各种商贸活动。
- 电子商务概念模型:对现实世界中电子商务活动的一般性抽象描述,它由交易主体、电子市场、交易事务和信息流、资金流、物流等基本要素构成。
- 电子商务系统框架:由网络层、多媒体信息发布层、报文和信息传播层、贸易服务(中间服务)层以及法律法规与政策和各种技术标准两个支柱组成。
- 移动电子商务:移动电子商务是指通过手机、PDA(个人数字助理)等移动通信设备与因特网结合,利用无线网进行的信息查询、商务交易以及对信息、服务和商品的价值交换等活动。

【任务实现】

1.1.1 认识电子商务

1.1.1.1 认识生活中的电子商务

随着计算机技术、网络技术以及通信技术的不断发展，Internet 的用户也以迅猛的速度在增加。今天 Internet 已经深入到我们生活中的方方面面。从科学研究到百姓生活，从浏览信息到手机缴费，无不渗透着 Internet 的影子。在 Internet 如此普及的情况下，电子商务已经不再是一个陌生的名词，它在我们生活中随处可见。

（1）淘宝网。国内领先的个人交易网上平台。亚洲最大网络零售商圈，致力于打造全球首选网络零售商圈，由阿里巴巴集团于 2003 年 5 月 10 日投资人民币 4.5 亿元创办。只要网友们在淘宝上申请注册为正式会员，就可以享受网络购物的乐趣，并以支付宝为信用中介进行支付，放心地买到自己喜欢的商品；同时，个人也可以在淘宝上注册店铺销售物品，如图 1-1 所示。

图 1-1 淘宝网主页

（2）京东商城。京东是中国最大的综合网络零售商，是中国电子商务领域最受消费者欢迎和最具有影响力的电子商务网站之一，自 2004 年京东商城进入电子商务领域以来，一直保持着高速的增长。拥有近万家供应商，在线销售家电、数码通讯、电脑、家居百货、服装服饰、母婴、图书、食品等 12 大类、数万个品牌百万种商品。京东已经建立华北、华东、华南、西南、华中、东北六大物流中心，同时在全国超过 360 座城市建立核心城市配送站。京东商城具有商品浏览、商品购买、在线支付、订单速查、手机晒单、产品评价等功能，以纯电子商务模式运营，缩减中间环节，为用户打造便利的移动式购物体验。如图 1-2 所示。

（3）电子银行。近年来，随着网络技术的不断发展和成熟，电子银行用户的规模持续稳步发展。各商业银行先后开通了自己的网上银行。网上银行除了提供传统的账户查询、交易记录、转账等基本业务以外，还提供便捷、安全的新支付产品和服务。例如网上购物、金融产品服务、个人理财等个性化服务，如图 1-3 所示为兴业银行网上银行的主页。

图 1-2　京东商城主页

图 1-3　兴业银行网上银行主页

1.1.1.2　电子商务发展

（1）国外电子商务发展

电子商务起源于北美，在技术、市场和社会法律等方面，美国均处于领先地位。美国 Internet 的发展应用面遍及各行各业。欧洲在这方面起步较晚，落后于美国，但其发展势头却非常迅猛。拉美各国发展极不平衡，墨西哥电子商务发展走在世界前列，巴西 B2B 处于试验阶段，而拉美东部地区尚处于萌芽阶段。亚太地区新兴的电子商务市场主要集中在日本、新加坡、韩国、中国、中国台湾与香港等国家和地区。其中，日本作为世界经济大国，网络用户仅次于中国和美国，对互联网的开发和利用也处于比较领先的地位。韩国的电子商务大约开始于 1996 年，直到 2000 年开始出现垂直 B2C 和 C2C，被视为韩国网上购物高速发展的爆发点。

（2）中国电子商务发展

1）我国电子商务的发展历程

1990~1993 年开展了 EDI 电子商务应用阶段。我国电子商务的发展始于 20 世纪 90 年代初。自 1991 年开始开展 EDI 应用，先后在海关、外贸、交通航运等部门实施。1993 年，电子商务概念首次引入我国。随后，国家成立了国民经济信息化办公室，中国政府在全国组织实施金关、金卡、金税等"三金工程"，取得了重大进展，为电子商务的发展打下了基础。从 1994 年起，电子商务概念开始在我国传播。我国部分企业就开始涉足电子商务，并取得了显著的成绩。1995 年，中国互联网开始商业化。我国第一笔网上交易发生在 1996 年，并于当年外贸部成立中国国际电子商务中心。同年，金桥网与互联网正式开通。1997 年出现网上书店、网上购物及中国商品订货系统（CGOS）、中国商品交易中心（CCEC）、虚拟"广交会"等大型电子商务项目，拉开了中国电子商务的序幕。1998 年企业间电子商务示范项目开始启动。1999 年之后，中国电子商务开始迅速发展，以网上零售为例，其标志是诞生了以 8848 为代表的一批电子商务网站，风险投资大量投向 B2C 网站。并且政府上网、企业上网、网上纳税、网上教育、电子政务也都相继开始试点。1999 年"珠穆朗玛 8848"网上超市的出现，标志着中国电子商务开始进入快速发展时期，中国电子商务由此"正式启动"。2000 年，我国电子商务进入了务实发展阶段。2000 年 4 月 5 日，第四届中国国际电子商务大会在北京召开，标志着中国电子商务向务实的方向发展。

2）我国电子商务现状

① 我国互联网基本情况

2013 年 7 月中国互联网络信息中心（CNNIC）发布了《第 32 次中国互联网络发展状况统计报告》。报告显示，截至 2013 年 7 月，中国网民数量达到了 5.91 亿。手机上网的网民达到 4.64 亿，手机成为第一大上网终端。

截止 2013 年 7 月中国域名的总数为 1470 万个，其中".cn"域名 781 万个，".com"域名 375 万个，".中国"域名总数达到 27 万；中国网站总数升至 294 万个，半年增长 9.6%；国际出口带宽为 2098,150Mb/s，半年增长率为 10.7%。

表 1-1　中国大陆主要骨干网络国际出口带宽数

	国际出口带宽数（Mbps）
中国电信	1,118,249
中国联通	677,255
中国移动	244,594
中国教育和科研计算机网	35,500
中国科技网	22,600
中国国际经济贸易互联网	2
合计	2,098,150

从《第 32 次中国互联网络发展状况统计报告》中的调查数据不难看出，目前中国的电子商务硬件环境已经具备，这为电子商务的蓬勃发展和广泛应用提供了良好的环境。

② 电子商务整体应用情况：

《中国电子商务报告（2010-2011）》中指出：中国电子商务市场规模不断扩大，企业应用不断深入，网络购物迅速增强，相关服务业快速跟进。2011 年中国电子商务交易总额达 5.88 万亿元人民币，同比增长 29.2%，相当于当年国内生产总值的 12.5%。截至 2011 年年底，中国网络购物用户达到 1.94 亿，网络应用使用率达到 37.8%，实现网络零售总额 7825.6 亿元，在社会消费零售总额所占的比重达到 4.32%。2011 年中国电子商务服务企业突破 15 万家，电子商务服务业收入达到 1200 亿元。2011 年我国第三方网上支付交易达到 21610 亿元。

《第 32 次中国互联网络发展状况统计报告》中指出：截至 2013 年 7 月，网络购物用户的规模达到 2.71 亿，使用率提升至 45.9%。网络支付的使用率为 41.4%，用户规模达 2.44 亿。旅游预订的使用率为 22.4%，用户规模达到 1.33 亿。移动电子商务用户规模增长较快。2013 年 6 月底，手机网上购物用户达 7636 万。手机在线支付应用也得到较快发展，2013 年 6 月底用户为 7911 万。

③ 企业电子商务应用情况：

《中国电子商务报告（2010-2011）》中指出：目前我国大型企业已经普遍应用了电子商务，中小企业开展电子商务的比例也已经超过 40%，实现了原材料网上招标采购和网上营销等，大规模节约了企业成本。电子商务服务业收入达到 1200 亿元，去年中国第三方支付交易规模达到 21610 亿元，其增长速度远超社会商品零售额增速。

1.1.1.3 电子商务的概念

生活中我们经常见到的一些网站（比如淘宝、拍拍、阿里巴巴等）都属于电子商务网站。由于它们都是购物型网站，因此很多人把电子商务误认为就是电子购物或网上购物。而实际上网上购物仅仅是电子商务的一种类型。它的内涵十分丰富，众多国家、众多企业、众多专家对于电子商务的定义也并不统一。

加拿大电子商务协会认为：电子商务是通过数字通信进行商品和服务的买卖以及资金的转账，它还包括公司间和公司内利用 E-mail、EDI、文件传输、传真、电视会议、远程计算机联网所能实现的全部功能。例如：市场营销、金融结算、销售以及商务谈判。

联合国经济合作和发展组织（OECD）有关电子商务的报告中对电子商务是这样定义的：电子商务是发生在开放网络上的包含企业之间（Business to Business）、企业和消费者之间（Business to Consumer）的商业交易。

美国政府在其"全球电子商务纲要"中，比较笼统地指出电子商务是通过 Internet 进行的各项商务活动，包括广告、交易、支付、服务等活动，全球电子商务将会涉及各个国家。

全球信息基础设施委员会电子商务工作委员会报告草案中对电子商务的定义如下：电子商务是运用电子通信作为手段的经济活动，通过这种方式，人们可以对带有经济价值的产品和服务进行宣传、购买和结算。这种交易的方式不受地理位置、资金多少或零售渠道的所有权影响，公有/私有企业、公司、政府组织、各种社会团体、一般公民、企业家都能自由参加的广泛的经济活动，其中包括农业、林业、渔业、工业、私营和政府服务业。电子商务能使产品在世界范围内进行交易，并向消费者提供多种多样的选择。

IBM 公司认为电子商务概念包括三个部分：企业内部网、企业外部网及电子商务。它所强调的是在网络计算机环境下的商业化应用，不仅仅是硬件和软件的结合，也不仅仅是通常意义下的交易，而是把买方、卖方、厂商及其合作伙伴通过 Internet、企业内部网和企业外部网结合起来的应用。

HP 公司认为：电子商务是通过电子化手段来完成商业贸易活动的一种方式。电子商务使我们能够以电子交易为手段完成物品的服务等的交换，是商家和客户之间的联系纽带。

Intel 公司认为：电子商务是在基于网络连接的不同计算机之间建立的商业运作体系，是利用 Internet/Intranet 网络来使商务运作电子化。

综上所述，各个公司或组织从不同的角度看待电子商务并给出不同的定义内容。有的定义内容宽泛，有的相对狭小。如果我们从定义的范围来看待电子商务，就有了狭义电子商务和广义电子商务。狭义电子商务（Electronic Commerce）通常是指在全球各地广泛的商业贸易活动中，在 Internet 开放的网络环境下，基于浏览器/服务器的应用方式，买卖双方不谋面地进行各种商贸活动，实现消费者的网上购物、商户之间的网上交易和在线电子支付，以及各种商务活动、交易活动、金融活动和相关综合服务活动的一种新型的商业运营模式。广义上，电子商务一词源自于 Electronic Business，就是通过电子手段进行的商业事务活动。通过使用互联网等电子工具，使公司内部、供应商、客户和合作伙伴之间利用电子业务共享信息，实现企业间业务流程的电子化，配合企业内部的电子化生产管理系统，提高企业的生产、库存、流通和资金等各个环节的效率。

1.1.1.4 电子商务的分类

从不同的角度，电子商务有不同的分类。

1. 按照交易对象

按照交易对象，可以将电子商务分为 B2B、B2C、C2C 等。

（1）B2B（Business to Business，企业与企业之间的电子商务）已经存在多年，发展也最快。企业之间通过互联网进行产品、服务和信息的交换并完成商务交易。这类电子商务最大的特点在于商务活动双方的参与者都是企业。典型的 B2B 案例是阿里巴巴、中国制造网等，分别如图 1-4 和图 1-5 所示。

图 1-4　阿里巴巴主页

（2）B2C（Business to Customer，企业与个人之间的电子商务）是较早的电子商务模式，B2C 即企业通过互联网为个体消费者实现交易或价值创造的商业模式。消费者通过网络进行网上购物、网上支付，完成交易过程。典型的 B2C 电子商务网站有京东商城（如图 1-6 所示）、当当网（如图 1-7 所示）。

图 1-5　中国制造网主页

图 1-6　京东商城主页

图 1-7 当当网主页

（3）C2C（Consumer To Consumer，个人对个人的电子商务模式）是面向个人之间的商务模式，C2C 商务平台就是在一个虚拟市场当中完成交易。买卖双方提供一个在线交易平台，使卖方可以主动提供商品上网拍卖，而买方可以自行选择商品进行竞价，这种商务模式就如同现实中的二手市场一样，例如易趣网，如图 1-8 所示。

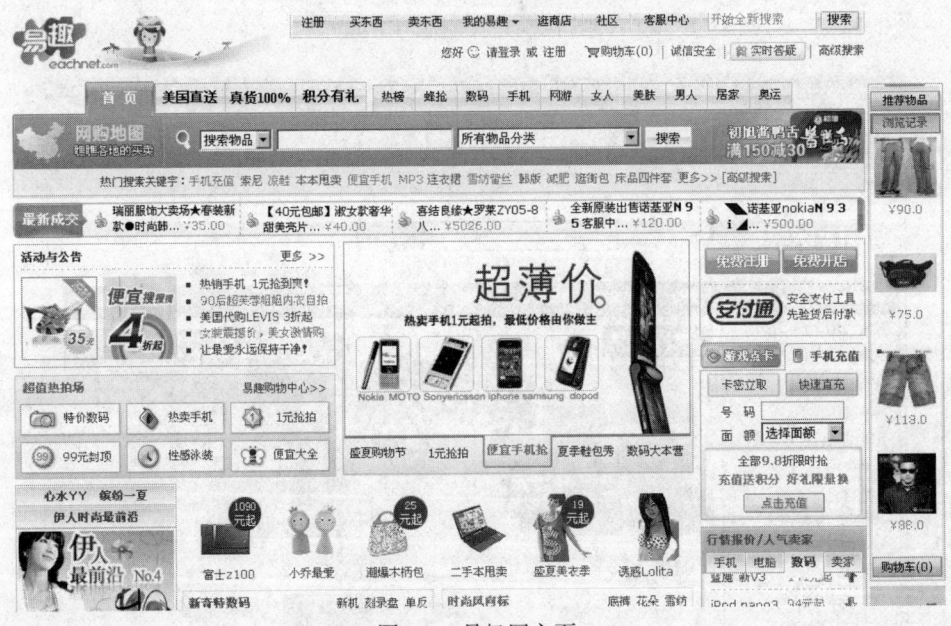

图 1-8 易趣网主页

2. 按照网络类型
（1）基于 EDI 专用网
EDI 用于商业和行政事物处理，它按照一个公认的标准，形成结构化的事物处理或信息数据结构，从而实现从计算机到计算机的数据传输。

EDI 用于计算机之间的商业信息传递，包括日常咨询、计划、采购、到货通知、询价、付款、财政报告等，还用于安全、行政、贸易伙伴、规格、合同、生产分销等信息交换。

（2）基于 Internet

Internet 是由多个不同结构的网络，通过统一的协议和网络设备（即 TCP、IP 协议和路由器等）相互连接而成的、跨越国界的、世界范围的大型计算机互联网络。它遵循 TCP/IP 协议建立 WWW 服务，采用 HTML、SMTP、FTP 等公开标准为电子商务的应用和发展提供了非常好的平台。

以 Internet 为基础的电子商务是目前电子商务中最广泛的电子商务形式。它以计算机、通信、多媒体和数据库技术为基础，通过互联网实现营销、购物服务。基于 Internet 的电子商务真正发挥了电子商务的优点，能够实现投入小、成本低、零库存和高效率。

（3）基于内联网

企业内联网是企业网的一种，即企业内部的局域网。它是企业内部各单位、部门、职员的联系网络。内联网是企业内部业务处理、管理和通信的工具，具有集成性、外向性和兼容性的特点。

在企业内联网中除了提供 FTP、E-mail 等功能外，还提供 Web 服务。在企业内联网中采用 Web 技术后，可以使企业及时发布信息。它采用 TCP/IP 协议作为通信协议，使用了 Web 技术，仅供单位内部使用，并具有明确的应用目标，对外具有与 Internet 连接的接口。为了保证企业内部信息的安全，在内联网和互联网之间常常设置防火墙或硬件，对出入的信息进行严格的过滤。

（4）基于外联网

外联网（Extranet）是不同单位间为了交换业务信息，实现企业间项目合作、提高商务运作效率、降低成本为目的的，以基于互联网或其他公网设施构建的单位间专用网络通道。因为外联网涉及到不同单位的局域网，所以不仅要确保信息在传输过程中的安全性，更要确保对方单位不能超越权限，通过外联网连入本单位的局域网。这是受控的外联网络，强调的是企业与企业间的连接。在电子政务领域，外联网经常应用于如网上报税系统、企业审计监察、人大代表联网办公、海关电子报关、政府信息中心和各委办局单位信息中心的联网等系统中。

（5）基于电话网

目前，电话网络非常成熟，是覆盖范围最广泛的网络之一，一些商家通过电话网络进行商务活动。这样基于电话网络的商务模式成本低，使用方便，但也有自己的缺点。

比如：西安知名的一些配送网，只要用户拨打服务电话报出自己的注册号或地址，并说明要订购的商品以及送货时间，即可完成订单。几秒钟之内，这份订单被接线服务人员输入该公司的计算机系统，系统根据用户编号从数据库中调出用户住址，再根据地址和送货时间自动把这份订单配置到第二配送站，生成送货单。在第二配送站里，经理会接收从总部传过来的送货单。这份送货单的用户全部在第二配送站的辖区之内，送货时间、用户地址、电话、编号、所需货物、数量、应收款等已经被清楚地列出来，然后经理会安排送货工人上门送货，完成电话商务交易。

然而基于电话网的电子商务也有局限性。方便的电话订购需要庞大和高效的配送系统作为依托。因此，保证在一个区域尽可能多地建立配送点，对整个配送系统实施高效管理至关重要。而且，基于电话网的商务随着销售的商品越来越多，分发商品目录给客户的印刷成本也越来越高，更新速度也显得太慢。有的商品规格、颜色多样，每份订单的商品组合也愈加复杂，电话服务人员的工作难度和出错率也增加了。从而，这种电子商务在个性化服务方面明显出现劣势，所以说"电话商务"适合标准化程度高的服务。

3. 按照范围

（1）基于本地电子商务。本地电子商务通常是指利用本城市内或本地区内的信息网络实现的电子商务活动，电子交易的地域范围较小。本地电子商务系统是利用电话网、电视网、Internet、Intranet 或专用网将参加交易各方的电子商务信息系统，包括买方、卖方及其他各方的电子商务信息系统、银行金融机构电子信息系统、保险公司信息系统、商品检验信息系统、税务管理信息系统、货物运输信息系统、系统地区 EDI 中心系统联结在一起的网络系统。本地电子商务系统是开展远程国内电子商务和全球电子商务的基础系统。

（2）基于国内电子商务。国内电子商务是指在本国范围内进行的网上电子交易活动，其交易的地域范围较大，对软硬件和技术的要求较高，要求可在全国范围内实现商业电子化、自动化，实现金融电子化，交易各方具备一定的电子商务知识、经济能力和技术能力，并具有一定的管理水平和能力等。

（3）基于全球电子商务。全球电子商务是指在全世界范围内进行的电子交易活动，参加电子交易的各方通过网络进行贸易。涉及到有关交易各方的相关系统，如卖方国家进出口公司系统、海关系统、银行金融系统、税务系统、运输系统、保险系统等。全球电子商务业务内容繁杂，数据来往频繁，要求电子商务系统严格、准确、安全、可靠，所以，应制订出世界统一的电子商务标准和电子商务（贸易）协议，使全球电子商务得到顺利发展。

4. 按照商务活动内容

（1）间接电子商务。间接电子商务活动即有形的电子订货。这种商务活动无法完全通过电子方式完成商品或服务的整个交易过程。它仍然需要利用传统渠道（如邮政服务和商业快递车）送货。

（2）直接电子商务。直接电子商务即无形的货物和服务，如计算机软件、数码音乐、电子报刊、电子图书、娱乐内容的联机订购、付款和支付，或是全球规模的信息服务。这种电子商务使交易双方超越地理空间的障碍，充分挖掘全球市场的潜力。

1.1.1.5 电子商务的特点

电子商务本身就是覆盖面较广的一门学科，它随着网络的诞生应运而生，随着网络的发展而不断完善。电子商务本身具有以下这几方面的特点：

（1）数字化。电子商务过程中，除了有形产品的运送和交接外，所有交易的发展过程均是在一个虚拟的交易空间内，借用现代通信技术和计算机网络以数字的形式完成的。因此，电子商务具有明显的数字性。

（2）动态化。电子商务是在一个全天候开放的系统上进行的交易。交易不受时间和空间的限制，交易的进行过程中经历商品浏览和订货、销售处理和发货、资金支付和售后服务等环节，引发了信息流、资金流、商务流和物质流的流通。这种流通有时是并行的，有时是交叉进行的。这种多流运行的机制使得系统具有明显的动态性。

（3）层次化。首先，电子商务涉及到社会的诸多方面。有政府、金融机构、企业、物流供应链、消费者等。其介入群体从职能上具有层次性。其次，消费者的消费欲望也有层次性。这种消费欲望的层次和日常生活中的相反，是由低到高、由小到大的。这就决定了电子商务的市场模型具有了一种动态的层次性。

（4）公开化。电子商务的贸易双方是"多对多"的关系。无论是消费者与企业还是企业与企业之间，均属这种关系。在电子商务环境中，无论企业的历史、规模、资金如何，在网络上都是平等的。为了争取到尽可能多的客户，各个企业都要设法将自己最好的形象、最优的产品、最佳的服务展示给消费者。因此，任何企业在产品、服务等方面，不再像传统交易中那样具有那么多的秘密，大家均是平等公开的。

（5）虚拟化。电子商务就其自身技术环境来讲，具有虚拟性。尽管消费者和客户可以像逛商店、考察企业那样遍历供应方的方方面面。但是，这一切毕竟是在自己的计算机前完成的。因此，针对物理世界的商场和企业来讲，网上商场和企业带有虚拟性。虽然这种虚拟是建立在现实世界基础上的，但针对传统贸易来讲，电子商务具有虚拟性。

（6）全球化。传统的商务活动，由于企业所处的地理位置和市场占有情况及品牌实力不同，加上企业间、行业间、国家间的贸易壁垒，市场往往是有界限的，而电子商务通过信息渠道将全球消费者和客户集结在了网上。只要是信息传输能到达的地方，消费者和企业之间就有可能产生交易。因此，电子商务市场是全球化的。

（7）时效化。商务活动的发展过程是信息流、商务流、资金流和物质流的运动过程。传统交易中的信息流、商务流往往是先于资金流和物质流而运动的。其中部分信息流具有滞后性，而在电子商务环境下随着数字交易的进行，信息流、商务流、资金流和物质流同时运动，交易结束后，所有流均应运动到位，这就是消费者希望的交易"零等待"。而这一要求反映在电子商务系统的运作上，就是系统要有时效性。

1.1.2 电子商务系统

1.1.2.1 电子商务概念模型

在我们认识和学习电子商务的过程中把宏观上的认识模型化，就形成了电子商务的概念模型。它是对现实世界中电子商务活动的抽象描述，由交易主体、电子市场、交易事务和信息流、资金流、物流等基本要素组成。

（1）交易主体（EC）。指能够从事电子商务活动的客观对象，可以是企业、银行、商店、政府机构、科研教育机构和个人等。

（2）电子市场（EM）。指电子商务实体从事商品和服务交换的场所，各种商务活动参与者利用通信装置，通过网络连接成一个统一的经济整体。

（3）交易事务。是指 EC 实体之间所从事的具体的商务活动内容，如询价、报价、转账支付、广告宣传、商品运输等。

（4）电子商务的"四流"。

1）物流。指商品和服务从供应者向需求者的物理移动。物流是指商品和服务的配送和传输渠道，包括配送、运输、保管、包装、装卸等多项活动。对于大多数商品和服务来说，物流可能仍然由传统的经销渠道完成，然而对有些商品和服务来说，可以直接以网络传输的方式进行配送，如各种电子出版物、信息咨询服务、有价信息等。或者说物流对于某些商品可以在线完成，对于某些商品只能离线完成。

2）资金流。指资金的转移过程。包括付款、转账、兑换等过程。

3）信息流。指商品基本信息的流动。信息流既包括商品信息的提供、促销营销、技术支持、售后服务等内容，也包括诸如询价单、报价单、付款通知单、转账通知单等商业贸易单证，还包括交易方的支付能力、支付信誉、中介信誉等。

4）商流。指的是商品在购、销之间进行的交易和商品所有权的转移，是商品交易的一系列活动。商流解决的是商品价值与使用价值的实现。经过商流，商品变更了所有权。

在这四流中，物资流是基础，信息流是桥梁，商流是载体，资金流是目的。

电子商务的概念模型如图1-9所示。

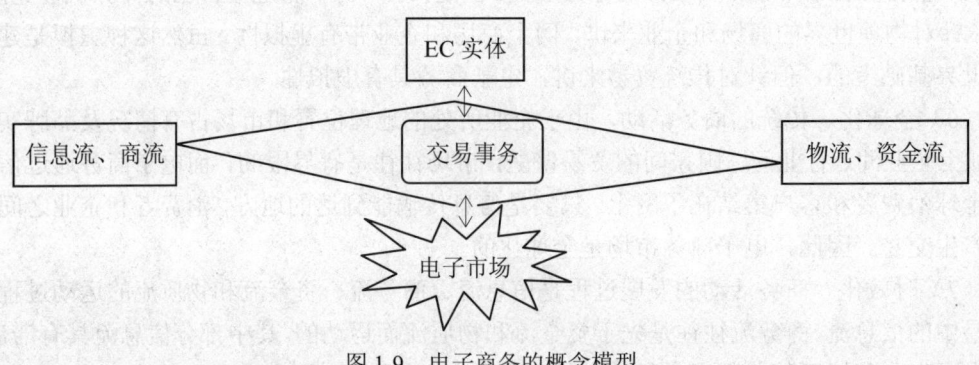

图1-9　电子商务的概念模型

1.1.2.2　电子商务系统框架结构

电子商务影响的不仅仅是交易各方的交易过程，它在一定程度上改变了市场的组成结构。电子商务比起传统商务，市场交易链在商品、服务和货币交换的基础上更强调了信息这个因素。于是，就有了信息商品、信息服务和电子货币。贸易实质没有发生改变，然而，一些环节所依附的载体变化了，也相应地改变了贸易的形式。所以电子商务的环境较传统商务环境而言就有了变化。

电子商务系统涉及现代通信技术、计算机技术、网络技术，以及技术人员、法律、标准、规范等多方面内容，是一个完整的系统。整个系统由四个层次和两个支柱所构成。这四个层次分别是网络层、多媒体信息发布层、报文和信息传播层、贸易服务层。两个支柱分别是法律法规和各种技术标准。四个层次之上是电子商务的应用。电子商务系统框架如图1-10所示。

1. 网络层

网络层是电子商务实现的基础，它由各种大小不一、结构不同的网络组成。网络层以国际互联网为基础，经过几代的发展，现在已经演变为全面商业化的全球信息网。除了内联网、外联网以及各种增值网之外，还包括远程通信网、有线通信网、无线通信网等网络平台。互联网由骨干网、城域网、局域网等层层搭建而成，从而组成了国际互联网。

目前国内常见的几种接入互联网的方式有：PSTN公共电话网、ISDN、ADSL非对称数字用户环路、卫星接入、光纤接入、无线接入、Cable Modem有线电视网接入、电力网络接入等。

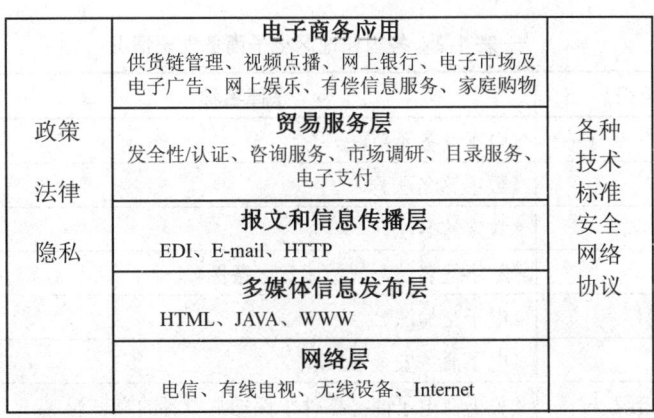

图1-10 电子商务系统框架

2. 多媒体信息发布层

网络层仅仅是为信息传输提供了必要的设施保障，那么在网络上究竟要传输什么样的信息则依赖于用户的需求。目前的信息发布方式主要是利用HTML、XML、以及Java、VB、ASP等语言将信息发布到Web服务器上，从而向WWW进行发布。这些所发布的信息包括文本、图像、声音、动画等多媒体信息。

3. 报文和信息传播层

在报文和消息传播中，传播工具提供了两种交流方式，一种是非格式化的数据交流，比如FAX和E-mail传递消息，它主要面向人；另一种是格式化的数据交流，比如EDI，它的传递和处理过程可以是自动化的，无需人的干涉，也就是面向机器。HTTP是Internet上通用的消息传播协议，用于超文本文件的传输，它通过浏览器将超文本文件以统一的显示方式，在多环境下显示非格式化的媒体信息。

4. 贸易服务层

贸易服务层涉及到了电子商务活动中的一些具体业务，比如：安全和认证、电子支付、商品目录、价目表等服务。这些业务涉及到参与电子商务的所有个人和企业。

5. 电子商务应用

电子商务应用是电子商务层次中位于四层之上的最高一层，是具体的电子商务应用。包括：供货链管理、视频点播、网上银行、电子市场及电子广告、网上娱乐等等。

6. 公共政策和法律

2009年4月2日，中华人民共和国商务部发布了《电子商务模式规范》。电子商务模式规范的制定，具有非常积极的社会效益。电子商务模式规范的建立有利于政府制定电子商务发展规划，便于对电子商务的引导和监管，有利于电子商务有关法规的建设，有利于电子商务相关政策的建立；对企业来说，有利于企业制定电子商务发展计划，规范企业行为，便于企业的市场定位和对外交流，促进企业的市场营销能力；对社会来说，可以使公共服务体系的工作有章可循，有利于保障消费者的权益，促进电子商务健康有序地发展；对产业链的发展来说，有利于规范购销行为，避免纠纷的发生，促进网络购物产业链的良性发展。

随着电子商务应用的广泛深入，参与电子商务的个人和商家也越来越多。关于电子商务的公共政策和立法问题，也越来越得到人们的重视。世界各国都纷纷针对本国的电子商务进行了立法，如表1-2所示。

表 1-2　各国和地区电子商务立法情况

国家、地区或组织	法律名称	通过时间
联合国贸易法委员会	《电子商务示范法》	1996 年
马来西亚	《数字签名法》	1997 年
意大利	《数字签名法》	1997 年
德国	《数字签名法》《数字签名条例》	1997 年
新加坡	《电子交易法》	1998 年
美国伊利诺斯州	《电子商务安全法》	1998 年
国际经济合作与发展组织	《关于在电子商务条件下保护消费者的宣言》	1998 年
国际经济合作与发展组织	《电子商务消费者保护准则》	1999 年
加拿大	《统一电子商务法》	1999 年
澳大利亚	《电子交易法》	1999 年
百慕大群岛	《电子交易法》	1999 年
韩国	《电子商务基本法》	1999 年
欧盟	《欧盟电子签名统一框架指令》	1999 年
哥伦比亚	《电子商务法》	1999 年
西班牙	《电子签名与认证服务法》	2000 年
美国	《国际与国内商务电子签章法》	2000 年
印度	《电子签名和电子交易法》	2000 年
菲律宾	《电子商务法》	2000 年
中国香港特别行政区	《电子交易条例》	2000 年
中国台湾	《电子签章法》	2001 年
韩国	《电子商务交易法》	2001 年
北京市工商行政管理局	《电子商务监督管理暂行办法》	2002 年
中国	《中华人民共和国电子签名法》	2004 年
中国人民银行	《电子支付指引（第一号）》	2005 年
商务部	《关于网上交易的指导意见（暂行）》	2007 年

以上国家和地区大致可以分为三种情况：

（1）电子商务发展早、技术领先的发达国家通过立法对电子商务予以规范，使传统法律制度适用于电子商务活动，如美国、加拿大。

（2）部分新兴工业国家和发展中国家为促进电子商务的开展，进而促进本国经济的发展，适应新经济时代国际竞争的挑战，积极致力于电子商务立法，走在了世界前列，如韩国、新加坡、印度、菲律宾、哥伦比亚等。

（3）一些在传统国际商业活动中具有特殊地位的地区通过对电子商务的立法，以求在未来新世纪继续保持其独特的竞争优势，如百幕大群岛为传统的国际避税地国家，又如泽西群岛正在努力使自己成为新世纪的"世界信息自由港"。值得我们重视的是，以上各国对电子商务立法的出发点不在于对电子商务进行"规范",而是着眼于推动电子商务的开展,即消除现有法规中对电子商务的种种障碍,为电子商务发展创造良好的法律政策环境。

各国国家体制、国情有所差异,导致电子商务的政策法规有所不同。在全球一体化要求的今天,用户很容易通过网络进行跨国贸易。这些既是机遇又是挑战,需要世界各国各地区加强沟通和国际协助制定更加完备的法律法规。

7. 技术标准

技术标准是实现电子商务统一开发的前提,它定义了用户接口、传输协议、信息发布标准等技术。电子商务标准是电子商务活动中各种标准、协议、技术规范、政府文件、法律文书等的集合。从某种程度上讲,标准化是推动电子商务社会化发展的关键。一个完备的电子商务标准对电子商务的发展一般会起到以下几方面作用:标准是电子商务整体框架的重要组成部分,发挥着指导与规范作用,成为电子商务得以开展的前提条件;电子商务标准为实现电子商务提供了统一的基础平台;电子商务标准是电子商务的基本安全屏障;电子商务标准关系到国家的经济利益和安全。

1.1.3 移动电子商务

1.1.3.1 移动电子商务的概念与特点

1. 移动电子商务的概念

移动电子商务是指通过手机、PDA(个人数字助理)等移动通信设备与Internet结合,利用无线网进行的信息查询、商务交易,以及对信息、服务和商品的价值交换等活动。移动电子商务是基于移动通信网络,通过移动智能终端、无线通信模块等无线设备所进行的商务活动。它不仅是 M-Commerce,而且是 M-Business 的概念,扩展到整个事务处理的各个环节。因此不再局限于手机应用本身,而是与商务活动相关联的各个社会经济活动环节相关,与实体经济、生产服务结合得更加紧密。

移动电子商务是传统电子商务的延伸和扩展,虽然移动商务和电子商务在很多特征上非常相似,但是简单地把移动商务看作电子商务的延伸是片面的,因为两者的服务对象以及服务方式和技术特征都有很大的不同,其中最主要的是业务特点的差异。与传统电子商务相比,移动电子商务在商务活动中以应用移动通信技术、使用移动终端为特性,其业务具有移动的服务对象、私人化的服务终端和方便的服务方式等特点,是电子商务发展的新阶段和新方向。

移动电子商务将传统电子商务应用向商务活动的各个环节扩展。例如,传统电子商务关注商品的买入卖出,关注销售环节,而移动电子商务则同时关注与商品销售活动相关的商品原材料采购、生产制造、市场营销、客户服务等所有环节。因此,移动电子商务对于降低企业运作成本、提高运营效率和促进传统产业升级改造具有更重要的意义。另一方面,随着通讯和网络技术的不断发展,人们对商务环境的直接性、便捷性也提出了更高的要求。移动通信设备突破了各种传统网络的局限,把用户带入一个无时不在、无处不在的移动商务世界。移动电子商务是可以在任何时间、任何地点以任何方式进行的电子商务交易。其能够提供个人信息服务、银行业务、交易、购物、娱乐等多种服务。因此,移动电子商务成为移动信息化应用的主体,是当前信息化应用中最活跃、最有效益、发展最快的一个领域。

目前,国外移动电子商务已经有了很快的发展。在我国,移动电子商务也有一定的发展,已有一些试点示范工程。通过这些试点示范工程的开展,推动了移动电子商务各项应用的开展。

例如在西安，截至 2010 年 2 月，西安市手机支付用户数达到 350 万，当月消费额超过 4000 万元，当月用户再充值金额超过 5000 万元。在交通领域，使用手机支付的轻轨乘客目前已占到轻轨总乘客量的 35%。在湖南，2009 年年底，电子客车票业务在长沙市完成了试点工作，目前电子客车票售票量已经超过 1 万张，超过 10 万人通过网站、手机短信免费查询长途汽车班次信息。广州市以服务民生需求为突破口，着力拓展多种便民的移动电子商务应用，受到市民的广泛欢迎。广州市同时积极探索面向中小企业和专业市场的移动电子商务应用，正在形成多种行业应用业务模式。

移动商务从本质上来说归属于电子商务和信息商务的类别，是随着技术发展与市场变化而出现的新型商务模式。由于移动商务与电信服务的关联性特征，因此它在业务模式、商业收益点等许多方面不同于传统商务。移动商务将随着移动通信的不断普及和发展，成为未来电子商务增长的新领域和新行业。

2. 移动电子商务的特点

（1）移动性。移动电子商务本身就是基于移动智能终端、无线通信模块等无线设备所进行的商务活动。因此天生就具备了良好的移动性和便捷性。另一方面，需要移动商务提供服务的人一般都处于移动之中。仅仅把移动商务理解为移动的电子商务是片面的，因为移动的不仅仅是移动终端，而更应该看到的是人和服务的移动。

（2）开放性。相比于传统电子商务，移动电子商务市场参与的主体大大增加，应用形式将更为多样化，与社会和经济发展的关联度日益提升；移动电子商务将由传统移动通信的封闭系统走向开放的无线互联体系，无论是手机、移动数据卡、无线采集卡还是 RFID、WLAN 等方式，都将推动移动电子商务进入融合发展的新局面；移动电子商务带来互联网、移动通信、物联网乃至整个社会发展模式的变革与创新，产业链不断拓展衍生，日益成熟；行业和企业的移动电子商务应用将成为移动电子商务领域的中心与热点，应用深度和层次不断提高，潜在市场巨大，对于优化产业结构，促进产业升级，提升市场竞争力具有巨大作用。

（3）无限制性。在移动电子商务中，无论用户处于什么位置，只要在移动网络的覆盖范围之内都能接受服务，它不受设备和时间的限制。

（4）便捷和及时性。可以使对当前位置无足够了解的人能够快速、方便地获知当前位置的周边信息，进而使得使用者做事的针对性得到加强，并且移动商务的客户一般要求马上得到所需信息。比如：最佳购物选择，预订住宿等。由于移动终端，尤其是手机按键的限制，移动商务的服务要求操作简便，响应时间短。

（5）人性化、个性化。由于移动终端一般都属于个人使用，不会是公用的，为移动商务带来了独特的优势，因此发展与私人身份认证相结合的业务也是移动商务一个特点。移动用户在进行电子商务活动中，可完全根据自己的需求和喜好来定制设备的选择以及提供服务与信息的方式，完全由用户自己控制。

（6）三流合一。移动电子商务可以进行包括跳蚤市场、人才招聘、证券查询、电子地图、天气预报、酒店预订、电子折扣卡、商业折扣信息等综合信息的查询和在线交易等服务，未来还能订酒店、订机票。不仅如此，它还可以为企业提供直观的同城在线交易、企业直通缴费者的 B2C 电子商务模式。这种信息流、资金流、物流"三流合一"的移动电子商务系统，是集触摸屏技术、自主服务技术、网络技术和多媒体技术于一体的公用网络自主服务终端，具有公共事业缴费、电子商务、公共信息的发布和查询等功能。

1.1.3.2 移动电子商务技术基础

移动商务不仅是一种企业管理模式的创新,也有一定的技术创新。手机、个人数字助理(PDA)等移动通信设备与企业后台连接,通过无线通信技术进行网上商务活动,使移动通信网和因特网有机结合,突破了互联网的局限性,更加高效、直接地进行信息互动,扩张了电子商务的领域。和传统的电子商务比较而言,在技术方面有以下特点。

1. 移动电子商务平台的技术要素以及网络结构

移动电子商务同传统电子商务的主要区别就是无线网络的应用,而正是无线数据通信技术的快速发展,推动了移动电子商务的迅猛发展。从技术的角度来看,推动移动电子商务发展的因素主要有以下三个。

(1) 无线应用协议的推出。如何将 Internet 的丰富信息及先进的业务引入到移动电话等无线终端设备当中,是实现移动电子商务需要解决的第一个问题。无线应用协议(WAP)的出现,很好地解决了这个问题。无线应用协议(WAP)的出现使移动 Internet 有了一个通行的标准,使移动电话等无线终端设备接入 Internet 成为现实。

(2) 无线接入技术的快速发展。早期无线接入技术(如 GSM、TDMA 和 CDMA)数据传输速率很低,不适于 Internet 的接入。而近年来得到广泛使用的通用分组无线服务(GPRS)等接入技术,大大提高了无线数据的传输速率。目前,世界各国大力推广的第三代移动通信技术(3G),不仅可以克服传统无线接入方式在传输速率方面的缺陷,而且还可以支持宽带多媒体数据传输,这将缩小有线和无线接入的差距,因而必将进一步推动移动电子商务的发展。

(3) 移动终端技术的日趋成熟。移动终端技术本质上是一种结合手持硬件、无线宽带网络与移动应用软件的总称。目前市面上各种个人数字助理(PDA)、智能手机(Smart-Phone)已经随处可见,各种移动智能终端设备不断推陈出新,移动终端用户也不断攀升。

例如:基于 Web 服务的移动电子商务平台网络通常由四个部分组成,如图 1-11 所示。

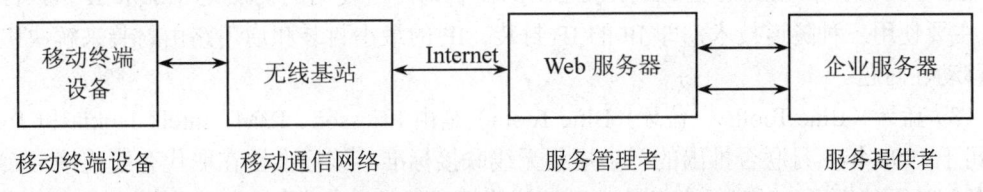

图 1-11 基于 Web 服务的移动电子商务平台网络结构

① 移动设备终端。移动用户通过其发送服务请求,目前主要是一些无线嵌入式通信设备,如手机、PDA 等。由于受到嵌入式设备处理能力、存储空间等方面的限制,通常使用针对受限系统的 J2ME 平台作为其软件实现。

② 服务管理者。在服务提供者和移动设备终端之间专门设置的服务器,提供 Web 服务的注册、查询等功能。

③ 服务提供者。实现并向移动用户提供 Web 服务的企业级服务器。服务提供者不仅仅是移动运营商,还可以连接到 Internet 的各种商业部门。

④ 通信线路。实现无线网络和有线网络的有机结合。在图 1-11 所示的移动电子商务平台中,移动设备终端采用 J2ME 模式接入网络。在通信过程中,移动设备终端通过无线基站将数

据发送到移动通信网络（如 GPRS、3G）中，根据移动通信网络的特点，可以很方便地通过 Internet 与 Web 服务器连接，Web 服务器扮演服务管理者的角色，负责处理客户端的连接和请求，并将请求发送到企业级服务器上进行会话。

2. 移动电子商务的系统组成

移动电子商务系统主要由移动商务应用、移动终端设备、移动中间件和移动网络设施组成。

（1）移动商务应用主要是指移动电子商务为用户提供的各种商品和服务活动。

（2）移动终端设备就是指各种通过无线网络接入 Internet 的终端设备，包括手机、个人数字助理和笔记本等。

（3）移动中间件是指连接电子商务与异构网络和操作系统的软件实现层，如 Express Q 和 WAP 等，它们屏蔽了分布环境中异构的操作系统和网络协议。

（4）移动网络设施是指支持移动电子商务的无线网络和设备，包括 GSM、GPRS、CDMA 和 3G 等。

3. 移动电子商务的主要实现技术

（1）无线应用协议（WAP）。无线应用协议（Wireless Application Protocol，WAP）是由 Motorola、Nokia、Ericsson 和 Phone.com 公司最早倡导和开发的，它的提出和发展是基于在移动中接入 Internet 的需要。WAP 是开展移动电子商务的核心技术之一，它将 Internet 技术和无线网络技术相结合，提供了一套开放、统一的技术平台，使用户可以通过移动设备很容易的访问和获取以统一的内容格式表示的 Internet 或企业内部网的信息和各种服务。

（2）移动 IP（Mobile IP）。移动 IP（Mobile IP）是由互联网工程任务小组（IETF）在 1996 年制定的一项开放标准。它的设计目标是能够使移动用户在移动自己位置的同时，无须中断正在进行的 Internet 通信，实现移动设备在 Internet 中的无缝漫游。移动 IP 技术使得节点从一条链路切换到另一条链路上时，无须改变它的 IP 地址，也不必中断正在进行的通信。移动 IP 技术在一定程度上能够很好地支持移动电子商务的应用。移动 IP 现在有两个版本，分别为 Mobile IPv4（RFC 3344）和 Mobile IPv6（RFC 3775）。目前广泛使用的仍然是 Mobile IPv4。目前移动 IP 主要使用三种隧道技术，即 IP 的 IP 封装、IP 的最小封装和通用路由封装来解决移动节点的移动性问题。

（3）蓝牙（Blue Tooth）。蓝牙（Blue Tooth）是由 Ericsson、IBM、Intel、Nokia 和 Toshiba 等公司于 1998 年 5 月联合推出的一项短程无线联接标准。该标准旨在取代有线连接，实现数字设备间的无线互联，以确保大多数常见的计算机和通信设备之间可方便地进行通信。"蓝牙"作为一种低成本、低功率、小范围的无线通信技术，可以使移动电话、个人电脑、个人数字助理、便携式电脑、打印机及其他计算机设备在短距离内，无须线缆即可以最高数据传输速率 1Mb/s 进行通信。"蓝牙"支持 64kb/s 实时话音传输和数据传输，传输距离为 10m～100m，其组网原则采用主从网络。

（4）无线局域网（WLAN）。无线局域网络（Wireless Local Area Networks，WLAN）是一种借助无线技术取代以往有线布线方式构成局域网的新手段，可提供传统有线局域网的所有功能，它支持较高的传输速率。它通常利用射频无线电或红外线，借助直接序列扩频（DSSS）或跳频扩频（FHSS）、GMSK、OFDM 和 UWBT 等技术实现固定、半移动及移动的网络终端对 Internet 网络进行较远距离的高速连接访问。1997 年 6 月，IEEE 推出了 IEEE 802.11 标准，开创了 WLAN 先河。目前，WLAN 主要有 IEEE 802.11x 与 HiperLAN/x 两种系列标准。

（5）通用分组无线业务（GPRS）。GPRS（General Packet Radio Service，通用分组无线服务）是欧洲电信标准化组织（ETSI）在 GSM 系统的基础上制定的一套移动数据通信技术标准。它是利用"包交换"（Packet-Switched）的概念所发展出的一套无线传输方式。GPRS 是 2.5 代移动通信系统，具有"数据传输率高"、"永远在线"和"仅按数据流量计费"的特点，目前得到较广泛的使用。

传统的 GSM 网中，用户除通话以外最高只能以 9.6kb/s 的传输速率进行数据通信，如 FAX、E-mail、FTP 等，这种速率只能用于传送文本和静态图像，但无法满足传送活动视像的需求。GPRS 突破了 GSM 网只能提供电路交换的思维定式，将分组交换模式引入到 GSM 网络中。它通过仅仅增加相应的功能实体和对现有的基站系统进行部分改造来实现分组交换，从而提高资源的利用率。GPRS 能快速建立连接，适用于频繁传送小数据量业务或非频繁传送大数据量业务。由于 GPRS 是基于分组交换的，用户可以保持永远在线，其速率可达 115Kbps。

（6）第三代移动通信技术（3G）。3G（3rd Generation，第三代数字通信）是由卫星移动通信网和地面移动通信网所组成的，支持高速移动环境，提供语音、数据和多媒体等多种业务的先进移动通信网。国际电联（ITU）原本是要把世界上的所有无线移动通信标准在公元 2000 年左右统一为全球统一的技术格式。但是由于各种经济和政治的原因，最终形成了三个技术标准，即欧洲的 WCDMA，美国的 CDMA 2000 和中国的 TD-SCDMA。TD-SCDMA 是由中国大唐移动通信第一次提出并在无线传输技术（RTT）的基础上与国际合作完成的。中文含义为"时分同步码分多址接入"。相对于其他两个标准，TD-SCDMA 具有频谱利用率高、系统容量大、建网成本低和高效支持数据业务等优势。

2.5 代发展到 3 代之后，无线通信产品可提供速率高达 2Mb/s 的宽带多数据业务，3G 作为宽带移动通信，将手机变为集语音、图像、数据传输等诸多功能于一身的通信终端。这将进一步促进全方位移动电子商务的实现和广泛开展。在移动网络发展到 3G 之后的阶段，已经具备了足够匹敌固定宽带的带宽，互联网的一切应用已经具备了可以在移动网络上运行的基础。而"三网融合"中，互联网与移动通信网络的结合则成为移动互联网的浪潮。2009 年随着 3G、4G 时代的到来，无线通信的网络带宽将不再成为问题，把互联网搬到手机上去已是众望所归。

（7）移动定位系统。移动定位技术是基于目前较为普及的 GSM/GPRS 无线网络覆盖对手机终端进行实时位置捕捉的新型技术，只要手机开机又能收得到网络信号，那么用户所处的位置便随时能被掌握。无线移动网络是以小区（蜂窝）作为最小位置单位的，所以当手机处在不同的小区或在小区之间进行移动切换时，不同的小区号便确认了手机的实际位置。由于移动网络的小区号是全球唯一的，所以所对应的实际地理位置也是全球唯一的。移动定位技术在电子地图的显示下或在地理信息数据库的支持下，实时地显示、跟踪、处理单个、多个、群组的人、车或物。与 GPS 卫星定位相比，移动定位系统具有成本低廉、网络覆盖好、响应时间快、定位业务双向可执行等诸多优点。移动电子商务的主要应用领域之一就是基于位置的业务，如它能够向旅游者和外出办公的公司员工提供当地新闻、天气及旅馆等信息。这项技术将会为本地旅游业、零售业、娱乐业和餐饮业的发展带来巨大商机，可以广泛地应用于大众无线数据领域。

1.1.3.3 移动电子商务应用模式

随着移动设施的完善和移动用户的增多,移动商务也逐渐受到大家的欢迎。2010 年 8 月 5 日,中国电子商务研究中心发布的《2010 年(上)中国电子商务市场数据监测报告》显示,截止到上半年,中国移动电子商务实物交易规模达到 13 亿元,用户规模已达到 5531.5 万,保持了快速增长的势头。艾瑞咨询发布的 2010 年第二季度中国移动互联网市场监测数据显示,第二季度中国移动互联网市场整体规模达到 40.2 亿元,手机电子商务实物交易规模达到 4.3 亿元。

目前,移动商务的应用模式根据与商业活动相关的通信主体进行分类包括 B2M(Business to Mobile user)和 M2M(Machine to Machine)两大类。前者强调企业等商业组织与手机用户消费者之间的沟通及其在商业活动中的应用,是人与组织或人与人之间的通信。后者强调在商业活动中通过移动通信技术和设备的应用,变革既有商务模式或创造出的新商务模式,是机器设备间的自动通信。

B2M 商务模式是在移动商务中以移动终端用户(手机用户、具有通信功能的 PDA 用户等)为商务参与者,通过移动通信解决方案,实现企业与最终用户以及企业内部人员之间的实时信息沟通,进而提高效率,降低成本的新型商务模式。B2M 以最终消费者为中心,将消费者中的手机用户细分为营销和服务的主要目标,以适时、随地的沟通创造没有疆界、不停顿的商务机会。B2M 目前已有着广泛的应用,如移动营销(M-marketing)、移动客户服务(M-customer service)、移动办公自动化(M-OA)、移动客户关系管理(M-CRM)等。

M2M 商务模式是通过移动通信对设备进行有效控制,从而将商务的边界大幅度扩展或创造出较传统方式更高效率的经营方式,亦或创造出完全不同于传统方式的全新服务。M2M 以设备通信控制为核心,将原来低效率或甚至不可能的信息,传输应用于商业中以获得更强的竞争力。M2M 的商务模式目前应用主要有移动物流管理(M-logistic management)、移动支付(M-POS)、移动监控(M-monitoring)等。

就一般消费者而言,移动电子商务的具体应用在市场发展的推动下有着多样的服务。主要体现在以下领域:

(1)银行业务:移动电子商务使用户能随时随地在网上安全地进行个人财务管理,进一步完善 Internet 银行体系。用户可以使用其移动终端核查其账户、支付账单、进转账以及接收付款通知等,如手机工行、招行等。

(2)交易:移动电子商务具有即时性,因此非常适用于股票等交易应用。移动设备可用于接收实时财务新闻和信息,也可确认订单并安全地在线管理股票交易。

(3)购物:借助移动电子商务技术用户能够通过其移动通信设备进行网上购物,即兴购物也会体现,如订购鲜花、礼物、食品或快餐等。传统购物也可通过移动电子商务得到改进。例如,用户可以使用无线电子钱包等具有安全支付功能的移动设备在商店里或自动售货机上进行购物。

(4)娱乐:移动电子商务将带来一系列娱乐服务。用户不仅可以从他们的移动设备上收听音乐,还可以订购、下载特定曲目,支付其费用,并且可以在网上与朋友们玩交互式游戏,还可以为游戏付费。

(5)位置查找和信息咨询:用户能够从移动商务平台中获取用户当前所处位置,进而查获自己周边信息。不仅如此,使用者通过平台能够更好地实现具有目标性的商业信息咨询,将自己感兴趣的商品详细分类进行预订查询。

（6）票务预订：通过互联网预订机票、车票、酒店或入场券等已经发展成为一项主要业务。它有助于方便核查票证的有无，并进行购票和确认。而移动电子商务使用户能在票价优惠或航班取消时立即得到通知，也可支付票费或在旅行途中临时更改航班或车次。借助移动设备，用户可以不受时间和设备的限制来获取当前对票务的需求。

（7）移动物流配送：移动技术与 GPS 和计算机技术的结合。利用 GPS 确定货车位置，再通过移动技术发短信传输到控制中心，控制中心通过短信接收装置，采集接受数据，通过计算机进行处理分析，最后以图形方式，及时显示货车位置。通过这种方式，物流控制中心不但能监控物流状况，更能将物流系统调度延伸到全国，而不用建立自己的通信网络，实现低成本、大范围的目的，体现物流效率。移动技术在货物配送中起的作用：货物签收方式有很多种，用短信签收也是一种有效方法，当货物送到零售户后，零售户通过注册过的手机发送短信给通知中心，告知货物收讫，这样中心可实现电子签收、电子记录。

（8）移动运营管理：移动电子商务的应用可为企业捕捉实时全面的反馈信息，使企业有效地掌控生产运营过程，快速地提供市场所需要的产品。

（9）其他应用：手机邮件、手机搜索、移动数据采集、移动办公等。

1.1.4　电子商务技术基础

1.1.4.1　计算机网络基础

在电子商务网站构建以及电子商务各种模式应用中，网络是重要的组成部分。

（1）Internet 中的网络地址

Internet 可以被看作是一组相互连接的子网络或自治系统的集合。Internet 并没有实际的结构，只有一些大的骨干网络。这些骨干网络是由高带宽的线路和快速路由器构成的，连接在骨干网络上的是一些区域（中等规模）网络，连接在这些区域上的是许多大学、公司和 Internet 服务供应商的局域网络，Internet 的组成如图 1-12 所示。

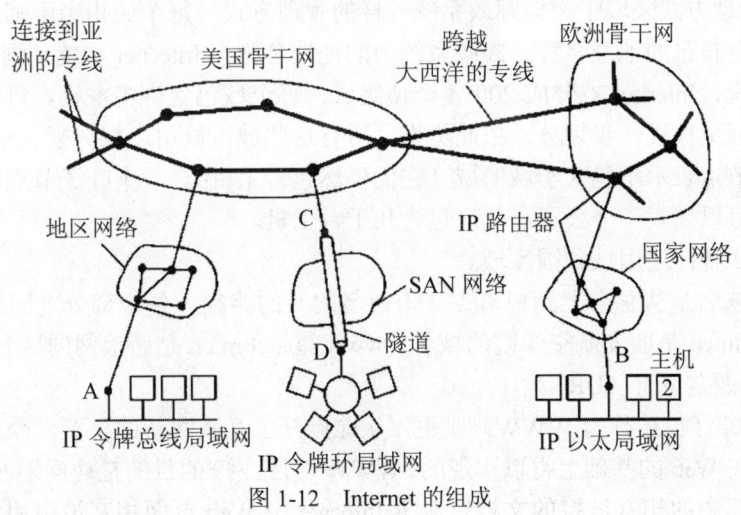

图 1-12　Internet 的组成

1）IP 地址

将整个 Internet 粘合在一起的正是网络层协议 IP（Internet Protocol）。IP 协议的任务是提供一种尽力投递的方法将数据从源端传输到目标端，它不关心源端和目的端是否在同一个网络中。为了能够在网络上找到一台主机或者是一个路由器，每个设备都有一个自己的位置标识，这个标识如同现实中我们所处地理位置的通讯地址一样，这个标识就是IP地址。Internet上每台主机和路由器都有一个IP地址，IP地址包含网络号和主机号。并且这个组合是唯一的，也就是说IP地址是唯一的。原则上，任何两台机器都不会有相同的IP地址。实际上IP地址所引用的并不是一台主机，相反，它真正引用的是一个网络接口，所以，如果一台主机同时位于两个网络上，那么它必须拥有两个IP地址。在实际中，大多数的机器都在一个网络中，也就只有一个IP地址了。

所有IP地址都由32位的二进制串构成，但由于人们更习惯于十进制的表示方法，故人们把32位的二进制分成四段，每段八位，并且将这八位二进制数以等值的十进制数标示出来。这种表示方法被称为"点分十进制"。

2）域名及域名系统

虽然IP地址解决了在Internet中网络地址的问题。但是，在使用网络的过程中，通过记忆一串数字来实现设备以及资源的查找是很不方便的，一旦发生IP地址的更改，也必须同时通知访问者，才能保证资源具有不间断的访问过程。

为了便于记住网络资源的地址，同时也为了使机器名与机器地址分离开。人们引入了ASCII名字以便改善IP地址的不便之处。这个ASCII名字就是我们所说的域名。但是，对于网络本身来说，它只能理解数字形式的地址，所以需要引入某种机制以便将ASCII字符串转换成网络地址。这个将ASCII字符串转换成IP地址的过程称为域名解析。

在Internet中主机分布在不同的网络中，而且数量庞大，要将域名集中起来管理并进行解析是无法实现的。为了解决这些问题，人们发明了DNS（域名系统）。

DNS的本质是用一种层次的、基于域的命名方案，并且用一个分布式数据库系统来实现此命名方案。DNS的主要用途是，将主机名和电子邮件目标地址映射成IP地址。其中，域是指在Internet中的一个逻辑范围。

DNS的管理方式采取了类似邮政系统一样的管理方式。每个域相当于邮政系统中的一个行政划分，都有自己的地址名称，邮政系统中的地址名称在Internet中就是刚才介绍的域名。

从概念上说，Internet被分成200多个顶级域，每个域包含许多主机。每个域又被分成若干个子域，子域又被进一步划分，依此类推。所有这些域可以用一棵树来表示，如图1-13所示。树的叶子节点表示不包含子域的域（它们仍然包含主机）。一个叶子节点域可以只包含一台主机，它也可以代表一个公司，从而包含几千台主机。

顶级域有2种：通用域和国家域。

每个域的域名是从它向上到根节点（未命名的）的路径，各个部分之间用句点分开。例如www.xaau.edu.cn是西安航空学院的域名，www.sina.com.cn是新浪网的域名。

3）统一资源定位符（URL）

1989年Web（也被称为WWW）诞生，从此掀开了互联网新的一页。今天的互联网应用几乎都是建立在Web的基础上得以实现的。WWW（万维网）的目的是访问遍布在整个Internet上数百万台机器中的相互链接的文档。对于Internet中Web页面相互被引用实现互相链接，是使用URL（Uniform Resources Locator，统一资源定位符）来命名的。例如一个典型的URL如下：

http://www.xaau.edu.cn/index1.aspx

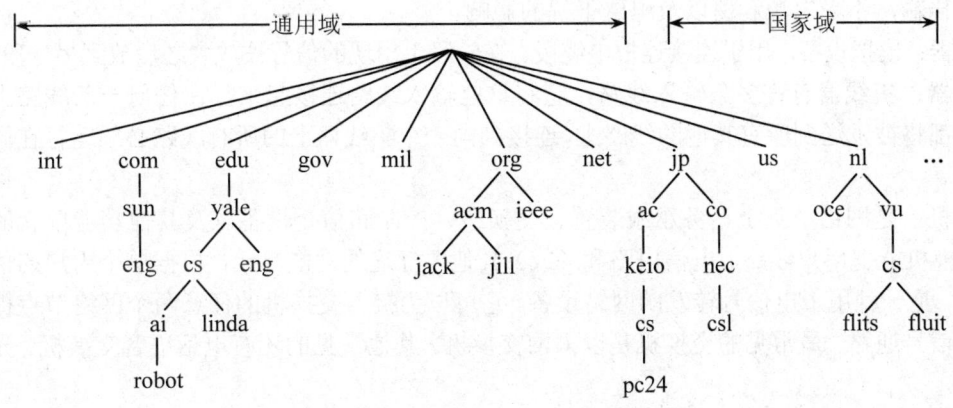

图 1-13 Internet 域名空间的一部分

在 Internet 中，每个页面被分配一个 URL，此 URL 能有效地充当该页面在全球范围内的名字。URL 包括三个部分：协议、页面所在机器的 DNS 名字以及唯一地指示特定页面的本地名字。例如，本书作者所在学校的 Web 站点上包含了一些学校新闻的视频页面，该视频页面的 URL 是：

http://www.xaau.edu.cn/news_play.aspx

上面这个 URL 由三部分组成：协议（http）、主机的 DNS 名（www.xaau.edu.cn）以及文件名(news_play.aspx)，各个部分之间用特定的标点符号分隔开。这里的文件名是在 xaau.edu.cn 上相对于默认 Web 目录的一个路径。

4）Internet 中常用的应用层服务及协议

Internet 中常用的应用服务及相对应的协议如表 1-3 所示。

表 1-3 Internet 中常用的应用服务及对应协议

传输协议	协议名称及定义	URL 的服务性质
HTTP	超文本传输协议	Web 上的超文本服务
FTP	文件传输协议	文件传输服务
SNMP	简单网络管理协议	网络管理服务
SMTP	简单邮件传输协议	邮件服务器访问服务
DNS	域名解析服务协议	域名和 IP 地址之间的解析服务
Telnet	远程终端登录协议	远程终端的登录服务

（2）网络交换设备

在网络搭建过程中除了需要计算机以外，还要用到以下网络交换设备。

传输介质：最常用的传输介质是双绞线。双绞线是由两根相互绝缘的铜线组成的，通常这两根铜线的直径为 1mm。这两根铜线以螺旋状的形式绞在一起。双绞线最常见的应用是电话系统。双绞线既可以用于传输模拟信号，也可以用于传输数字信号。在许多情况下，几公里的传输距离内双绞线可以达到几 Mb/s 的贷款。在高端网络中经常使用光纤作为传输介质。光纤是一种内芯是玻璃、外壳用塑料包起来的一种传输介质。数据传输率达 1Gb/s。它适合于较长线路的传输,不受电源震荡以及电磁干扰的影响。

中继器:模拟设备,用于连接连根电缆段。在一段上出现的信号被放大之后放到另一段上。

集线器:集线器有许多条输入线路,它将这些输入线路连接起来,在任何一条线路上到达的数据都将被发送到所有其他的线路上,连接到同一个集线器上的所有线路必须运行在同样的速度上。

交换机:是网络节点上话务承载装置、交换级、控制和信令设备以及其他功能单元的集合体。交换机能把用户线路、电信电路和(或)其他要互连的功能单元,根据单个用户的请求连接起来,是一种用于电信号转发的网络设备。它可以为接入交换机的任意两个网络节点提供独享的电信号通路。最常见的交换机是以太网交换机。其他常见的还有电话语音交换机、光纤交换机等。

路由器:是为信息流或数据分组选择路由的设备。路由器是连接Internet中各局域网、广域网的设备,它会根据信道的情况自动选择和设定路由,以最佳路径,按前后顺序发送信号。路由器(Router)是互联网络的枢纽、"交通警察"。目前路由器已经广泛应用于各行各业,各种不同档次的产品已经成为实现各种骨干网内部连接、骨干网间互联和骨干网与互联网互联互通业务的主力军。

(3)常见个人接入网络的接入方式

常见的个人Internet接入方式有以下两种:

1)局域网接入。这种接入方式是通过单位或公司搭建局域网,然后连入ISP的网络,实现Internet互联的一种方式。局域网只需配置网卡,并通过公司或单位的管理员分配IP地址,从而连接到局域网上即可。

2)ADSL宽带接入。这种接入方式是个人用户通过在ISP处注册账户,缴纳服务费,通过客户端进行ADSL拨号接入Internet的一种方式。

1.1.4.2 Internet的主要功能和应用

(1)Internet作为信息发布的一种途径,现在的使用已经非常普遍,具体来说,它的主要功能有:① 访问政府、学校和公司企业等机构:了解产品、学校招生信息、政策法规;② 获取软件:杀毒软件、游戏软件、工具软件;③ 网上娱乐:在线电影电视、网络游戏等;④ 阅读新闻:体育、财经、娱乐、科技等;⑤ 电子邮件:快速、免费、随时随地收发信件;⑥ 实时聊天:实时,交互信息交流,文字、语音、图像诸多方面的交流;⑦ 电子商务:网上货币支付、商品销售、购物等;⑧ Internet的其他功能:远程医疗、远程教育、网上炒股、远程主机登录、远程文件传输等。

(2)具体的Internet应用有:① WWW浏览和访问服务;② 电子邮件服务;③ 文件传输服务;④ 远程登录服务;⑤ BBS服务;⑥ Usenet服务;⑦ 网络传真;⑧ 网络视频会议。

1.1.4.3 数据处理技术

(1)数据库

在我们日常生活中,要接触各种各样的事物,这些事物总会在我们的大脑中放映成为一种印象,通过这些印象我们就获取了对这些事物的信息。往往我们要把一些有用的信息记录下来,从而进行各种各样的使用,那么就需要有一种表示信息的符号,这就是数据。对于计算机来说,能够进行编码和通信的符号都能属于数据的范畴。而且,人们获取信息的对象很多,比如通过图像、文字、声音等都可以获得信息，因此数据所能表示的信息形式也比较多，比如数字、文本、图像、声音都是计算机能够表示的数据。另一方面，对于不了解数据意义的人来说，想要弄清楚数据所表达的信息，就需要对数据进行解释。也就是说，数据只有通过解释才能够具有意义，才能够传达和表达信息。

当使用大量的数据来表示信息后，要把这些数据放在计算机中并且供人们查找和使用，就需要有一种技术来实现这样的工作，这就是数据库技术。同时把在计算机中存放这些数据的地方称之为数据库。它就如同一个仓库，只是这个仓库存放的对象都是数据。我们知道日常生活中事物和事物之间都存在着千丝万缕的联系，因此通过它们传递出来的信息也存在的千丝万缕的联系，那么在用数据表达信息时也必然不能破坏这些联系。于是数据和数据之间也就有机地联系在了一起，它们从总体上就构成了一个系统，数据库技术就是将这样的系统描述并且在计算机中存储实现的一种技术。这个系统中所用到的数据以及数据之间的联系都存储在计算机的数据库中。

当然，把这些数据存储在计算机中时，为了便于查找和进行各种操作，它们不能杂乱无章地存储在数据库中，必须要有一定的规则，也就是说，数据库中存储的数据是结构化的数据。另外，使用数据库存储数据的一个更重要的优点就在于存储在其中的数据不同的用户，不同的应用程序都可以对它进行访问，这就是说数据库的共享性很强。

所以数据库就是能够长期存放在计算机内，以一定的组织方式，有结构的、能够共享的存储数据的集合。它所存储的数据不仅仅包含数据本身，还应该包含数据与数据之间的联系。

常用的关系数据库有：Access 数据库，SQL Server 数据库，MySQL 数据库等。

（2）Web 描述语言

1）静态 Web

Web 的工作过程是将 Web 页面从服务器传输到客户端，并在客户端上通过浏览器显示出来。最简单的情况是 Web 页面是静态的。也就是说，这些 Web 页面一直就存在于服务器中，并随时等待被取走。从这个意义上来说，即使在这个存在的页面上加入动画，加入一段视频，这个 Web 页面仍然是静态的 Web 页面，因为它仍然是一个文件。

静态 Web 页面是用 HTML（超文本标记语言）语言编写的。HTML 允许用户在 Web 页面中包含文本、图形和指向其他 Web 页面的指针。HTML 是一种标记语言，一种描述了如何格式化文档的语言。标记可以理解为用于格式化的显示命令。例如，在 HEML 中，表示粗体字的开始，表示粗体字的结束。

HTML 是最基本的静态 Web 文档描述语言，但它最大的缺点在于不能给 Web 页面提供任何结构。它把内容和格式信息混合在了一起。这已经不能满足电子商务以及其他各种网络应用的要求了。出于这个原因 W3C 组织对 HTML 进行了增强，以使得 Web 页面可被结构化，因而便于自动处理。两种新的语言已经被开发出来用于此目的：

XML（可扩展标记语言）以一种结构化的方式来描述 Web 内容。

XSL（可扩展样式语言）以一种独立于内容的方式来描述格式。

2）动态 Web

所谓动态 Web 文档，与静态 Web 文档不同。静态 Web 文档事先已经被编写好存放在服务器的磁盘中，随时等待被获取。而动态 Web 文档是根据需要再生成的。内容的生成既可以发生在服务器端，也可以发生在客户端。

从 HTML2.0 开始加入了表单功能。表单是为了使 HTML 的功能不再是单向的。表单包含各种框或者按钮，它们允许用户输入信息或者做出选择，然后把信息送回给页面的所有者。

① 在服务器端生成动态文档。

在服务端生成动态内容的方法有两种：一是 CGI 系统：在服务器端用于处理表单和其他交互式 Web 页面的传统方法。它是一个标准化的接口，允许 Web 服务器与后端程序及脚本进行通信，这些后端程序和脚本能够接受输入信息（例如，来自表单），并生成 HTML 页面作为响应。二是在 HTML 页面中嵌入少量的脚本，然后让服务器来执行这些脚本以便生成最终发送给客户的页面。

PHP（超文本预处理器）脚本语言：擅长处理表单，比 CGI 简单，易于使用。是一种面向 Web 和服务器数据库之间的交互过程的、功能强大的程序设计语言。具有 C 语言中绝大多数的控制结构，也有强大的 I/O 功能。开源代码可以免费获取。

JSP（Java 服务器页面）与 PHP 非常相似，只不过页面中的动态部分是用 Sun 公司开发的 Java 语言编写的。使用这种技术页面的扩展名为 jsp。

ASP（活动的服务器页面）：是 Microsoft 版本的 PHP 和 JSP。它使用 Microsoft 私有的脚本语言 Visual Basic Script 来生成动态内容。这种技术页面文件的扩展名为 asp。

CGI、PHP、JSP 和 ASP 脚本解决了处理表单以及与服务器上的数据库进行交互的问题。它们都可以接收来自表单的信息，在一个或多个数据库中查找信息，然后利用查找的结果生成 HTML 页面。

② 在客户端生成动态页面

在服务器端通过动态页面实现了交互功能，但却不能捕捉到客户端响应鼠标移动、单击等事件或者直接与客户进行交互。为了达到在客户端具有交互能力的目的，必须在 HTML 页面中嵌入脚本，并且这些脚本是在客户端被执行而不是在服务器端。在客户端生成动态页面有以下方法：

- 从 HTML4.0 开始，可以通过<script>标签来使用这样的脚本。最流行的客户端脚本语言是 JavaScript。JavaScript 是一种脚本语言，它受到 Java 程序设计语言中一些思想的启发。但它绝不是 Java。与其他的脚本语言类似，它是一种高级语言。例如：仅使用一行 JavaScript 代码就可以弹出一个对话框，等待文本输入，然后将结果字符串放到一个变量中。这种高级特性使得 Javascript 非常适合于设计交互式的 Web 页面。另一方面，由于它没有被标准化，所以并非适合所有的平台。JavaScript 具有 C 或者 Java 的所有能力。它有变量、字符串、数组、对象、函数和所有常用的控制结构。它还包含大量的专为 Web 页面而设计的设施，包括管理窗口和框架的能力、设置和获取 cookie、处理表单、处理超链接等。
- 使用 Applet。所谓 Applet，是指已经被编译成 JVM（Java Virtual Machine，Java 虚拟机）机器指令的 Java 小程序。Applet 可以被嵌入到 HTML 页面中（在<applet>和</applet>之间），并被具有 JVM 能力的浏览器解释执行。因为 Java Applet 是被解释执行，而不是被直接执行。
- Microsoft 允许 Web 页面包含 ActiveX 控件。所谓 ActiveX 控件，是指一种已经被编译成奔腾机器指令的程序，它可以直接在硬件上执行。当 IE 浏览器在 Web 页面中发现一个 ActiveX 控件时，它会下载这个控件，检验它的身份然后执行该控件。

作为一般性的规则，通常的情况是，JavaScript 比较容易编写，Java Applet 执行得更快一些，而 ActiveX 控件是运行速度最快的。由于所有的浏览器都实现了完全相同的 JVM，但是没有两个浏览器实现了相同版本的 Javascript，所以，Java Applet 比 JavaScript 程序具有更好的可移植性。

1.1.4.4 分析典型电子商务网站

（1）电子商务网站功能及服务程序分析

根据实物交易完成的客体，可以将电子商务网站的经营模式大致划分为四类。电子商务企业建立网站直接销售产品模式（例如当当网、卓越网、8848、中商网等）、电子商务企业建立网站提供交易平台模式（例如淘宝网等）、制造商建立网站销售模式（例如海尔电子商城、电子工业出版社网站等）、传统零售商建网站销售模式（例如国美网等）。

不同类型的电子商务网站都具有各自不同的特点和功能。它们除了具备一般网站的一些信息发布、邮件服务等特点以外，还拥有一些特殊性。例如还应该包括能提供在线销售、产品或服务的网上推广、发布企业最新信息、提供客户技术支持以及网络营销等功能。

电子商务的开发模式采用分布式应用体系的三层模型开发模式：表示层、业务层、数据库层。表示层：通过创建一系列的网页以及 Web 服务器，以 HTML 格式下载到客户端的浏览器并执行，从而实现应用程序的表示层功能，为用户提供访问界面及接口。业务层：针对所有传统商务的业务操作所遵循的、特定的逻辑过程或者业务规则，使即将创建的所有业务处理对象（模型）一方面执行现实商务进程中的业务逻辑规则，一方面引入电子商务关于供应流程、客户关系、信息技术以及知识管理方面等对传统商务模式的改造和提升的元素。数据库层：该层使用一种关系型的数据库进行必要的后台数据库存储工作，并且根据业务层的指令对数据库执行查询和操作，实现一套完整的电子商务方案，要求构建者与希望实现的在线服务项目相对应、相配套。应用软件由若干应用软件服务程序（简称"服务程序"）集合组成。每一项服务程序在整个应用软件系统中执行各自的特定的任务，发挥各自的功能与效用。

一个电子商务网站典型的服务程序主要包括以下几部分：

① 数据库服务程序：实现应用软件对数据库的查询与操作。
② 用户接口程序：用于应用软件为用户提供用户接口。
③ 邮件服务程序：为应用程序提供电子邮件功能。
④ 打印服务程序：允许应用软件进行稳当的打印。
⑤ 网络服务程序：用于服务器与客户机之间的数据通信。
⑥ 文件服务程序：允许应用软件进行磁盘的文件处理。
⑦ 帮助服务程序：为用户提供应用软件的帮助信息。
⑧ 集成服务程序：实现应用软件与其他服务程序或者应用软件之间的数据通信对话。

（2）电子商务网站色彩分析

当我们浏览了众多电子商务网站之后，会发现商务网站的色彩设计并没有任何限制。艳丽的色彩或是淡雅的色调都可以使用在电子商务网站中。作为色彩设计的切入点可以有很多，比如产品内容、商品分类、商务模式和消费群体等，不同的切入点，色彩设计方案都不尽相同。

作为一个大型电子商务综合性网站，里面的商品包罗万象，消费者涵盖了各个年龄阶段的不同群体，没有哪一种色彩能作为整个商城的主色彩，例如易趣网根据商品类型和消费群体的不同，作了不同的频道，并且不同的频道选用了适合消费群体色彩心理感受的主色彩。3、4月份的易趣网首页的背景色采用了大型网上商城惯用的白色；主色彩采用了充满春天气息的强色调黄绿色，主要修饰栏目色条；辅助色采用了浅灰，淡色调的黄色；强调色彩使用了温暖的纯色调橙色，整个页面便鲜活和生动了起来。页面布局框架以细线划分，淡灰的细线清晰又不过分突显，理性中带些趣味性，突破了框状结构的死板。多个不同分类的导航显示出网站信息很多，层级划分清晰、合理。易趣网的女人频道：和淘宝网一样也选用了粉红色作为主色彩，粉红色纯洁无暇、青春靓丽的观感，作为女性网站的主色彩再适合不过了。辅助色彩采用了浅灰、黄绿色和绿色，强调色彩还是温暖的纯色调橙色，这样便于整体网站统一风格。框架的细线除了淡灰外，还有一部分采用了粉红色的主色彩，便于营造网站气氛和细节变化。易趣网的男人频道：女性化的色彩一般人都知道不是紫色就是粉红色，而易趣网的男人频道主色彩是灰色调的黄色。辅助色是浅灰色调的黄色和浅灰色，强调色彩还是温暖的纯色调橙色。易趣网的数码频道：数码即科技的一个产物，科技色彩的代表是蓝色，自然数码也不例外，易趣网的数码频道主色彩采用隐约色调的蓝色，强调精密性、科技性。辅助色彩采用灰白色调的蓝色和浅灰色，强调色彩也是温暖的纯色调橙色。易趣网整个网站没有一处偷工减料，矢量的插图精美，色彩饱满，图片质量很高，而整个网站的不同的频道虽然主色彩不同，但大面积的浅灰辅助色和温暖的强调橙色又把整个网站联接起来，给人和谐统一的观感。

【知识扩展】

1. 电子商务标准

各国的国情不同，电子商务的交易方式和手段当然也存在某些差异，而且我们要面对无国界，全球性的贸易活动，必须在电子商务交易过动中建立相关的、统一的国际性标准，以解决电子商务活动的相互操作问题。

1998年7月1日，在美国政府发布的《全球电子商务发展纲要》中，明确提出要建立一些共同的标准，以确保网上购物的消费者与在商店购物的消费者享有同等的权利。

1999年12月14日，在美国加州旧金山公布了世界上第一个Internet商务标准（The Standardfor Internet Commerce，Version 1.0-1999）。这一标准虽然还只是1.0版，但它已经在相当程度上规范了利用Internet从事零售业的网上商店需要遵从的标准。

欧盟一直在致力于电子商务标准问题的研究，如2000年5月4日欧洲议会通过的欧盟标准化所（DIN）主持开展的一个以电子商务标准化为内容的"通过电子途径购买服务"的电子商务规定。

国际标准化组织于1997年发布了ISO/IEC 14662《开放式电子数据交换参考模型》国际标准，并于2002年再次进行修订，旨在标识包括电子商务、电子政务、电子业务、EDI在内的电子数据交换所需的标准，供不同的标准化机构作为协调工作的基础，作为集成现有标准、制定中的标准和将来开发的标准的框架，以保证由此制定出的标准间的互操作性和技术上的兼容性和一致性，确保依次开发的系统沿着数据共享、业务协同、安全保密的方向健康发展。

目前，国外涉及到电子商务信息流、资金流的标准化组织及其制订的标准主要有：

（1）IEFT制订的因特网开放贸易协议IOTP V1.0。IEFT是ISO中专门制订与因特网协议和应用相关的标准的松散型标准化组织，它所通过的标准被全世界广泛采用。1998年该机构成立了一个专门进行与电子商务相关标准的研究工作组（开放贸易研究组），并提交了开放贸易协议IOTP V1.0，同时进行了一些相关试验。该协议提供了因特网中电子商务的互操作框架。

（2）W3C推出的可扩展标记语言XML。可扩展标记语言XML是国际性标准化组织W3C

（Word Wide Web Committee）于1997年12月推出的用于规定、认证和共享文件格式的数据交换标准，它提供了一种以标准方式互换多媒体文件的机制。XML是一种能够创建标记语言的语言，其特长在于描述任意层次结构的数据，或赋予原本杂乱的信息一种清晰而通用的结构，使得数据在网络上进行交流和处理时更加方便快捷。目前，美国已经有许多商业和非商业网站应用了XML技术。联合国有关机构也加入了推广应用XML标准的行列。

（3）联合电子支付项目JEPI。该项目由W3C与Commercent合作开发，目的是规范在购物之后和实际付费之前进行的业务处理，主要是提供客户和商家之间选择支付协议并完成其接口的功能，具有自动支付处理、协商等功能。

（4）安全电子交易规范SET。SET是由Master Card和Visa两大国际信用卡组织于1996年伙同GET、Netscape、Microsoft、SAIC4等一批大型跨国技术公司开发的解决电子交易安全的开放性技术规范，主要功能是保证用卡支付的安全性。由于众多企业的参与和使用，它已成为事实上的工业标准，并被IETF认可。

此外，国际电信联盟ITU、国际信息处理联盟IFIP、世界消费者组织WCO等都在致力于制订与电子商务有关的标准。

近年来，我国信息技术标准工作取得了丰硕的成果，在信息技术标准制订的数量有较大幅度增长的同时，标准的内容及相关研究水平也不断提高。截止1999年10月，我国已颁布信息技术标准500多项，但电子商务相关标准的制定工作相对薄弱。目前，除了一些EDI标准及部分相关网络标准是从国际相应标准等同或等效转换而来外，我国还没有出台直接与电子商务相关的标准，包括国家标准、行业标准和地方标准。从各地情况看，电子商务标准的研究与制定工作已经开展。北京市技术监督局根据《首都信息化1998-2010年发展规划（纲要）》组织专家就北京信息化、标准化工作和信息标准化体系等进行专门研究，以规范信息标准化的各项工作。上海市信息化办公室专门设立研究课题，对"电子商务相关标准研究"进行研究。1999年5月，由北京市技术监督局主持召开的"99北京电子商务标准化国际研讨会"是我国第一次以电子商务标准为主题的国际性学术研讨会，体现了我国在电子商务标准研究领域的水平。1999年4月"上海信息标准化技术委员会"成立，专门设立了"电子商务分专业委员会"，从而形成了一支专门从事电子商务标准研究的专家队伍。2001年3月29日，首届中国电子商务技术及标准探讨会在浙江省杭州市举行。会议研讨了我国电子商务标准的相关问题。中科院软件所电子商务研究中心联合中国电子信息化发展研究院、神州数码、方正数码等共同组成了cnXML联盟，着手开始我国电子商务标准的起草工作。台湾省在信息技术标准工作方面发展较快。截止1999年，台湾省制定的标准累计14567种，其中与信息产业相关的标准650项，主要涵盖与办公自动化有关的网络管理、综合服务数字网络（ISDN）、电信交换网络及传输系统、IC卡、通信产品、信息系统软件、信息交换及处理、用户验证及保密、开放系统互连、多媒体等。

但是，我国在电子商务标准化过程中仍然存在着一些问题。第一，目前我国电子商务标准工作大体上还处在跟踪研究阶段，实质性内容的制定和实施尚显缓慢；第二，国内电子商务标准体系的建立依然有管理定位的问题；第三，电子商务标准体系归口定位问题仍然存在。

国内外电子商务标准的制订客观上存在着差距，但世界范围内因特网电子商务标准的应用还处于刚刚起步的阶段，目前的关键环节是推动企业加快电子商务化步伐，确定自身的内外业务流程规范；加强对外电子商务标准的跟踪分析，及时掌握国外有关研究动态；在借鉴国外电子商务标准的基础上,制订适合于本国又具国际化的电子商务标准。

2. 移动电子商务发展历程

随着移动通信技术和计算机的发展,移动电子商务的发展已经经历了三代:

第一代移动商务系统是以短讯为基础的访问技术,这种技术存在着许多严重的缺陷,其中最严重的问题是实时性较差,查询请求不会立即得到回答,由于短讯信息长度的限制,也使得一些查询无法得到一个完整的答案。

第二代移动商务系统采用基于 WAP 技术的方式,手机主要通过浏览器的方式来访问 WAP 网页,以实现信息的查询,部分地解决了第一代移动访问技术的问题。第二代的移动访问技术的缺陷主要表现在 WAP 网页访问的交互能力极差,因此极大地限制了移动电子商务系统的灵活性和方便性,WAP 网页访问的安全问题对于安全性要求极为严格的政务系统来说也是一个严重的问题。

第三代移动商务系统采用了基于 SOA 架构的 WebService、智能移动终端和移动 VPN 技术相结合的第三代移动访问和处理技术,同时融合了 3G 移动技术、智能移动终端、VPN、数据库同步、身份认证及 WebService 等多种移动通信、信息处理和计算机网络的最新前沿技术,以专网和无线通讯技术为依托,使得系统的安全性和交互能力有了极大的提高,为电子商务人员提供了一种安全、快速的现代化移动商务办公机制,逐渐成为移动电子商务的主流发展方向。

【思考与实践】

一、简答题

1. 什么是电子商务?请列举几个电子商务的定义。
2. 电子商务对于人们的经济活动都有怎样的作用?
3. 电子商务概念模型中的"四流"指的是什么?
4. 请分别叙述电子商务的各种模式。
5. 简述我国电子商务的发展状况。

二、实践题

1. 访问淘宝网,并成为其会员。在淘宝网上进行购物并记录购物过程。
2. 使用百度、谷歌等搜索引擎,搜索目前在我国较为普遍的网络应用。
3. 进行家庭互联网接入配置实践。

学习情景 2　网上交易商流处理

【学习情境描述】

网上商务交易按交易对象不同，有多种不同交易模式。无论哪一种商务模式，都必须遵循一定的商务流程。小雨在淘宝商城（天猫网）开店，选择了 B2C 模式，要经营好他的店铺，需要商务信息的收集与处理，选择相应的商务模式、商品管理、客户管理、订单处理和合适的电子支付方式。

【知识点及技能点】

1. 能结合所经营的网上商店，进行市场调研和网络消费行为分析
2. 掌握运用 Photoshop、Flash 等软件工具进行网店和产品的宣传
3. 能结合所经营的网上商店设计推广方案并实施，完善网店经营方案
4. 能够策划网络营销方案并实施

【重点难点】

掌握在不同的电子商务交易模式下的商务处理流程的相同点和不同点

【项目任务 2.1】　网络零售商务信息处理

✓ **任务要求**

掌握网络商务收集常用的方法和工具、掌握网络商务信息处理的方法，能够制定网络商务信息发布计划。

✓ **完成结果**

完成网上商务信息的收集并整理，完成网上商务信息分析报告。

【相关概念】

信息，广义地讲，它是物质和能量在时间、空间上定性或定量的模拟型或其符号的集合。信息的概念非常广泛，从不同的角度分析信息可下不同的定义。在商务活动中，信息通常指的是商业信息、情报、数据、密码和知识等。网络商务信息限定了商务信息传递的媒体和途径，只有通过计算机网络传递的商务信息（包括文字、数据、表格、图形、影像、声音以及内容等能够被人或计算机认知的符号系统），才属于网络商务信息的范畴。

数据是信息的载体，而信息是数据的内涵。例如有一条数据表明一位同学的姓名身高等，而这之间，这个学生的姓名可称为一条信息，这些信息组成起来就是一定的数据。区别：数据可表示信息，但不是任何数据都表示信息，同时数据可以有不同的解释。信息是抽象的，同一信息可以有不同的数据表示方式。

【任务实现】

2.1.1 网络商务信息收集

2.1.1.1 网络商务信息采集

相对于传统商务信息,网络商务信息具有以下显著的特点:

(1)时效性强。传统的商务信息,由于传递速度慢、传递渠道不畅,经常导致"信息获得了,但也失效了"。网络商务信息则可有效地避免这种情况。由于网络信息更新及时、传递速度快,只要信息收集者及时发现信息,就可以保证信息的时效性。

(2)准确性高。网络商务信息的收集,绝大部分是通过搜索引擎找到信息发布源获得的。在这个过程中,减少了信息传递的中间环节;而且由于现代通信技术和计算机技术的保障,从而减少了信息的误传和更改,有效地保证了信息的准确性。

(3)便于存储。现代经济生活的信息量是非常大的,如果使用传统的信息载体,把它们都存储起来难度相当大,而且不易查找。而网络商务信息不但可以方便地从 Internet 上下载,通过计算机进行信息的管理,而且由于在原有的各个网站上有相应的信息存储系统,因此即使自己的信息资料遗失,也可以到原有的信息源中再次查找。

(4)便于检索和处理。网络系统提供了许多检索方法,但全球范围内各行各业中堆积如山的信息,常常把企业营销人员淹没在信息的海洋或者说信息垃圾中。在浩潮的网络信息资源中,如何能迅速地找到自己所需要的信息,再经过加工、筛选和整理,把反映商务活动本质的、有价值的、适合本企业情况的信息提炼出来,是需要相当一段时间的培训和经验积累的。

对于现代企业来说,如果把人才比作是企业的支柱,那么信息则可看作是企业的生命,是企业不可离开的法宝。网络商务信息不仅是企业进行网络营销决策和计划的基础,而且对于企业的战略管理、市场研究以及新产品开发都有着极为重要的作用。

2.1.1.2 选择网络商务信息收集的方法

在互联网上可以利用搜索引擎、公告栏(BBS)、新闻组、E-mail、邮件列表等方式进行商务信息的收集。

(1)搜索引擎。利用搜索引擎检索信息。只要企业建立了自己的网站,并在搜索引擎上进行登记,就可以找出该企业的网址,然后通过直接访问目标企业的网站查询相关信息,而有关该企业的新闻报道等通常也可以直接从网上找到。

(2)公告栏。主要是到相关主题的 BBS 网站,如电子商务指南网站的论坛,进行商务信息的搜集。大量的信息交流可通过 BBS 来完成,会员通过张贴消息或者回复信息达到互相沟通的目的。

(3)新闻组。可以从新闻组中获得信息,也可发布信息。新闻组是公众进行讨论和信息分享的自由网站,公众可以自由加入,新闻组成员可以阅读到大量公告,也可以发表自己的公告,或回复他人的公告。使用新闻组时要遵守网络礼仪,张贴消息时要非常小心。

(4)电子邮件。目前许多 ICP 和传统媒体以及一些企业,为保持与用户的沟通,都利用 E-mail 定期发布公司的最新动态和有关产品服务的信息。通过 E-mail 收集信息是最快捷、最有效的渠道。

(5)邮件列表。像传统广告中的邮寄广告一样,网络世界中的另外一种广告发布形式正在被更多的商家所利用,即邮件列表。传统的邮寄广告是以广告形式印制或书写的信息,包括商品目录、货物说明书、商品价目表、展销会请柬、征订单、明信片、招贴画、传单等,是直接通过邮政系统寄达选定的对象的一种传播方式。电子邮件广告是广告主将广告信息以 E-mail 的方式发送给有关的网上用户。使用电子邮件列表可以有两种选择:

1)建立自己的邮件列表服务器。邮件列表服务器可以生成大宗邮件的电子邮件。假定你的公司在一个有 3000 名客户的地区新建一个办事处,现在想把这个消息发送给这些客户,就可以使用电子邮件列表,即向自己的电子邮件列表服务器发送一个消息,服务器就会把这一消息和该地区 3000 名客户的 3000 个电子邮件地址混合在一起并发出 3000 个地址相互独立的电子邮件,这样不仅比邮局投递快捷省力,而且无需邮票。

2)使用其他网站提供的邮件列表服务。这是一种借助于其他网站的邮件列表服务器的方式。使用这种邮件列表服务,有些是付费的,也有免费。使用这种邮件列表,相对于建立自己的邮件列表服务器的方式,优点是投入成本很低甚至没有,使用和维护都很方便;而缺点也很明显,就是其邮件发送速度、安全性和稳定性都有较大差距。

邮件列表的应用范围很广,具体形式有:

1)专题讨论组。志趣相投的网友可以方便地加入某个邮件列表专题进行讨论和交流。

2)发布消息。该邮件列表的创建者或管理者及用户可在该邮件列表中发布新闻、产品信息等。

3)电子邮件邮购业务。创建商业邮件列表的用户可以通过电子邮件开展邮购、产品宣传和网络广告等方面的业务。

2.1.1.3 存储网络商务信息

信息存储就是把获得的大量信息用适当的方法保存起来。信息存储是将经过加工整理序化后的信息按照一定的格式和顺序存储在特定的载体中的一种信息活动。其目的是为了便于信息管理者和信息用户快速地、准确地识别、定位和检索信息。信息的储存是信息系统的重要方面,如果没有信息储存,就不能充分利用已收集、加工所得信息,同时还要耗资、耗人、耗物来组织信息的重新收集、加工。有了信息储存,就可以保证随用随取,为单位信息的多功能利用创造了条件,从而大大降低了费用。

(1)信息存储的特点。随着信息量的增加,需要存储的信息也越来越多,对信息存储的要求也越来越高。信息存储时需注意以下几个问题:

1)存储的资料要安全可靠。对各种自然、技术及社会因素可能造成的资料毁坏或丢失,都必须有相应的处理和防范措施。

2)要节约存储空间。计算机存储要采用科学的编码体系,缩短相同信息所需的代码,从而节约空间。

3)信息存储必须满足存取方便、迅速的需要,否则就会给信息的利用带来不便。计算机存储应对数据进行科学、合理的组织,要按照信息本身和它们之间的逻辑关系进行存贮。

(2)信息存储技术。数据库是在计算机的外存储器上,按照一定的组织方式存储在一起的、相互有关且具有最小冗余度和可共享的、具有较高独立性的、能确保安全和完整的数据集合。数据库系统是用于组织和存取大宗数据的管理系统,它是有关计算机系统(硬件和基本软件)、数据库及其描述机构、数据库管理、用户及其应用程序、数据库管理员等几个方面组成的总体。数据库管理系统是一组软件,它具有数据库定义功能、数据库管理功能、通信功能、通常由数据描述语言及其编译程序、数据操纵语言及其编译程序、数据库管理例行程序三部分组成。关系数据库管理系统是当前普遍采用的性能较好的数据库，如 dBASE、Oracle、SQL 和 DB2 等。数据库是大量信息存放的场所，在使用时一般根据需要分类别进行整理。对整理后的数据进行分析，就可以得出一定的结论。

【项目任务 2.2】 选择 C2C 购物操作流程

✓ 任务要求：

理解 C2C 电子商务模式的概念，并分析 C2C 商务模式盈利和特点；掌握 C2C 商务模式的交易流程，并用分析常见各类型 C2C 电子商务交易模式；能够结合实际 C2C 的经营，分析这类商务模式存在的问题和发展方向。

✓ 完成结果

完成网上开店业务工作过程。

【相关概念】

C2C 是消费者对消费者的交易模式。其构成要素除了包括买卖双方外，还包括电子交易平台供应商。在 C2C 模式中，电子交易平台供应商扮演着举足轻重的作用。

从理论上来说，C2C 模式是最能够体现互联网的优势的，数量巨大、地域不同、时间不一的买方和同样规模的卖方通过一个平台找到合适的对家进行交易，在传统领域要实现这样大的工程几乎是不可想象的。同传统的二手市场相比，它不再受到时间和空间的限制，节约了大量的市场沟通成本，其价值是显而易见的。

从实际操作来说，C2C 具有两方面可操作性。首先，C2C 能够为用户带来真正的实惠。C2C 电子商务不同于传统的消费交易方式。过去，卖方往往具有决定商品价格的绝对权力，而消费者的议价空间非常有限。拍卖网站的出现，则使得消费者也有决定产品价格的权力，并且可以通过消费者相互之间的竞价结果，让价格更有弹性。因此，通过这种网上竞拍，消费者在掌握了议价的主动权后，其获得的实惠自然不用说。其次，C2C 能够吸引用户。打折永远是吸引消费者的制胜良方。由于拍卖网站上经常有商品打折，对于注重实惠的中国消费者来说，这种网站无疑能引起消费者的关注。对于有明确目标的消费者（用户），他们会受利益的驱动而频繁光顾 C2C；而那些没有明确目标的消费者（用户），他们会为了享受购物过程中的乐趣而浏览 C2C 网站。他们并没有什么明确的消费目标，他们花大量时间在 C2C 网站上浏览只是为了看看有什么新奇的商品，有什么商品特别便宜，对于他们而言，这是一种很特别的购物方式。因此，从吸引"注意力"的能力来说，C2C 的确是一种能吸引"眼球"的商务模式。

【任务实现】

2.2.1 C2C 电子商务模式分析

首先，网络的范围如此广阔，如果没有一个知名的、受买卖双方信任的供应商提供平台，将买卖双方聚集在一起，那么双方单靠在网络上漫无目的的搜索是很难发现彼此的，并且也会失去很多的机会。

其次，电子交易平台提供商往往还担任监督和管理的职责，负责对买卖双方的诚信进行监督和管理，负责对交易行为进行监控，最大限度地避免欺诈等行为的发生，保障买卖双方的权益。

再次，电子交易平台提供商还能够为买卖双方提供技术支持服务，包括帮助卖方建立个人店铺、发布产品信息、制定定价策略等；帮助买方比较和选择产品以及电子支付等。正是由于有了这样的技术支持，C2C 的模式才能够短时间内迅速为广大普通用户所接受。

最后，随着 C2C 模式的不断成熟发展，电子交易平台供应商还能够为买卖双方提供保险、借贷等金融类服务，更好地为买卖双方服务。

因此，在 C2C 模式中，电子交易平台提供商是至关重要的一个角色，它直接影响这个商务模式存在的前提和基础。

人们在讨论 C2C 电子商务模式的时候，总会从商品拍卖的角度分析该模式存在的合理性和发展潜力，但是往往忽略了电子交易平台供应商的地位和作用。

可以说，单纯从 C2C 模式本身来说，买卖双方只要能够进行交易，就有盈利的可能，该模式也就能够继续存在和发展。但是，这个前提是必须保证电子交易平台供应商实现盈利，否则这个模式就会失去存在与发展的基础。

因此，分析 C2C 模式应当更加关注电子交易平台供应商的盈利模式和能力，这才是 C2C 模式的重点，也是 C2C 模式区别于其他模式的重要特点。eBay、易趣、淘宝网等都是这样的电子交易平台供应商。

而反过来说，电子交易平台提供商同样要依存于 C2C 的买卖双方。平台提供商的利润来源无非是广告、佣金、会员费、服务费以及金融服务的利润等。这其中，主要的利润均来自于买家和卖家，即购买平台提供商服务的消费者。以淘宝为例，它的广告收入只占总收入的 5%，其余的利润大都产生在商品交易的过程中。

因此，平台提供商要想生存和发展，必须为其会员提供更加完善和个性化的服务，最大限度地提高会员的忠诚度，并不断开发新的会员。

买家、卖家、电子交易平台提供商三者相互依存，密不可分，共同构成了 C2C 电子商务模式的基本要素。

2.2.2 选择 C2C 模式的问题分析

C2C 模式虽然具有很大的发展潜力，但是它仍然面临着许多问题，并且这些问题如果不能得到妥善的解决，将可能影响和制约 C2C 电子商务的发展。

特别是国内电子商务处在起步阶段，无论从制度、技术、信用体系等方面都存在很多不完善的地方，我们必须更加重视，积极解决这些问题。

（1）法律制度完善。网上交易、电子商务都是近几年才出现的新鲜事物，各国都在积极探讨制定合适的法律来规范电子商务的行为。而目前，由于法律的不完善，不仅使参与网上交易的个人、企业的权益得不到保障，更会使网上拍卖成为一种新的销赃手段。

（2）交易信用与风险控制。互联网跨越了地域的局限，把全球变成一个巨大的"集中市场"，而互联网的虚拟性决定了 C2C 的交易风险更加难以控制。以 eBay 为例，根据统计，在其每二万五千件交易中就会发生一起诈骗案件。网络诈骗在 C2C 方面已经到了比较严重的地步。这时，电子交易平台提供商必须扮演主导地位，必须建立起一套合理的交易机制，一套有利于交易在线达成的机制。

(3) 在线支付方式。目前，从网站上的交易来看，B2C 只有不到 20%是通过网上支付实现的，货到付款几乎占据 80%以上。而 C2C 的网上支付比例就更低了，目前而言，买卖双方通过网下直接面对面交易是主流，电子交易平台供应商根本无法对交易进行控制。如果说通过网上支付进行交易，网站收取交易佣金不存在太多障碍的话，从网下交易中收取佣金的可能性就不大了。这主要是因为目前国内信用卡用户规模还不大，而且国内的金融结算体系还不能完全适应电子商务的要求，其安全性不够，没有完备的认证体系，无法消除用户对交易安全性的顾虑。

(4) 技术实力有待提高。由于互联网的特点，基于互联网开展业务的公司必须具备很强的技术实力。对于 C2C 电子交易平台提供商来说，技术更是至关重要。只有拥有先进的技术，才能保证网络服务的不间断、保证用户资料的完整和准确，才能为用户提供更为安全和理想的交易环境。

(5) 消费习惯有待改变和培养。电子商务在中国出现毕竟只有短短数年时间，除了受过专业教育的白领、乐于尝试新鲜事物的年轻人，很少有人愿意接受在线购物的消费方式。这些都需要时间来对消费者进行培训，对市场进行培养。

【项目任务 2.3】 选择 B2C 购物操作流程

✓ **任务要求**

理解 B2C 电子商务模式的概念，并分析 B2C 商务模式盈利和特点；掌握 B2C 商务模式的交易流程，并分析常见各类型 B2C 电子商务的交易模式；能够结合实际 B2C 的经营来分析这类商务模式存在问题和发展方向。

✓ **完成结果**

选择一个 B2C 网站，进行网上购物实践，并完成报告。

【相关概念】

B2C（Business to Customer）电子商务是以 Internet 为主要手段，由商家或企业通过网站向消费者提供商品和服务的一种商务模式。目前，在 Internet 上遍布了各种类型的 B2C 网站，提供从鲜花、书籍到计算机、汽车等各种消费品和服务。从长远来看，企业对消费者的电子商务将取得快速发展，并将最终在电子商务领域占据重要地位。

可把 B2C 电子商务分为无形商品和服务的电子商务模式以及有形商品和服务的电子商务模式。前者可以完整地通过网络进行，而后者则不能完全在网上实现，要借助传统手段的配合才能完成。

(1) 无形商品和服务的电子商务模式。计算机网络本身具有信息传输和信息处理功能，无形商品和服务（如电子信息、计算机软件、数字化视听娱乐产品等）一般可以通过网络直接提供给消费者。无形商品和服务的电子商务模式主要有网上订购模式、广告支持模式和网上赠予模式。

1) 网上订阅模式。消费者通过网络订阅企业提供的无形商品和服务，并在网上直接浏览或消费。这种模式主要被一些商业在线企业用来销售报刊杂志、有线电视节目等。网上订阅模式主要有以下几种：

在线出版（Online Publications）。出版商通过 Internet 向消费者提供除传统印刷出版物之外的电子刊物。在线出版一般不提供 Internet 的接入服务，只在网上发布电子刊物，消费者通过订阅可下载有关的刊物。这种模式并不是一种理想的信息销售模式。在当今信息大爆炸的时代，普通用户获取信息的渠道很多，因而对本来已很廉价的收费信息服务敬而远之。因此，有些在线出版商采用免费赠送和收费订阅相结合的双轨制，从而吸引了一定数量的消费者，并保持了一定的营业收入。

在线服务（Online Services）。在线服务商通过每月收取固定的费用而向消费者提供各种形式的在线信息服务。在线服务商一般都有自己特定的客户群体。如美国在线（AOL）的主要客户群体是家庭用户，而微软网络（Microsoft Network）的主要客户群体是 Windows 的使用者，订阅者每月支付固定的费用，从而享受多种信息服务。在线服务一般是针对一定的社会群体提供的，以培养消费者的忠诚度。在美国，几乎每台出售的电脑都预装了免费试用软件。在线服务商的强大营销攻势，使他们的用户数量稳步上升。

在线娱乐（Online Entertainment）。在线娱乐商通过网站向消费者提供在线游戏，并收取一定的订阅费，这是无形商品和服务在线销售中令人关注的一个领域，也取得了一定的成功。当前，网络游戏已成为网络会战的焦点之一，Microsoft、Excite、Infoseek 等纷纷在网络游戏方面强势出击。事实上，网络经营者们已将眼光放得更远，通过一些免费或价格低廉的网上娱乐换取消费者的访问率和忠诚度。

2）广告支持模式。在线服务商免费向消费者提供在线信息服务，其营业收入完全靠网站上的广告来获得。这种模式虽然不直接向消费者收费，但却是目前最成功的电子商务模式之一。SOHU 等在线搜索服务网站就是依靠广告收入来维持经营活动的。对于上网者来说，信息搜索是其在 Internet 的信息海洋中寻找所需信息最基础的服务。因此，企业也最愿意在信息搜索网站上设置广告，通过点击广告可直接到达该企业的网站。采用广告支持模式的在线服务商能否成功的关键是其网页能否吸引大量的广告，能否吸引广大消费者的注意。

3）网上赠予模式。这种模式经常被软件公司用来赠送软件产品，以扩大其知名度和市场份额。一些软件公司将测试版软件通过 Internet 向用户免费发送，用户自行下载试用，也可以将意见或建议反馈给软件公司。用户对测试软件试用一段时间后，如果满意，则有可能购买正式版本的软件。采用这种模式，软件公司不仅可以降低成本，还可以扩大测试群体，改善测试效果，提高市场占有率。

（2）有形商品的电子商务模式。有形商品是指传统的实物商品，采用这种模式使有形商品和服务的查询、订购、付款等活动在网上进行，但最终的交付不能通过网络实现，还是用传统的方法完成。这种电子商务模式也叫在线销售。目前，企业实现在线销售主要有两种方式：一种是在网上开设独立的虚拟商店；另一种是参与并成为网上购物中心的一部分。有形商品和服务的在线销售使企业扩大了销售渠道，增加了市场机会。与传统的店铺销售相比，即使企业的规模很小，网上销售也可将业务伸展到世界的各个角落。网上商店不需要像一般的实物商店那样保持很多的库存，如果是纯粹的虚拟商店，则可以直接向厂家或批发商订货，省去了商品存储的阶段，从而大大节省了库存成本。

【任务实现】

2.3.1　B2C 电子商务模式分析

可以从不同角度对 B2C 的商务模式进行分类和探析。从企业和消费者买卖关系的角度分析 B2C 的商务模式主要分为卖方企业－买方个人的电子商务及买方企业－卖方个人的电子商务两种模式。

（1）卖方企业－买方个人模式。这是商家出售商品和服务给消费者个人的电子商务模式。在这种模式中，商家首先在网站上开设网上商店，公布商品的品种、规格、价格、性能等，或者提供服务种类、价格和方式，由消费者个人选购，下定单，在线或离线付款，商家负责送货上门。这种网上购物方式可以使消费者获得更多的商品信息，虽足不出户却可货比千家，买到价格较低的商品，节省购物的时间。当然这种电子商务模式的发展需要高效率和低成本的物流体系的配合。这种方式中比较典型的代表就是全球知名的亚马逊网上书店（http://www.amazon.com）、京东商城（http://www.jd.com/）、天猫网（http://www.tmall.com/）等。

（2）买方企业－卖方个人的电子商务。这是企业在网上向个人求购商品或服务的一种电子商务模式。这种模式应用最多的就是企业在网上招聘人才，如企业的人才市场网（http://www.szhr.com.cn）招聘各类人才。在这种模式中，企业首先在网上发布需求信息，后由个人上网洽谈。这种方式在当今人才流动量大的社会中极为流行，因为它建立起了企业与个人之间的联系平台，使得人力资源得以充分利用。

【项目任务 2.4】 选择 B2B 购物操作流程

✓ 任务要求

理解 B2B 电子商务模式的概念，并分析 B2B 商务模式盈利和特点；掌握 B2B 商务模式的交易流程，并分析常见各类型 B2B 电子商务交易模式；能够结合实际 B2B 的经营，分析这类商务模式存在的问题和发展方向。

✓ 完成结果

选择一个 B2B 网站，进行网上购物实践，并完成报告。

【相关概念】

企业对企业（B2B）电子商务也称为电子化 B2B。它指的是通过 Internet、外联网、内联网或者私有网络，以电子化方式在企业间进行的交易。这种交易可能是在企业及其供应链成员之间进行的，也可能是在企业和任何其他企业间进行的。这里的企业可以指代任何组织，包括私人或者公共的，营利性的或者非营利性的。

B2B 电子商务模式的特点：

（1）面向制造业或面向商业的垂直 B2B。垂直 B2B 可以分为两个方向，即上游和下游。生产商或商业零售商可以与上游的供应商之间形成供货的关系，比如 Dell 电脑公司与上游的芯片和主板制造商就是通过这种方式进行合作的。生产商与下游的经销商可以形成销货关系，比如 Cisco 与其分销商之间进行的交易。

（2）面向中间交易市场的 B2B。这种交易模式是水平 B2B，它是将各个行业中相近的交易过程集中到一个场所，为企业的采购方和供应方提供了一个交易的机会，像 Alibaba、环球资源网等。B2B 只是企业实现电子商务的一个开始，它的应用将会得到不断发展和完善，并适应所有行业的企业的需要。

（3）业务国际化。一批 B2B 电子商务企业在上市融资后，无论是在产品还是业务领域都将拓展到海外市场,而国际的一些 B2B 厂商也在谋求中国业务的开拓和发展。

(4) 服务外延化。在资讯服务的基础上,提供诸如软件服务、支付、物流、信用担保等更多的服务项目和内容。

(5) 市场集中化。先进入者累积了一定规模的用户和较高的知名度,具备先发优势,市场份额可能逐步扩大,而一些获得资本支持的 B2B 网站也将迈开收购合并的步伐,艾瑞咨询预计除非在政策性很强行业有新参与者加入,否则市场集中度将逐步提高。

【任务实现】

2.4.1 典型的 B2B 类电子商务网站运营模式

国内 B2B 类电子商务网站代表:阿里巴巴、慧聪、金银岛、买麦网。

(1) 阿里巴巴

阿里巴巴(http://www.alibaba.com.cn)是目前国内甚至全球最大的专门从事 B2B(企业对企业)业务的服务运营商。已连续 5 年排名《福布斯》杂志全球最佳 B2B 网站,累计注册会员(非付费和付费)已逾 617 万。

阿里巴巴中文站有普通会员和收费会员(即诚信通会员)。注册会员是属普通会员行列的,不收取任何费用。阿里巴巴诚信通分企业版和个人版。

除了付费的中国供应商和诚信通会员,阿里巴巴上面还活动着免费的中国商户 480 万家、海外商户 1000 万家。去年通过阿里巴巴出口的产品总值为 100 亿美元,以浙江永康地区为例(全球最大的滑板车供应地),当地企业有 70%通过阿里巴巴出口,其中有不少企业出口超过千万美元。

阿里巴巴的运行模式,概括起来即为注册会员提供贸易平台和资讯收发,使企业和企业通过网络做成生意、达成交易。当然服务的级别则是按照收费的不同,针对目标企业的类型不同,由高到低、从粗至精阶梯分布。为阿里巴巴下一个定义,其实它就是:把一种贴着标有阿里巴巴品牌商标的资讯服务,贩卖给各类需要这种服务的中小企业、私营业主;为目标企业提供了传统线下贸易之外的另一种全新的途径——网上贸易。

经营模式:依托阿里巴巴网站(中、英、日三版本)拢聚企业会员,整合成一个不断扩张的庞大买卖交互网络,形成一个无限膨胀的网上交易市场,通过向非付费、付费会员提供、出售资讯和更高端的服务,赢得越来越多的企业会员注册加盟。

赢利模式:基本上依靠各付费会员每年缴纳的年费,目前有少量广告方面的收益。

阿里巴巴和慧聪都是国内传统电子商务的代表,主要提供基于供求信息的资讯服务,通过海量国内外用户在平台上发布信息寻找商机,以求能够在线下达成交易。

总体来说,阿里巴巴的电子商务模式还不能称其为完整的电子商务,它的主要功能是实现了商家之间的在线询问和初步沟通,实际的商务交易活动还是在线下进行的,它仍然属于传统意义上的电子商务,所获赢利也仅仅是靠收取资讯服务费。随着互联网的快速发展和环境的不断成熟,这种模式将会逐渐发生变化。当然,或许阿里巴巴对自己的发展步骤了然于胸,针对不同时期实施不同的发展战略,并且,由于阿里巴巴在搜索引擎、C2C 电子商务等领域,都有较强实力的业务线可以与 B2B 协同,形成打通 B/C,整合搜索引擎、即时通讯等业务的电子商务综合服务平台,这将成为阿里巴巴重要的竞争优势。这是大多数电子商务经营者所追逐的目标和努力的方向。

（2）慧聪网

慧聪网（http://www.hc360.com）正式成立于 1999 年，它整合了慧聪国际资讯近 10 年积累的信息服务资源和产品，突破了服务的地域限制，让更多的客户能够随时随地地享用慧聪的资源。慧聪区别于其他网站的地方在于：慧聪进入互联网是一种应客户和市场所需的必然，不同于没有任何资源的其他网站。有了互联网的优势后，慧聪的影响更大了，原来纸媒体所发行不到的区域客户，都有可能成为慧聪的客户。行业上，慧聪扩展了十多个新的行业领域，如安防、消防、教育、工程机械、水工业、包装印刷等。慧聪互联网平台的推出，给客户在信息服务上带来了质的转变。

其实，慧聪网成立之前，其创办者——慧聪国际资讯已经在国内多个行业打下了牢固的基础，这个基础是慧聪网迅速崛起的重要保障。2003 年 12 月 17 日，慧聪国际资讯在香港创业板上市，这也为慧聪网的发展注入了新的活力，而慧聪国际资讯前期的商情报价、广告代理、市场研究、市场营销策划、媒体监测、展示公关等系列活动则全面扶持了慧聪网的发展。目前，慧聪网已拥有 20 多个行业的专业商务子网站，依托慧聪商情数据库和传统信息服务的基础，为企业和采购者提供 B2B 网上信息发布与查询、企业主页、信息定制、网上广告、网上交易等网络增值服务，并力求通过"网络+网刊+综合服务"的独特信息服务模式，最大化地满足客户的需求。

作为一个 B2B 网站，慧聪商务网通过企业上网解决方案、网络营销、商务服务及专业市场四大部分的功能提供全面、完整、多选择的服务，以此获取利润。

慧聪的电子商务经营模式雷同于阿里巴巴，主要靠提供基于供求信息的资讯服务，通过海量国内外用户在平台上发布信息寻找商机，以求能够在线下达成交易。与阿里巴巴唯一不同的是，慧聪是靠资讯起家，资讯一直是其强项，这一方面，慧聪的确胜人一筹。

（3）金银岛：行业没标准，我们要制订新的标准

金银岛（http://www.315.com.cn）是目前"最安全的电子商务平台"的代表，是中国电子商务协会电子商务模式试点单位，其所特有的硬信用模式获国家十五重大科技攻关成果奖，是中国电子商务发展的里程碑，它为广大电子商务交易双方提供了一套最为安全可靠的"硬信用"运营模式。目前拥有 30 万家企业客户。

"硬信用"全程电子商务模式采用"款到发货"和"货到结款"的双向保全机制，彻底解决了制约网上交易的主要瓶颈——"信用缺失"和"交易安全"等关键课题，真正做到了"我敢发货，你敢付款"。金银岛联合了中国银行、中国工商银行、广发银行等金融机构，中国国际经济贸易仲裁委员会，中铁快运、招商局物流、中外运物流等知名物流公司，以及 60 多家涉及石油、化工、机械等实力型行业企业，共同打造了服务于行业企业的"硬信用"全程电子商务交易平台。

多种交易模式、提供全方位电子商务解决方案，金银岛精心打造了包括匿名竞价交易、行业综合市场、硬信用交易机制的现货交易平台、仓单交易平台及专业内参资讯。

金银岛专业于石油、化工、橡塑、农用机械、行业机械、五金等六大行业，为交易会员提供安全、便利的交易流程，在硬信用模式下，当买卖双方交易时，货款自动冻结，买方确认收到，货款才能解冻。交易货款由中国银行等金融机构监管，交易纠纷由中国国际经济贸易仲裁委员会仲裁，开创了"金银岛—金融机构—仲裁机构"三方共同缔造的"金三角"商

业新模式。

金银岛通过携同中国银行、广发银行两大金融机构，中国国际经济贸易仲裁委员会，中铁快运公司一起打造了"硬信用"平台，通过这个平台帮助客户找到卖家，然后进行安全的交易，实现完整的电子商务活动。"硬信用"交易模式是金银岛区别与其他电子商务网站的显著特征，它已实现了从传统电子商务向纯电子商务过度的目标，符合未来电子商务发展的方向。金银岛模式的出现，使得多年来制约我国电子商务发展的三大瓶颈问题：专业化的电子商务物流体系、专业化的电子商务支付体系、专业化的电子商务信用机制逐步得到解决。

据了解，通过金银岛，买卖双方无须进行线下接触，仅通过网络就可以完成洽谈和安全地进行网上支付，买卖双方线下的工作只是通过第三方物流发货、收货，坐在电脑边上就可放心地做成买卖。以硬信用机制为依托的金银岛将使国内 B2B 电子商务提升到一个更高的水平，国内电子商务将进入一个崭新的发展阶段。

金银岛虽然首破行业坚冰，进入了真正意义上的电子商务时代，但其在业内的名气却远远不及阿里巴巴等巨头，这或许与金银岛成立时间较短（2005 年）、宣传不力等因素有关，也可能与目前的行业发展环境和客户的认知程度相关。

（4）买麦网

买麦网（http://www.com.cn）致力于服务国内企业，为国内企业提供买卖信息的 B2S（Buyer to Seller）交易信息平台。买麦网总投资一亿元，由中国万网投资并管理，2004 年 11 月 12 日创立并运营。

买麦网的目标是建立采购商和供应商之间的互动信息交流平台，使企业在采购和销售活动中能够节省时间，降低成本，同时最大限度的增加企业营销的机会。作为企业采购和营销的助推力，买麦网在供应商和采购商之间建立了一条快捷方便的信息及交流通道，方便供应商和采购商相互之间建立联系、提供更多的商业机会。

目前，买麦网已经为采购商和供应商开通了交易信息的发布和查询，企业和产品信息的发布和查询，我的买卖会员个性化设置以及买卖双方在线沟通交流等服务功能。为中国企业的发展和进入网络营销时代开启了一扇方便的电子商务之门。

同时，买麦网结合了移动电子商务，使电子商务不仅仅局限于传统的计算机互联网络中，而是随时随地，通过移动网络和手机就能进行操作，在灵活性和方便程度上有了更近一步的拓展。

2005 年，国内 B2B 行业的竞争格局发生了精彩裂变，买麦网的突然崛起打破了阿里巴巴、慧聪两强争霸的局面，形成了"电子商务+搜索、电子商务+商情广告、电子商务+互联网基础服务"三大主流门户的模式，占据了当前 B2B 市场的大部分业务份额。

【项目任务 2.5】 处理电子交易过程

✓ **任务要求**

理解电子交易的过程，并分析网上交易过程中单证的设计、单证的实现方法和常见问题的处理；掌握电子合同的签订和处理过程；能够结合网店实际选择相应的电子支付方式。

✓ **完成结果**

完成网上单证的实现和电子合同的签订。

【相关概念】

网上商店的单证是商家与用户之间交易的凭证，一个设计完美的单证体系既要做到让用户能体会到在本商店网上购物的方便性，也要让网上商店的管理者能够在进行对订单数据处理的同时保持准确性。进行网上单证设计的同时需要注意的事项：

（1）尽力使客户在购物时感到方便。当一个消费者在某网上商店购物时感到麻烦或不顺利，下次他就不会再光顾，而且还会加以宣传，这一点对网上商店确实是最重要的和不可忽视的问题。网上商店的单证设计者必需要把自己放在顾客的立场上来测试你的设计，把那些可能阻碍用户成功购买的地方和问题列举出来，并一一加以解决。

- 客户完成一次购买需要翻阅多少页面和完成多少次单击？
- 相对于第二次购买，客户最初需要填写多少信息？能减少一些吗？
- 客户能直接在主页上完成快速购买吗？
- 商店能确认用户的行为并为用户所进行的购买行为及时提供清晰的、简明的反馈吗？

（2）使客户对商店产生强烈的第一印象。网上商店要尽可能使客户对本商店产生强烈的第一印象，这是商店与客户进行交流和说服他们开始购买和激发客户的购买欲的重点。从这方面来说，突出商店的商标是第一位也是最重要的事情。

其次，一个很重要的问题是要为商店所经营的商品种类或门类提供一个清楚的、形象的名称和定义，并且在单证中或在导航条中加以应用。为客户设计的商品查找特征必须显著地放在公司商标附近或几乎所有网页的顶部和底部；可以考虑在网站的主页上突出热销或特价的商品以激发客户购买的欲望。通过适当的链接来提供有益的信息也可以增加吸引力。

（3）把干扰减少到最小，广告不一定总是必需的。可以考虑在主页和其他整个购买过程中的单证中不提供任何的广告，记住主页和单证的目的是鼓励和方便客户的购物操作。客户在购物的过程中单击另一公司的广告将会阻碍和失去他们的购物。当然也并非绝对不能登广告，可以采用把有关商品的广告信息以某种方式加到顾客的购物篮上，其结果是由于产品信息与顾客的个人信息在单证上联系在一起，可以使顾客更倾向于购买产品，并且感受到在你商店购物的便利。当客户在结束了他们的购物并要求付账时，排除干扰、阻碍顾客完成购物过程的无关按钮和导航元素是十分重要的。

（4）个性化和问候语。是努力在单证的设计时寻找与客户建立一种非常和谐的亲密关系的方式，例如，可以在顾客作为一个购物者或成员注册后，在相关的单证中利用客户的信息为他们提供一些个人化的服务。比如使用客户的姓名信息在主页或不同部分的单证页面上提供个人化的问候。

【任务实现】

2.5.1　处理订单

2.5.1.1　网上单证的设计方法

（1）设计商店网上单证的种类和格式内容

操作步骤如下：

1）按照一般网上商店在网上销售、交易双方信息交互的需要，列出所需的网上单证种类的名称，如客户注册单证、商品信息表、购物车等。

2）列出各种单证的有关数据项并确定项名，以及定义其数据类型和长度等。

3）画出各种单证的表格样张。

4）确定客户在填写单证时各数据项的特性，是必选的或是可选的。

（2）设计本商店网上单证的风格

操作步骤如下：

1）列出各网上单证为方便客户所需要的提示语内容。

2）确定本商店网上单证统一的风格，包括色彩、字体、字形等。

3）确定各单证中的问候语和广告语的内容。

（3）设计本商店各网上单证的功能和链接

操作步骤如下：

1）确定各网上单证应出现在哪些相关网页及其具体位置。

2）设计各网上单证之间的相互关系，包括数据调用和链接关系。

3）设计各网上单征的有关功能，例如购物车中的商品的确认和删除等。

4）设计对客户输入数据的核对功能。

2.5.1.2 网上单征的实现

操作步骤如下：

（1）按照要求对本商店各网上单证的设计内容定义相应的数据库格式。

（2）用选定的网页设计语言和工具实现上述各网上单证。

亚马逊网上书店有这样一项服务：用户只要告诉网站对哪个作者的新书感兴趣，只要该作者有新书到货时，用户就会收到亚马逊网上书店发来的通知。这种服务对增加顾客忠诚度和公司长期利益无疑起到良好效果。这项服务其实就是利用了对客户订单信息的收集和分析，了解到客户的爱好和专业，有目的性地向用户推荐有用的商品和服务。

"如果想领导这个数字时代，就必须充分了解因特网，这样才能准确预测网络生活方式对你的产业意味着什么"（见比尔·盖茨著《未来时速》）。现在许多企业所建立的网站并没有站在电子商务的高度，仅仅当作自己企业的电子宣传栏，网上预订的产品也只是目录式的，没有产品直观的多媒体介绍。应该说还没有领会网络在商业上的本质价值，不理解网络所扮演的销售角色，最终使企业的网站变成孤岛。

将网站和公司的客户数据库连接起来，网站可以通过对顾客网页浏览的顺序、停留的时间长短为这位顾客建立个人档案，识别出具有购买能力的潜在顾客。同时，电子商务前端的客户关系管理应该和企业的内部管理系统（ERP、SCM 等）连接起来，不管客户从哪个渠道进来，都可以与后台的企业管理系统连接起来。网站的一切工作都应围绕着顾客需求这一中心，要符合顾客的浏览习惯，充分考虑到顾客在网上可能碰到困难时需要的帮助和技术支持。使顾客根据自己的意愿，随时随地网上查询，自行解决自己遇到的问题，以帮助降低成本。可以为他（她）定制在线购物经验、定制广告、促销活动并直接提供销售报价，辨别出具体的顾客偏好，以便提供改进的个人服务。

例如，海尔公司推出了"网上定制"，顾客进入海尔网站的主页后，就可以清楚地看到定制冰箱和定制电脑。以定制冰箱为例，消费者可以自己设计冰箱的外观色彩和内件配置，从而最大限度地满足了顾客的个性化需求。从 2000 年 8 月海尔推出"定制冰箱"的一个月时间，就从网上接到了多达 200 万台的要货订单。

2.5.1.3 网上单征常见问题处理方法

在正常情况下，因为网上单证的处理流程是设定的，一般不会在处理过程中出现问题。当然，在网上商店的硬件系统有故障，或者在系统受到病毒和其他的入侵等例外事件的情况下，会引起单证处理的异动或停止等问题，需要网站的系统工程师来进行解决。

比较多的情况是新客户不熟悉本商店的购物流程，特别是涉及到购物后采用网上支付的情况，引起网上支付的操作失败，其原因大部分是银行的支付系统和通讯网络的问题。此时客户一般会改用货到后现金支付的方法解决，网上商店可以做的工作就是在相关的网页和单证上进行适当的提示即可。

对于同一位网上消费者在规定的时间内下的若干份订单，为了方便和节省送货费用，客户往往要求将这些订单合为一张订单一次送货，网上商店也应该支持和允许客户的要求。许多网上商店的内部事先编有应用程序，自动进行订单的合并工作，其操作步骤如下：

接到客户要求进行订单合并的要求，启动订单合并应用程序，完成该项订单的合并工作，应用程序会自动通知相关部门，如配送部门等，给要求进行订单合并的客户发出电子邮件，通知客户已完成对他的订单的合并。

2.5.1.4 签订电子合同

在这里，电子合同签订以得意通实验室电子合同签订为例进行操作。

第一步：甲方询价。

（1）单击首页→网络营销→电子合同→前台进入；

（2）单击左侧中的"会员登录"，在弹出的页面中输入用户名（用户名为学生完整学号），密码 123456，登录；

（3）单击电子合同首页中左侧的"搜索引擎"进入，在"商品名称"右侧的框内输入"××××电脑软件"，单击"搜索"按钮；

（4）在搜索到的商品的"选择"一栏中单击选择商品，然后单击"发布询价单"按钮，在"询价单填写"窗口中填写如下信息："询价标题"为"我要采购贵公司的软件"，数量为"10"，交货地点为"学校所在地"，单击"完成"按钮。单击"确定"按钮。

第二步：乙方报价。

（1）分公司"××××软件技术有限责任公司"单击网络营销→电子合同→后台，输入账号××××fgs，密码：123456，进入"电子合同管理区"；

（2）单击"网上报价"，单击标题为"我要采购贵公司的软件"的询价单，将页面拉到最下方，在报价单的填写中，"您的报价"填写"19500"，在"报价说明限 1000 字以内："下面的文本框中填写"请您进入洽谈室"，单击"提交"按钮，单击"确定"按钮，再次单击"确定"按钮。

第三步：甲方进入洽谈室。

（1）使用用户名：学生学号，密码 123456，登录网络营销→电子合同→前台→会员登录；

（2）单击"会员服务"第一项"网上洽谈"进入，单击"我要采购贵公司的软件"，然后在弹出的界面中查看报价方、询价方、报价单的详细资料。并单击页面最下方的进入洽谈室按钮。进入"洽谈室"，并单击第一项"1、标的（包括产品的数量及价格）"，注意甲方是蓝色做底色。

第四步：乙方进入洽谈室。

分公司"××××软件技术有限责任公司"单击网络营销→电子合同→后台，输入账号××××fgs，密码：123456，进入"电子合同管理区"。单击"网上洽谈"，单击标题为"我要采购贵公司的软件"的询价单，将页面拉到最下方，单击"进入洽谈室"，并单击第一项"1、标的（包括产品的数量及价格）"，注意乙方是白色做底色。

第五步：甲乙双方开始洽谈。

（1）乙方：在"交谈内容"下方的"文本框"中填入"19500合适吗"，单击"提交"按钮。

（2）甲方：按 Alt+Tab 组合键，切换至蓝色底的"甲方"洽谈页面（若交谈内容中没有出现"19500合适吗"，请等5秒钟），看到"19500合适吗"后，输入"合适"，单击"提交"按钮。

（3）乙方：按 Alt+Tab 组合键，切换至白色底的"乙方"洽谈页面，看到"合适"后，在页面右上方的"洽谈价格"下面的文本框中填入"19500"，然后单击"修改"按钮，单击"同意"按钮，再在"交谈内容"下方的文本框中填入"请您刷新"，单击"提交"按钮。

（4）甲方：按 Alt+Tab 组合键，切换至蓝色底的"甲方"洽谈页面（若交谈内容中没有出现"请您刷新"，请等5秒钟），看到"请您刷新"后，单击页面右上方的"刷新"，看见"洽谈价格"下面的文本框中是19500后，单击"同意"按钮，然后再在"交谈内容"下方的文本框中填入"我已经进入第二条，请您刷新"，单击"提交"按钮，单击"进入合同第二条内容的洽谈"。

（5）乙方：按 Alt+Tab 组合键，切换至白色底的"乙方"洽谈页面，看到"我已经进入第二条，请您刷新"后，单击页面右上方的"刷新"，然后单击"进入合同第二条内容的洽谈"。

（6）甲乙双方然后按照如上方法，依次谈完第二、三、四、五条。其中，各条款内容如下：

1）质量要求及验收方法：软件开盒之后，安装顺利，运行正常。

2）交货地点、运输方式及费用：学校所在地，EMS，乙方负责费用。

3）合同履行期限：一年。

4）违约责任：责任方向非责任方缴纳合同款总金额的10%。

（7）双方（先甲方，后乙方）在洽谈完所有的合同项后，各自在弹出的页面中单击"合同内容洽谈完成"按钮。

（8）双方（先甲方，后乙方）在此页面中可查看洽谈好的合同的所有条款，确认所有内容正确后，单击下方的"确认最终合同条款"按钮，对合同进行最终确认。

第六步：甲乙双方签订合同。

甲方签订合同：

（1）甲方单击电子合同→前台→会员服务→合同管理模块进入。

（2）点击欲签字的合同标题进入

（3）仔细审阅后，单击"甲方签定合同"按钮，即可完成该合同的甲方最终确认。

乙方签订合同：

（1）甲方单击电子合同→前台→会员服务→合同管理模块进入。

（2）单击欲签字的合同标题进入。

（3）仔细审阅后，单击"乙方签定合同"按钮，即可完成该合同的乙方最终确认。

至此，该合同的"签订状态"才变为"已签订"。

2.5.2 选择电子支付方式

目前已经广泛使用的电子支付方式有：电子货币支付方式、电子支票支付方式、银行卡支付方式、电子钱包。

（1）电子货币支付方式

电子货币是通过计算机网络以信息传递的形式实现支付功能的货币。电子货币支付方式与传统货币相比，具有简便、安全、迅速、可靠、小额支付等特征。电子货币中比较具有代表性的是电子现金（e-cash）。

电子现金是由 Digicash 公司开发的，通过它们提供的 e-cash 客户软件"电子钱包（cyber wallet）"（商家和消费者都可以通过开通账户获得），消费者可以从银行提取 e-cash，然后在自己的计算机上存贮 e-cash。当需要购物并进行货币支付的时候，货币银行验证货币的有效性并把真实的货币与 e-cash 交换，商家接收消费者支付的 e-cash，完成货币支付过程。消费者也可以把存贮在自己计算机上剩余的 e-cash 重新放回银行的电子现金库里。

由于电子现金没有传统货币面额的限制，所以非常适合小额支付，例如一条网上新闻的收看、一支 MP3 音乐的下载等。小额支付如今已经变得十分流行，被更多人认可和接受。

（2）电子支票支付方式

电子支票简单的说就是携带数字签名的数据报文。它通过使用数字签名确认支付者和收款者身份、支付银行和账户。电子支票与传统支票的功能几乎相同。利用它可以使支票支付的业务以及处理过程实现电子化和自动化。因为数字签名具有很高的安全性，所以从某种意义上讲，电子支票比传统支票具有更高的安全性。

从电子支票的定义和功能可以看出，它具有如下特点：方便、高效、受众面广、易于流通、适用性强、安全性高、业务自动化、省时省钱等。

支付者所填电子支票的结构和填写方式都类似于传统支票，除了必须的收款者姓名、账号、金额和日期等信息外，电子支票还隐含了安全加密信息。当支付过程开始时，支付者把电子支票通过电子信箱发送给收款者，收款者取出电子支票并用数字签名签署收到的证实信息，再通过邮箱将电子支票发送到银行；另一面，支付者把电子付款通知单发到银行，银行通过确认收款者的身份信息，再把款项转入收款者账户。

（3）银行卡支付方式

顾名思义，银行卡支付方式是依托银行卡来完成支付的过程，主要分为结算卡和智能卡。结算卡中比较常见的有信用卡、借记卡和签账卡等。信用卡是一张正面印有发卡银行名称、有效期、号码等，背面有磁条、签名条等内容的具有消费信用的卡片。现在常用的信用卡一般单指贷记卡，即持卡人在信用额度内先消费、后还款。信用卡已经成为人们消费的主流工具，它的工作流程和特点这里不再赘述。

借记卡是先存款、后消费，没有透支功能的银行卡。它除了具有转账结算、存取现金、购物消费等功能外，还具有基金和股票买卖等理财功能。借记卡提供了大量增值服务，方便人们的生活。

准确地讲，签账卡并不算是一种银行卡，但是它在电子商务中的支付结算功能又类似于银行卡，其消费额度、发卡标准等都高于信用卡，且不循环信用，每月消费金额必须及时全数偿还。

智能卡是一种比较特殊的卡类支付方式。它是一张嵌入微处理芯片的塑料卡，用来储存、管理用户个人信息，如私有密钥、账户信息、信用卡密码等。

智能卡中具有代表性的就是万事达国际公司的 Mondex 卡。使用 Mondex 卡的商家必须安装专用刷卡器。它的工作流程如下：持卡人将 Mondex 卡插入刷卡器，当商家和持卡人的身份得到验证后，商家请求结算，在持卡人的 Mondex 卡上验证商家的数字签名，而商家也同样验证持卡人的数字签名，当双方签名得到确认后，则从持卡人的 Mondex 卡上减去商品金额，同时相同的金额就转到商家账号上。

智能卡的优势比较明显，首先信息存储量比一般磁卡大 100 倍左右。它比信用卡更具保密性，智能卡上的信息是加密的，只有合法用户才能使用，且便于携带。但是智能卡必须有专用刷卡设备的支持，阻碍了它的发展。

（4）电子钱包

电子钱包（Electronic Wallet）作为电子支付工具，其实是一种计算机软件。它的功能和传统钱包相似，可存放电子现金、电子信用卡、用户身份证书以及其他信息，而且可以进行电子安全证书的管理，完成安全的电子交易，并进行交易记录的保存。

利用电子钱包购物必须在电子钱包服务系统中进行。用户通常在银行是有账户的，且必须安装符合安全标准的电子钱包软件，一般是免费提供的。在该软件中有电子钱包管理器，用来对用户的口令及其他数据进行管理；还有电子交易记录器，用来存贮和查询用户交易记录。当需要进行交易时，选择所需的交易方式，就可以顺利完成支付过程。目前已经有 VISA Cash、Mondex、MasterCard Cash 和 Proton 等电子钱包服务系统，还有 eWallet 以及 Microsoft Wallet 等应用性强的电子钱包软件。

从电子钱包的功能和使用来看，电子钱包具有安全性高、适用性广、记忆力强、管理高效、省时和支持小额支付等优点。但电子钱包仍属于一种具有特殊使用范围的支付工具，并没有通用标准，限制其广泛使用和发展。

值得一提的是，随着手机业务的不断发展，手机已经相当于个人电子钱包，被人们关注和使用，通过它可以进行一些小额付费业务，如话费、网费和月杂费的付费、证券信息等。可以说，随着无线网络的发展，将来会有更多方式的业务会通过手机支付来完成。

【知识扩展】

网络商务信息是指存储于网络并在网络上传播的与商务活动有关的各种信息的集合，是各种网上商务活动之间相互联系、相互作用的描述和反映，是对用户有用的网络信息，网络是其依附载体。其内容包括商务数据、商务报告、广告信息、产品信息、市场供求信息、商务情报信息、经营管理信息等，可以表现为文字、数据、表格、图形、影像、声音等具体形态。

现代经营管理者利用网络工具能够快速获得所需信息，并通过对所获信息进行特殊的分析和处理，获取企业所需的竞争情报，最后转化为企业效益。目前，中小企业运用现代营销网络能获得和大中型企业平等的起跑机会和发展机遇。

现代企业获取商务信息的途径有很多，这里将讨论如何从公开的大众化的信息源，即网络信息中挖掘有用信息、寻找商机。

网络技术和电子商务的迅猛发展，使网络成为世界范围内查寻商务信息最现代化、应用最广泛的手段和途径，如何运用有效的途径与工具，在无序的海量网络信息中搜集企业所需的商务信息,已成为现代企业管理者和经营者的必备能力之一。然而网络商务信息资源与传统商务信息相比,呈现无序、分散、动态的特征,检索难度较大,用户需要掌握一定的专业知识,并经过一段时间的经验积累。企业经营管理者通常可以通过以下几种途径搜集网络商务信息。

(1) 浏览网络商务信息资源库

通过直接浏览相关网站获取所需商务信息,这是最简单、最直接的信息检索方式。目前,除具有零星商务信息的企业主页外,汇集大量商务信息的专业商务网站全国已达 1200 多家。专业商务网站所提供的信息容量大、内容全面、数据准确,按其发布的信息内容可分为综合性商务信息网站、地区性商务信息网站和专业性商务信息网站。

1) 综合性商务信息网

中国政府网(http://www.gov.cn),是国务院和国务院各部门,以及各省、自治区、直辖市人民政府在国际互联网上发布政府信息和提供在线服务的综合平台,通过该网站还可链接到各部委、各省市自治区政府网站,其信息全面、准确、权威。

中国经济信息网(http://www.cei.gov.cn),简称"中经网",是以提供经济信息为主要业务的专业性信息服务网络,主要涉及政府部门、企业集团、金融机构、研究机构及海外投资者。

国务院发展研究中心信息网(http://www.drcnet.com.cn),简称"国研网",是我国著名的大型经济类专业网站,包括国研报告数据库、世界经济与金融评论报告数据库、财经数据等 10 余种行业统计数据库,国研报告为其特色资源。

中华商务网(http://www.chinaccm.com),是我国最大的行业商务信息咨询平台,拥有 17 个产业板块、100 多个垂直与综合频道,为用户提供以原材料、制成品现货价格、市场分析及行业与市场研究为核心的市场咨询服务。

中华大黄页(http://www.chinabig.com),提供包括港澳台地区在内的近 310 多万家工商企业信息,可方便快捷地根据公司名称、产品分类、公司地址等多种方式进行查询。

中国网上 114(http://www.china-114.net),可查询国内各类企业基本信息及其产品服务信息,同时提供产品供求信息服务平台。

中国资讯行(http://www.bjinfobank.com),为客户提供中文商业数据库平台,满足商界人士的不同需求。此外,还有中国宏观经济信息网(http://www.macrochina.com.cn)、北大法律信息网(http://www.chinalawinfo.com)、中国标准网(http://www.zgbzw.com)、中国工程技术信息网(http://www.std.cetinnet.cn)等大型综合性的网站。

2) 地区性商务(经济)信息网

目前各省市均建有体现本地区经济特点、经济数据和商务特色的经济信息网站,如北京经济信息网(http://www.beic.gov.cn)、上海经济信息网(http://www.sh.cei.gov.cn)、浙江经济信息网(http://www.zei.gov.cn)、广东经济信息网(http://www.gd.cei.gov.cn)等各省市经济信息网站。

3) 行业性商务信息网站

这类网站由政府或一些业务范围相近的企业或某些网络服务机构组建,面对本专业技术领域,专业针对性强,内容翔实,信息面较窄,向精深方向发展。如中国价格信息网(http://www.cpic.gov.cn)是全国唯一面向社会发布公共价格信息的权威性网站;中国纺织经济信息网(http://www.ctei.gov.cn)主要提供纺织方面的信息;中国制造网(http://cn.made-in-china.com)是中国产品信息荟萃的网上世界,旨在利用互联网将我国制造的产品介绍给全球采购商；中国经贸网（http://www.wct.cn）是中国最专业的商贸平台之一；中国工程技术信息网（http://www.cetin.net.cn）是电子与通信领域的综合网站；还有如医药搜索 37℃医学网（http://www.37c.net.cn）、中国电子行业信息网（http://www.ceic.gov.com.cn）、中国金融网（http://www.zgjrw.com）、中国能源信息网（http://www.nengyuan.net）等行业网站，均系从事商务活动的重要信息源。

此类网站繁杂、难记，用户可以通过搜索引擎、商务类指南性网址大全网站，如新百度网（http://www.newbaidu.net）或相关网站提供的友情链接、大学图书馆提供的网络导航等途径快速找到所需网站。

（2）利用搜索引擎

搜索引擎是网络搜索工具的通称。用户利用搜索引擎，只需在检索框内输入关键词及其组配，或者按照分层类目结构依次逐一选择，就可以获取含有相关信息的大量网站，它是利用 Internet 商务信息资源的有效方式。目前互联网上的搜索引擎数以千计，这里只简单列举几个常用的搜索引擎。

1）常用综合性搜索引擎

谷歌（http://www.google.com）；

百度（http://www.baidu.com）；

中文雅虎 （http://cn.yahoo.com）；

搜狐（http://www.sohu.com）；

新浪（http://search.sina.com.cn）。

国外常用的如 AltaVista（http://www.altavista.digital.com）、Info Seek（http://www.infoseek.com）等。

2）专业搜索引擎

和讯财经搜索（http://search.hexun.com）；

中贸网（http://china.chinae.com）；

中国化工在线搜索（http://www.chemsina.com/search）；

中国工程机械信息网（http://www.6300.net）。

国外的如 WSRN（http：//www.wsrn.com）、Inomics（http://www.inomics.com）等。

专业性搜索引擎由于信息相对集中，查找速度快，查准率较高，所以掌握这些专业搜索引擎十分必要。

3）搜索引擎使用技巧：不同搜索引擎的使用功能各有差别，如雅虎不支持逻辑运算符，但支持范畴检索词"title"、"URL"；Google 支持逻辑运算符，且有其他搜索引擎没有的特殊功能。搜索引擎的使用也有一定的技巧和方法：首先，选好关键词和主题词，特别应注意标准术语；其次，学会使用布尔逻辑运算符"+、-、or、and"及特殊符号（如双引号、空格）；再次，充分利用范畴限制词（特别是冒号的使用）缩小检索范围，如"Intitle：关键词"，指检索内容出现在网页标题内；"Inurl：关键词"，指检索内容仅出现在网页的网址内；"Intext：关键词"，指检索内容出现在网页正文内；"URL：关键词"，用于检索地址中带有某关键词的网页；"Image：关键词"，仅用于检索图片。另外，就 Google 而言，可以支持 13 种非 HTML 文件的搜索检索，检索时可使用限制词"filetype"来查找特定文件形式的内容，如用"关键词 filetype:swf"的格式，用于查找 Shockwave Flash，依此可特定查找 doc、ppt、xls、rtf、pdf 等特定文件形式的内容。显然,懂得这些技巧的使用,可大大提高搜索效率。

（3）利用网络数据库

网络数据库具有信息量大、更新快、品种齐全、内容丰富,数据标引深度高、检索功能完善等特点,是经济研究最重要的信息源,也是获取商务信息的一个有效方式。

中国知网（http://www.cnki.net）。CNKI 是中国学术期刊（光盘版）电子杂志社和光盘国家工程研究中心创建的大型动态知识信息资源网络系统。用户可以从该系统的中国期刊网专题文献数据库、中国专利数据库、技术市场信息库、中国新产品信息库、中国科技成果信息库等数据库中查找有关的商务信息。

万方数据资源系统（http://www.wanfangdata.com.cn）。该系统中属于商务性的信息有：企业服务系统：以 20 万家重要企业及产品信息为基础,面向企业用户推出了工商资迅、经贸信息、成果专利、商贸活动、咨询服务等栏目,拥有中国企业、公司及产品数据库、综合经贸信息库等十多个经济类数据库供用户查找。竞争情报系统：万方陆续推出了企业竞争情报系统及医药、电力、冶金技术、通信技术等系列行业竞争情报系统,以满足用户对深层次信息和分析的需求。

中宏数据库（http://www.macrochina.com.cn）。中宏数据库是全新概念、全新应用之经济巨型数据库,该数据库由 18 大类大库、74 类中库及 500 类细分库组成,数据量超过 100 万条,每日更新量 1000 条,内容涵盖了宏观经济、区域经济、产业经济、金融保险、投资消费、世界经济、政策法规、统计数据、研究报告等详尽内容,是目前门类最全、分类最细、容量最大的经济专业数据库。

（4）利用网上电子报刊资源

网上电子报刊资源可分为纯网络电子报刊资源和印刷型报刊的网络版资源两种,其查找途径有二：一是报刊杂志社建立的相应网站,可输入杂志名直接访问浏览,如《经济日报》、《中国证券报》、《中国经济信息》、《商业时代》等均有网络版；二是报刊杂志社委托报刊代理商和中间商提供的电子报刊,如清华同方代理制作的中国期刊网全文数据库、中国重要报纸全文数据库等,为用户免费提供题录信息,有偿提供全文浏览服务。

【思考与实践】

一、选择题

1. 在接受网上问卷设计任务的时候,首先要明确本次（　　）。
   A. 网上市场调研的目的　　　　　　B. 网上市场调研的预算
   C. 网上市场调研的限制条件　　　　D. 网上市场调研的任务来源
2. 网络采购的优势包括（　　）。
   A. 提高采购效率,降低采购成本　　B. 有效保证采购质量
   C. 促进企业采购的信息化建设　　　D. 大大减少采购过程中人为干扰因素
3. （　　）的操作步骤包括列出网站上各种单证的有关数据项并确定项名。
   A. 设计网上单证的风格　　　　　　B. 设计网上单证之间的链接关系
   C. 设计网上单证的种类和格式内容　D. 设计网上单证的数据处理功能和链接

4. 每年两次的 CNNIC 的中国互联网络发展状况调研所采用的方式是（　　）。
   A．E-mail 方式　　　　　　　　　　B．网上联机调研
   C．网站访问者随机调研　　　　　　D．网上数据搜索
5. 电子商务的交易包含（　　）。
   A．商品流　　　　B．物流　　　　C．资金流　　　　D．信息流
6. 供应链管理的主要领域包括（　　）。
   A．供应（Supply）　　　　　　　　B．生产计划（Schedule Plan）
   C．物流（Logistics）　　　　　　　D．需求（Demand）
7. 网络商品交易中心一般采用统一集中的结算模式，有效地避免了（　　）。
   A．资金截流　　　　　　　　　　　B．资金占用
   C．资金挪用　　　　　　　　　　　D．资金流通
8. 网络蚂蚁下载工具中，"蚂蚁数目"选项的作用是（　　）。
   A．定义允许下载文件的最大数目
   B．定义同时下载文件的数目
   C．定义一个文件可拆分为几部分同时下载
   D．定义最大下载任务数目
9. （　　）是利用网上发布的调研报告等方式搜寻有关数据，辅助进行网上市场调研。
   A．在线调研　　　　　　　　　　　B．E-mail 问卷
   C．网上直接调研法　　　　　　　　D．网上间接调研法
10. 网上客户的反馈信息主要分为（　　）。
    A．对产品支持和技术服务的需求　　B．订购商品或服务
    C．对商品信息的查询　　　　　　　D．对网上产品或服务的意见

二、应用题

1. 旺才领带公司是一家专业化设计、生产、销售领带的民营企业，从事领带业已有十年历史。为了配合公司开发的新产品——纳米领带的上市，针对纳米领带的夏季促销活动进行市场调研，分析产品的需求趋势并评价、规划市场促销活动，进行网络市场调研，获得如下信息：

（1）竞争对手

市场竞争状况：由于市场上的领带品牌众多，旺才领带在市场上的占有率排名第五（4.8%）。

排在前四位的是：金吉利（22.3%）、金利来（10.5%）、绅士（7.3%）、皮尔卡丹（5.4%）。其他众多的小品牌总共占 47.7%。

主要竞争对手状况：排名前四的领带品牌中，金利来和皮尔卡丹走高价市场路线，在高收入阶层中占有很高的认同度。金吉利和绅士适合于工薪阶层和普通白领，它们的定位与旺才领带的定位相近。从市场定位角度金吉利和绅士应该作为该企业的主要竞争对手。

大量的不知名的其他品牌领带占据了领带的大部分市场，因此抢夺这部分市场也可作为公司的市场目标。

合作伙伴：本公司的供应商清风布料公司有很好的管理和生产能力，能够保证供应量的不断扩大。公司的代理商、分销商对公司比较信赖。

(2) 消费者的需求趋势、流行趋势

纳米技术是近年来发展起来的最新的高科技技术,已经在很多行业和产品中有了应用,受到消费者的普遍欢迎。广大消费者已经对纳米技术有了较多认识。每次有新的纳米技术相关产品进入市场都能引起较大轰动,比如99年海尔的纳米冰箱。因此,本公司的纳米领带进入市场应进行良好的市场宣传和市场引导,以期引起新的领带流行趋势。

市场细分:在接触网络的年轻人中,对新技术、新产品的接受能力较强,这一部分人群应该是本次营销的重点对象。

要求:依据上述资料设计、撰写商情分析报告。

2. 威克公司是一家著名的空调厂商,为了在激烈的市场竞争中争取市场,公司决定扩大其产品线,推出同一品牌的洗衣机。为谨慎起见,也为探测市场反应,销售经理刘力决定首先将一种型号为半自动型的洗衣机以548元的低价战略投放市场。刘力让录入员小周在产品数据库中分别增加新商品类型"洗衣机001"及属于此类型的新商品"半自动型002洗衣机",基本属性如下:输出功率0.7KW,电压220V,有效容积6L,外型尺寸490mm×387mm×467mm。请完成产品库数据输入工作。

科凌公司是威克的长期合作伙伴,彼此建立了很好的合作关系。这次威克推出新产品,科凌自然是首批订购者,订货量6000台。根据双方的约定,使用CA验证的方式在电子洽谈室进行交易协商。由于是信誉良好的老客户,威克决定给科凌相对最优惠的条件,最后双方以500元的价格、电子支票付款、FOB交货等方式达成交易,签订电子合同。

请在电子商务实验室中完成电子合同的签订过程。

3. 小新要上网把自己的一双溜冰鞋拍卖掉,首先在网上把鞋子大致描述了一番,起始价是50元,每次竞拍加价是2元,第二天,就有个用户名叫"yun"的出价92元,已经达到了底价,小新决定把溜冰鞋卖给她。

根据以上提供的案例,在电子商务实验室中模拟完成操作。

学习情景 3　网络推广与促销

【学习情境描述】

小雨选择了在淘宝商城开店，小雨的网店已经开始运行一段时间了，可是业绩仍然不好。那么怎样才能更好地经营好自己的店铺呢？首先要做深入的市场研究，对不同的网络消费对象、消费行为，选择相应的网络营销模式，并通过各种途径推广、宣传自己的网店，更进一步策划网店的整体营销方案，并付诸实践，一定能取得良好地效果。

【知识点及技能点】

1. 能结合所经营的网上商店，进行市场调研和网络消费行为分析
2. 掌握运用 Photoshop、Flash 等软件工具进行网店和产品的宣传
3. 能结合所经营的网上商店设计网店推广方案并实施，完善网店经营报告
4. 能够策划网络营销方案并实施

【重点难点】

网络营销方案的策划与实施

【项目任务 3.1】　分析网上商店，进行市场调研和消费者行为分析

✓　任务要求

理解市场调研的重要性，并分析网上商店和网上经营如何进行市场调研；掌握市场调研的方法和方式，进行市场调研，形成市场调研报告；能够结合网店实际经营，分析网络消费市场，并分析网上消费者的购买动机。

✓　完成结果

完成网上市场调研数据报告书；完成网上市场消费行为分析报告。

【相关概念】

市场调研（Marketing Research）是运用科学的方法，有目的、有计划地收集、整理、分析有关供求、资源的各种情报、信息和资料。它是把握供求现状和发展趋势，为制定营销策略和企业决策提供正确依据的信息管理活动；是市场调查与市场研究的统称；是个人或组织根据特定的决策问题而系统地设计、搜集、记录、整理、分析及研究市场各类信息资料、报告调研结果的工作过程。市场调研是市场预测和经营决策过程中必不可少的组成部分。

市场调研包含不同的分类方向，在方法属性分类中，包括定量研究、定性研究；在研究领域中，可分为渠道研究或零售研究、媒介和广告研究、产品研究、价格研究等；在行业属性中，可分为商业和工业研究；以及针对少数民族和特殊群体的研究、民意调查以及桌面（案面

研究等相对独立的研究。

近年来，伴随着互联网的发展和新技术的应用，市场调研往往借助专业在线调查收集信息、处理数据。

【任务实现】

3.1.1　网络市场调研

3.1.1.1　网上市场调研问卷设计

网上市场调研是电子商务运作的一个重要环节，而网上问卷调研是网上市场调研中最有效并经常使用的一种方法。在网上问卷调研中，问卷设计是一个非常重要的环节，甚至决定着市场调研的成功与否。网上市场调研问卷设计是由一系列相关的工作过程所构成的。为使问卷具有科学性、规范性和可行性，一般可以参照以下工作程序进行。

（1）明确网上市场调研的目的、任务来源和限制条件

在接受网上问卷设计任务的时候首先要明确本次网上市场调研的目的，例如是为新产品定价提供依据，还是为了解目前的市场状况或者是分析调研对象的偏好情况；其次要了解任务的来源，是本单位的任务，还是客户委托的项目，了解他们的要求；再次要明确完成任务的时间限制、样本数量要求、资金限制、人员组成、合作伙伴等限制条件；最后要将上述资料用文本的方式记录下来。

如每年两次的中国互联网络发展状况调研，目的是获得我国互联网络上网计算机数、用户人数、用户分布、信息流量分布、域名注册等方面情况的统计信息，为国家和企业动态掌握互联网络在我国的发展情况提供决策依据。报告发布时间是每年的1月、7月中旬，主要由中国互联网络信息中心（CNNIC）联合互联网络单位实施这项调研统计工作，采取网上调研和网下抽样调研相结合的方式。

（2）确定数据收集方法

确定本次调研采用的方式是使用 E-mail 的方式还是在线调研方式、网站访问者随机调研方式或网上数据搜索方式等。如每年两次的中国互联网络发展状况调研网上联机调研重在了解网民对网络的使用情况、行为习惯以及对热点问题的看法和倾向。具体方法是将问卷放置在 CNNIC 的网站上，同时在全国各省的信息港与较大的 ICP/ISP 上设置问卷链接，由互联网用户主动参与填写问卷的方式来获取信息。为了完成第 31 次调研，CNNIC 在 2012 年 12 月 11 日至 12 月 31 日进行了网上联机调研。调研得到了国内众多知名网站、媒体的大力支持，国内许多知名网站均在主页上为此次联机调研问卷放置了链接。此次网上联机调研共收到调研问卷 32143 份，经过有效性检查处理得到有效答卷 23506 份。

（3）初步确定问卷的构成及编码方式

根据目的和要求初步确定调研问卷的问题数目范围（一般 20 题以内）、回答方式（单选、多选、开放回答）、问题叙述、问题排序等。问卷结构合理清晰，语言流畅，描述清楚，避免二义性。问题回答的储存编码方式也要同时初步确定，便于后面的数据处理。

（4）修改完善定稿

调研问卷初步完成后，请主管领导审查修改，同时进行试调研，请一些客户先行回答，再由数据处理部门提出意见，然后听取领导、调研对象、数据处理部门的修改意见，之后根据

建议进行修改，最后定稿。大型调研活动的问卷可能要修改若干次。调研问卷的一般格式包括调研说明、问题陈述、问题回答、致谢等部分。

（5）审批

将调研问卷上报领导审批，同时提交一份调研问卷设计说明报告，简要介绍调研问卷的设计思想、问卷组织结构、设计过程与修改情况等。在得到上报领导书面批准后，结束问卷设计工作，转入调研实施阶段。如果没有得到批准则根据领导批示进行修改直到得到批准，特殊情况下也可能终止或者延期。批准后可以将问卷以在线调研的方式或者 E-mail 的方式进行网络调研，也可以结合传统方式进行综合调研。

3.1.1.2　网络市场调研的方法

（1）网上直接调查方法。网络市场的直接调查方法主要有在线注册、调查问卷表、电子邮件等方法。

1）在线注册。企业可以通过注册的方式来获取访问者的信息，在注册中一般要求来访者提供个人姓名、性别、年龄、联系电话、工作单位、所在行业等有关信息，从中可以统计分析出来访者的年龄组成、地区分布特点、职业等。许多网站以提供大量有价值的信息和免费使用软件、成为会员、有奖竞赛等方式来吸引访问者，让他们提供有关个人的详细情况。图 3-1 和图 3-2 为某网站在线注册页面。

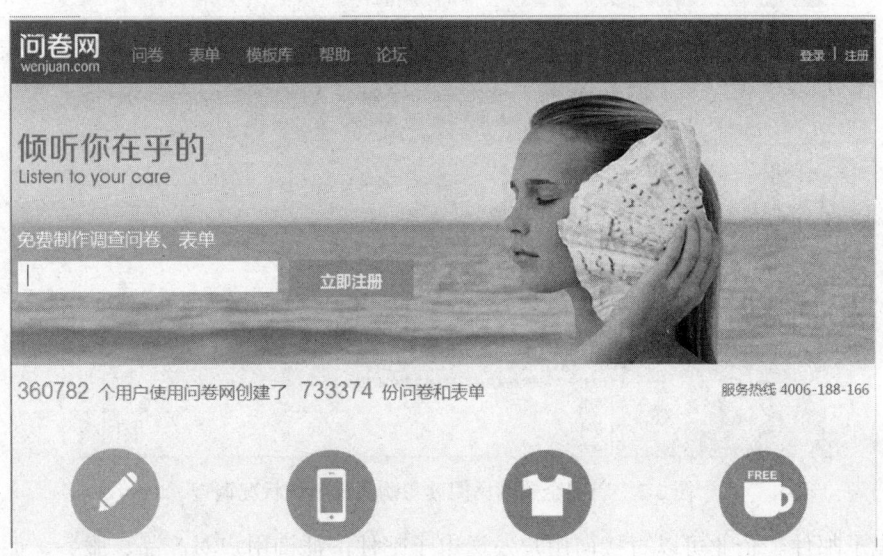

图 3-1　某在线注册页面

2）调查问卷表。网上问卷法是问卷在网上发布，被调查对象通过 Internet 完成问卷调查。网上问卷调查一般有两种途径：一种是将问卷放置在 WWW 站点上，等待来访者访问并填写在线问卷调查表，如图 3-3 所示的"首届全国网民阅读与出版物状况调查"就是采用这种方式。在线问卷表既可以放在企业自己的网站上，也可以放在第三方网站上。另一种是通过 E-mail 方式将问卷发送给被调查者，被调查者完成问卷调查后将结果通过 E-mail 返回。

企业应当精心设计问卷的内容，问题的数量要适中，如题目太多，访问者可能没有耐心填完，太少又不能满足调查的需要。问卷表通常放在主页上，如果放在其他页面上，就应该在主页上醒目地提示并链接。为了鼓励来访者参与调查，可以采取一定的奖励措施，如提供礼品等。

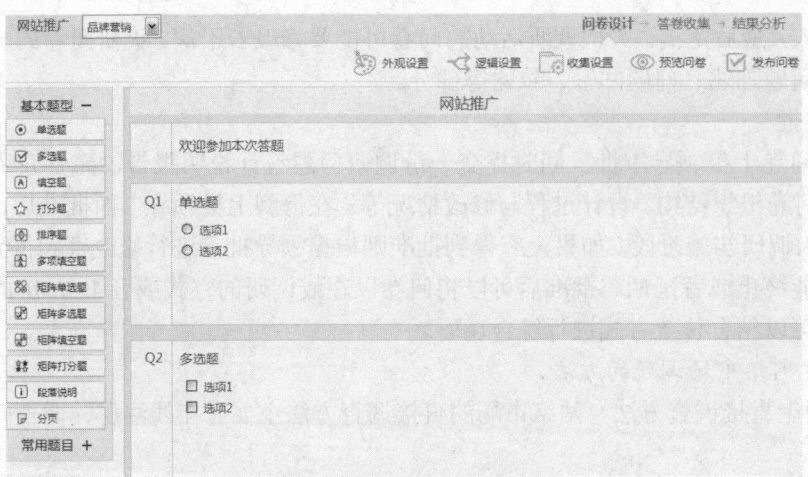

图 3-2 某用户个人信息填写页面

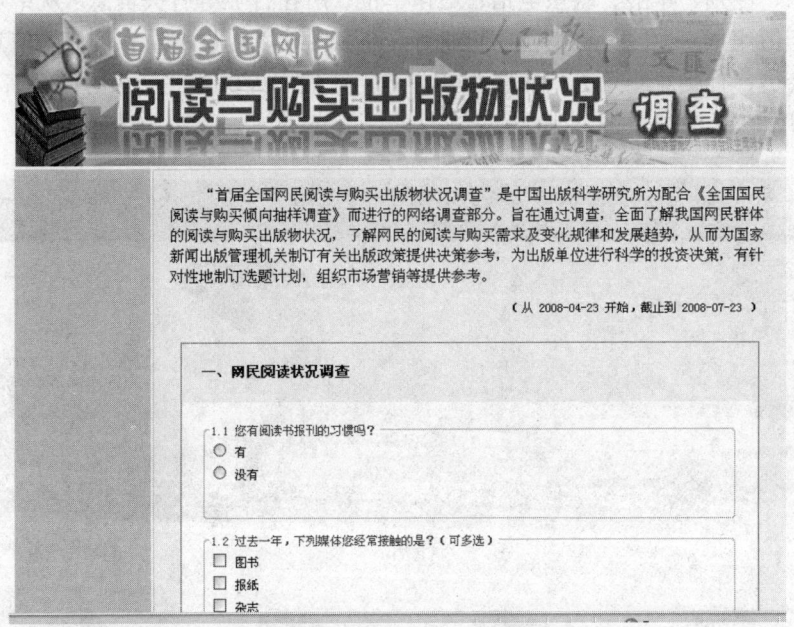

图 3-3 首届全国网民阅读与购买出版物状况调查

3)电子邮件。企业可以直接向用户发送电子邮件,征询用户对产品、服务、促销、企业形象等方面的看法,让用户向企业反馈。也可以在电子邮件中附有问卷表,让用户单击后发回企业。

(2)网上间接市场调研方法。网上间接调查也就是二手资料的收集。在互联网上搜索有用的信息如同大海捞针。通常可采用以下几个方法。

1)利用搜索引擎。搜索引擎能阅读、分析并且储存从该搜索网站数据库中和网页上获得的信息。这些信息可通过输入关键词或组合关键词,直接查找到。不同的搜索引擎有各自的特点,选择哪一个搜索引擎,应根据企业市场调研对象和内容的不同而确定。

2)访问相关网站。企业可根据自己行业的特点,直接访问互联网上相关专业性网站,以获得有用的信息。如要了解商品供应信息可访问中国阿里巴巴网(http://china.alibaba.com/)。

如果想要了解企业的竞争对手，只要访问其网站，就可以查询面向公众的所有信息，例如年度报告、季度评估、公司决策层个人简历、产品信息、公司简讯以及公开招聘职位等。通过分析这些信息，营销人员可以准确地把握本企业的优势和劣势，并及时调整营销策略。

3）利用网上数据库。在互联网上有许多网上数据库，这些数据库有收费和免费的两种，一般市场调查的商情数据库是收费的。我国的网络数据库大多是文献信息型数据库，如中国专利信息网（www.Patent.com.cn）、国家科技图书文献中心（www.nstl.gov.cn）等。

4）利用网上论坛、新闻组。网上论坛、新闻组也是企业应当关注的地方。在论坛和新闻组中，人们会对企业、产品、服务等各方面发表评论，表达自己的观点，企业通过认真的分析，从中可以了解网民的想法、需求，获取相应的信息，从而改善自己的产品、服务和形象。不少企业在自己的网站上开设网上论坛，给网民一个表达自己意愿的空间。

（3）调研问卷的一般格式。调研问卷一般包括卷首说明、调研内容、结束语三部分。

1）卷首说明。卷首说明包括称呼、调研目的、填写者受益情况、主办单位和感谢语等。如涉及个人资料，应该有隐私保护说明。

2）调研内容。调研内容是调研问卷的主体，主要包括根据调研目的所设计的调研问题与参考选择答案等，一般不超过20个问题。

3）结束语。一般再次向填写者表示感谢或致意。此外注明公司的标志性信息（如公司名称、网站和联系方式等），这是宣传公司形象的好机会。

3.1.1.3 撰写网上市场调研计划书

在网络市场调研工作中强调首先做正确的事，然后是正确地做事。市场调研的企业，典型的调研有对竞争对手的研究、市场需求的研究、动机的研究、营销因素的研究、宏观环境的研究等。

（1）明确调研的目标。由于不同的调研目标所针对的调研对象、调研方法不尽相同，因此在制定市场调研计划之前，首先要确定调研目标。在明确网上市场调研的目的、要求和限制的前提下，再编制调研计划，是正确做事的第一步。主要计划有范围计划、时间计划、成本计划、质量计划、风险计划、人力资源等计划。调研计划编制完成后，开始撰写网上市场调研计划书。

（2）明确网上市场调研项目的范围。明确叙述网上市场调研项目的背景、目的、委托人、负责项目的主要成员、时间限制、资金限制、质量、样本数量、调研问卷等方面的要求。

（3）撰写项目计划书。网络市场调研项目计划书主要包括如下内容：

1）封面

封面上要包括项目名称、委托单位、承办单位、项目负责人、日期等。

2）计划书摘要

计划书的主要内容简介，300字左右

3）计划书结构

第一部分：网络市场调研项目概述。

主要说明网络市场调研项目的背景、目的、要求、提交的成果、委托人、项目负责人、项目主要人员组成、时间限制、资金限制、质量要求、样本数量、主要方法等方面的要求。

第二部分：网络市场调研项目计划。

分项列出项目最终提交的成果与阶段成果、时间计划、成本计划、质量计划、组织分工与责任、沟通计划、风险计划等主要计划。计划要明确，尽量满足可完成、可跟踪、可测量、可控制等要求。

第三部分：附件。

将有关的报表、参考资料、合同等与项目关系密切的资料作为附件附在计划书的后面。

（4）通过审批，正式发布执行。计划书制定后要首先在项目组内进行讨论修改，然后与有关客户或部门进行沟通，最后提交给有关领导进行审查批准。批准后的计划作为工作验收基准。但一般在实际工作中由于各种情况的变化，计划允许进行修改，但修改必须得到相关方面的批准或认定，然后按照新的计划执行。

3.1.1.4 网上市场调研数据的分析

（1）根据调研目的和调研方式，选择数据的处理方法。首先根据网上市场调研的目的和方式，选择数据处理的方法和工具，如时间序列分析、相关分析、聚类分析等方法，确定哪些数据直接采用计算机处理、哪些数据需要人工干预，根据要求可以采用成熟的计算机数据处理软件，也可以根据需要设计开发专用软件。

（2）进行数据处理。网上调研结果的数据处理首先要排除不合格的问卷，然后对大量回收的问卷资料进行综合分析和论证。对从互联网上获取的大量信息和数据进行整理和分析，可以直接利用计算机软件进行快速分析，分析结果一般是真实可靠的，如互联网应用网上调研数据统计分析处理或者网上新闻热点看法调研等。在样本数量不足或者样本分布不均衡（如表现在用户的年龄、职业、教育程度、地理分布以及不同网站的特定用户群体等方面）的情况下，分析中应注意尽量降低样本不足和样本分布不均衡的影响，可以结合定性方法进行研究，力争全面准确地进行数据处理。还可以采用数据挖掘技术从大量的数据中挖掘出有用的信息。

（3）归纳分析处理结果。根据数据汇总统计分析处理的结果，采用定性与定量分析相结合的办法，对数据结果进行深入分析，得出有规律性的结果并产生相关的统计分析图表和初步分析结果。可以看到事物发展的趋势或者现状的情况为网上市场调研分析报告的撰写提供了基础资料，为企业决策提供了依据。

3.1.1.5 撰写网上市场调研数据的报告

根据调研目的和数据统计分析结果，撰写网络市场调研报告。主要工作程序如下：

（1）拟订调研报告大纲。撰写网络市场调研报告前，首先拟订调研报告大纲。包括报告的主要论点、论据、结论及报告的层次结构。请领导对拟订的大纲进行审定或者进行讨论，修改通过后再进行初稿的撰写。

（2）撰写网络市场调研报告初稿。根据报告大纲由一人或数人分工进行初稿的撰写。参与的人数不宜过多。报告要努力做到准确、集中、深刻、新颖。准确，是指根据调研的目的，反映客观事物的本质及其规律性，结论正确；集中，是指主题突出中心；深刻，是指报告能较深入地揭示事物的本质；新颖，是指报告要有新意。

（3）讨论修改报告。在完成网络市场调研报告初稿的基础上组织讨论和修改。再次审查报告是否符合调研要求、分析方法是否得当、数据是否准确、结论是否正确、结构是否合理。具体注意各部分的写作格式、文字数量、图表和数据是否协调，各部分内容和主题是否连贯，顺序安排是否得当，然后根据意见进行修改。重要报告要反复进行修改，最后通过审查得到批准后，再正式提交或发布。

（4）正式提交或公布网络市场调研报告。调研报告经过批准后，可以正式提交或发布。

调研报告的主要格式与内容：

1）封面。包括调研报告的题目、委托单位、承担单价、项目负责人、时间等主要信息。

2）内容摘要与关键字。300～500字的简要介绍，包括背景、目的、意义、主要方法、主要结果和结论建议等。关键字为5～7个可以表达主要内容的字词。一般还应该翻译成英义，便于检索和交流。

3）目录。一般包括三级目录，便于读者浏览。

4）调研报告正文。一般包括调研背景、调研内容、相关说明、调研结论与建议。也可以挑选或合并其中的部分内容撰写。

5）参考资料与附件。与调研报告相关的资料。

3.1.2 分析网络消费者行为

3.1.2.1 调查并分析网上消费者购买动机

（1）网络消费者

网络消费者是指通过互联网在电子商务市场中进行消费和购物等活动的消费者人群。网络消费者不外乎以下六类：简单型、冲浪型、接入型、议价型、定期型和运动型。

1）简单型的顾客需要的是方便直接的网上购物。他们每月只花7小时上网，但他们进行的网上交易却占了一半。零售商们必须为这一类型的人提供真正的便利，让他们觉得在你的网站上购买商品将会节约更多的时间。

2）冲浪型的顾客占常用网民的8%，而他们在网上花费的时间却占了32%，并且他们访问的网页是其他网民的4倍。冲浪型网民对常更新、具有创新设计特征的网站很感兴趣。

3）接入型的网民是刚触网的新手，占36%的比例，他们很少购物，而喜欢网上聊天和发送免费问候卡。那些有着著名传统品牌的公司应对这群人保持足够的重视，因为网络新手们更愿意相信生活中他们所熟悉的品牌。

4）另外8%是议价者，他们有一种趋向购买便宜商品的本能，eBay网站一半以上的顾客属于这一类型，他们喜欢讨价还价，并有强烈的愿望在交易中获胜。

5）定期型和运动型的网络使用者通常都是为网站的内容吸引。定期网民常常访问新闻和商务网站，而运动型的网民喜欢运动和娱乐网站。目前，网络商面临的挑战是如何吸引更多的网民，并努力将网站访问者变为消费者。

（2）网络消费行为

1）诱发需求

诱发需求的因素是多方面的，有来自人体内部所形成的生理刺激，如冷暖饥渴；有来自外部环境所形成的心里刺激等。

2）收集信息

消费者对信息的收集主要来自个人渠道、商业渠道和公共渠道。由于消费层次的不同，上网消费者大都具有敏锐的购买意识，始终领导着消费潮流。网上购物不能亲眼看到、触摸到，更不可能试用产品，因此在网上购物带有一定的风险性。在网上销售的产品中，有一类产品的技术比较成熟，有国家标准的技术指标的限制，这类产品就比较容易获得消费者的认同，实现购买行为，而对那些自己没有把握的产品，很多消费者会到传统的渠道去采集产品的信息，选定自己所喜爱的产品，然后在网上购买，因为网上的售价通常要比传统渠道价格低。

3）信息筛选

信息筛选是购买过程中必不可少的环节。消费者的综合评价主要考虑商品的功能、质量、可靠性、样式、价格和售后服务等。一般消费品和低值易耗品较易选择，而对耐用消费品的选择比较慎重。当我们进行信息筛选时可从以下几个方面来看：① 看发布渠道。一般在著名站点上发布广告的厂商，其经济实力较强，可信度较高，反之，可信度较低。② 看主页更换的频率。网络营销成功的企业，其主页内容必定经常更换，不时推出新的信息和产品。而不重视网络营销的企业，对主页的内容漠不关心，主页总是以老面孔展示在网民面前，建议不要选择。因此一个好的独立的销售平台是非常重要的，可以找一些信誉较好的专业公司制作（例如新网、万网、新网互联、网居时代、商务中国、中国频道等）。③ 看广告用语。广告对消费者的第一印像很重要。制作精良的广告是对公司的又一有效的宣传。④ 尝试性购买。消费者在初步决定后，会挑选一些价值较低的产品进行尝试性购买，这时店主们不要失望，为他们提供好后续服务后，持续消费将得到更大的订单。

4）购买决策

首先，网上购买者理智动机所占比重较大，而感情动机的比重较小，这是因为消费者在网上寻找商品的过程本身就是一个思考的过程。他有足够的时间仔细挑选商品的性能、质量、价格和外观，从容地做出自己的选择。其次，网上购买受外界影响小。购买者常常是独自坐在计算机前上网浏览、选择，与外界接触较少，决策范围有一定的局限性，大部分购买决策是自己做出或与家人商量后做出的。因此，网上购物的决策行为较之传统的购买决策要快得多。

5）购后评价

商品的价格、质量和服务与消费者的预料相匹配，消费者会感到心理上的满足，否则就会产生厌烦心理，购后评价为消费者发泄内心的不满提供了一个非常好的渠道。为提高企业竞争力，最大限度占领市场，企业必须倾听顾客反馈的意见和建议。

3.1.2.2　分析网上消费购买过程

（1）感情动机：网络消费者对某种商品感兴趣，一部分来自商品在促销时能引导消费者可接受的情绪环境，如互联网上提供的网上购买异地送货服务。网上购物所体验到的一种快乐感与个人的满足感，就会让消费者选择网上购物。

（2）理智动机：网络消费者一般都对电脑比较了解，受教育的程度较高，网上购物时会多轮反复比较各个在线商场的商品，详细了解所要购买商品的性能、功效、价格等多种因素，最后综合比较才决定是否购买。

（3）信任动机：网络消费者一般会选择公众影响力较好，信任度和声誉较好的网站和商家的商品。网络消费者根据理智经验和感情，对认定好的网站和网上商场产生特殊的信任与偏好后，会经常光顾，忠诚消费，还会在网上对自己的交际圈进行宣传和影响，会扩大网站的宣传力度，对网站的推广有很大的作用。

（4）网络消费者在购物时：网站界面的个性化的漂亮的设计，网站优秀的声誉、较高的网站知名度、简单便利的交易方式，将更能吸引消费者的目光，从而刺激消费者产生某种需求并产生相应的购买动机。

（5）商品特性及质量对消费者购买决策的影响。网上消费者有着自身的特点，这就决定了其购买行为和不是所有的商品都适合在网上销售和网上营销活动。据有关资料显示：消费者认为网上交易最大的问题是：产品质量、售后服务及厂商信用得不到保障（占 42.1%）；安全性得不到保障（占 28.1%）；价格不够诱人（占 7.5%）；付款不方便（占 7.4%）；网上信息不可靠（占 6.7%）等。从这些资料可知，网上商品的特性和网络消费的安全性与服务对消费者作出的购买决策有重大的影响。

（6）商品价格的影响。由于互联网上的信息具有丰富性和开放性的特点，消费者更容易比较商品的价格。对于同一种商品，消费者更倾向于价格便宜的。由于网上销售没有传统营销的成本高，所以具有一定的价格优势。亚马逊的大额折扣、免费送货和低廉的商品价格是吸引了广大的消费者的重要因素之一，这也证明了低价对消费者具有很强的吸引力。例如针对消费者的这种心理的 "特价热卖" 栏目。消费者只要进入专栏，就可以轻松获得各个热销产品的信息以及价格，进而通过链接快速进入消费者认为适合的网站，完成购物活动。这种网上购物满足了消费者追求物美价廉的心理。

【项目任务 3.2】 设计发布网络广告并实施网络营销

✓ 任务要求：

能够结合网上商店的经营特点，有针对性的设计网店的网络营销方案；掌握并设计有效的网上广告方案并进行发布；熟练运用网络广告制作工具，如 Photoshop、3DMAX 等图像处理工具。

✓ 完成结果

制定网络营销方案并在淘宝网店实施；完成网上商店的广告设计与实施。

【相关概念】

网络营销是建立在互联网的基础上，以营销为导向，网络为工具，由营销人员利用专业的网络营销工具，面向广大网民开展的一系列营销活动的新型营销方式。其主要特点是成本低、效率高、传播广、效果好。

网络营销的发展是伴随着信息技术的发展而发展的，目前信息技术的发展，特别是通信技术的发展，促使互联网络形成一辐射面更广、交互性更强的新型媒体，它不再局限于传统的广播、电视等媒体的单向性传播，而且还可以与媒体的接受者进行实时的交互式沟通和联系。同时，网络强大的通信能力和电子商务系统便利的商品交易环境也改变了传统市场营销对营销环境所作的一些基本假设。

网络营销概念的同义词包括心动营销、线上营销、互联网营销、在线营销、网络营销、口碑营销、视频营销、网络事件营销、社会化媒体营销、微博营销、博客营销、知识营销、整合营销、百科营销、百度知道、百度贴吧、百度推广、B2B 营销、B2C 营销、网络品牌推广、邮件营销、即时聊天软件营销、网络精准推广等。

广告源于拉丁语 Adverture，原意是 "我大喊大叫"。后来演变为英语中的 Advertise，意思是 "引起别人的注意，通知别人某件事"。美国广告学家克劳德·霍普金斯将广告定义为：广告是将各种高度精练的信息，采用艺术手法，通过各种媒介传播给大众，以加强或改变人们的观念，最终引导人们行动的事物和活动。

作为有偿信息传播活动，广告与媒体有着紧密的联系。习惯上人们把报纸称为第一媒体，广播称为第二媒体，电视称为第三媒体，互联网称为第四媒体。按照发布媒体的不同，通常将广告分为报纸广告、广播广告、电视广告、网络广告等。

网络广告就是以互联网为载体,使用文字、图像、动画、声音等多媒体信息表示,由广告主自行或委托他人设计、制作并在网上发布,旨在推广产品及服务的有偿信息传播活动。

【任务实现】

3.2.1 网络营销的营销环境分析

在网络环境下,市场的性质发生了深刻的变化,厂商和消费者可以通过网络直接进行商品交易,市场将更加趋于多样化、个性化,并实现彻底的市场细分。而消费者的行为也将发生一些变化,消费者将更多、更广泛地参与企业的市场营销过程,消费者的消费行为将更趋于理性化、个性化。

(1) 网络环境下市场性质的变化分析

在网络环境下,通过电子商务这种手段,产品的生产者会更多地直接面对消费者,原先那种层层批转的中间商业机构的作用将逐渐淡化,这将引起市场性质的变化主要表现在:

1) 生产者和消费者的直接网上交易。在电子商务下,生产厂商和消费者可以通过网络直接进行商品交易,这种交易避开了某些传统的流通环节,因而更加直接、面对面和自由化。这对以传统商业运作为主的市场模式产生了巨大的冲击。

2) 市场的多样化、个性化和时变化。原有的以商业为主要运作模式的市场机制将部分地被基于网络的电子商务所替代,市场将更加趋于多样化,不同的企业、不同的产品将千方百计地在网上营造自己的营销模式以吸引顾客。由于网络具有双向和动态的特点,市场会更显个性化和时变化。

3) 市场细分的彻底化。目前市场变化主要体现在市场的划分越来越细和越来越个性化这两个方面。但是在传统的市场环境中,这两种方式无论如何发展,其最终结果还是针对某一特定的消费者群体。只有在网络环境下,才有可能把这两方面的趋势推向极点,演变为一场针对每个消费者的营销,即微营销。

(2) 网络环境下消费者行为的分析

由于电子商务的出现,消费观念、消费方式和消费者的地位正在发生着重要的变化,使当代消费者心理与以往相比呈现出新的特点和趋势:

1) 个性消费的回归。在过去相当长的一个历史时期内,工商业都是将消费者作为单独个体进行服务的。在这一时期内,个性消费是主流。只是到了近代,工业化和标准化的生产方式才使消费者的个性被淹没于大量低成本、单一化的产品洪流之中。另外,在短缺经济或近乎垄断的市场中,消费者可以挑选的产品很少,个性被压抑。但当消费品市场发展到今天,多数产品无论在数量上还是在品种上都已极为丰富,消费者能够以个人心理愿望为基础挑选和购买商品和服务。他们不仅能作出选择,而且还渴望选择。他们的需求更多,变化也更多。逐渐地,消费者开始制定自己的准则,他们不惧怕向商家提出挑战,消费者所选择的已不单是商品的使用价值,而且还包括其他的延伸物,这些延伸物及其组合各不相同。消费者对商品和服务的要求将会越来越多,从产品设计到产品包装,从产品使用到产品的售后服务,不同消费者将有不同的要求。这些要求还会越来越详细、专业,越来越个性化。现代顾客追求时尚、表现时尚;追求个性、表现自我;追求实用、表现成熟;注重情感、容易冲动。这些要求是传统的营销媒体所难以实现的。传统的强势营销以企业为主动方,轰炸式的传统广告和高频的人员推销是其主要特征;而网络营销是种"软营销",其主动方是消费者,营销者通过网络礼仪的运用来获得一种微妙的营销效果。

2)消费需求的差异性。不仅仅是消费者的个性化消费使网络消费需求呈现出差异性。不同的网络消费者因所处的时代、环境不同而产生不同的需求,不同的网络消费者在同一需求层次上的需求也会有所不同。所以,从事网络营销的厂商要想取得成功,必须在整个生产过程中,从产品的构思、设计、制造,到产品的包装、运输、销售,认真思考这种差异性,并针对不同消费者的特点,采取有针对性的方法和措施。

3)消费行为的理性化。首先,富裕的消费者从"招摇"的消费转向了"开明"的消费,质量和价值将成为他们主要的考虑因素:即在公平价格上的高质量,尤其是品牌。他们想用尽可能低的价格买到质量最好的产品,因此,价格仍然是影响消费心理的重要因素,即使在发达的营销技术面前,价格的作用仍然不可忽视。其次,明智的购买者希望全面了解产品,包括其对个人和社会的效益。通过产品和服务的信息交流,消费者对价值的追求得到最大的满足。购买者获取信息的方式在某种程度上能改善购买经历,因此获取信息的过程也产生价值。信息是经济活动中主要的价值创造者,有了它,购买者将越来越倾向于在更充分了解信息的情况下做出决定。购买者想要的产品不仅要表现其功能,而且还要让他们了解相关的信息和知识,并且符合他们关于价值的新想法。一个实时的信息系统是把以知识为基础的价值交付给未来消费者的唯一载体,以此满足消费者对"高价值"的追求和继续节俭的愿望。

4)注重技术的购买行为。随着知识、信息和电子技术的快速进步,产品更加复杂,购买者更加老练,产品生命周期更短。人们期盼实时交付,并在任何时间、任何地点都能得到,大量的消费者希望能够在家里通过"电子小屋"购买产品和服务。随着"键盘文化"的发展,更多的人越来越依赖电子手段获取产品、服务和娱乐。现代电信系统对于有效的市场竞争至关重要。时间和便利性已是关键因素,对未来的消费者来说,时间是最宝贵的通货。企业必须利用最尖端的技术方式,以最快的速度提供产品和服务。

5)消费主动性增强。消费主动性的增强来源于现代社会不确定性的增加和人类追求心理稳定和平衡的愿望。网上消费者行为往往比较自主,独立性强。消费者不仅对购买的风险感随选择的增多而上升,而且对单向的"填鸭式"营销沟通感到厌倦和不信任。消费者会主动通过各种可能的途径获取与商品有关的信息并进行分析比较,从中获得心理上的平衡,减轻风险感和购买后产生后悔感的可能,增强对产品的信任和争取心理上的满足。现代化的顾客不仅需要了解信息,常常还要作为整个营销过程中的一个积极主动因素去参与产品的设计、制造、运送等,充分体现现代顾客个性化服务双向互动的特性。公司要实现个性化的顾客服务,应将它的主要顾客的需求作为产品定位的依据,纳入产品的设计、制造、改进过程中。让顾客了解整个过程实际上就意味着企业和顾客之间"一对一"关系的建立,这种关系的建立为小企业挑战大企业独霸市场的格局提供了有力的保障。

6)消费心理稳定性减小,转换速度加快。现代社会发展和变化速度极快,新生事物不断涌现,消费心理受这种趋势带动,稳定性降低,在心理转换速度上趋向于与社会同步,在消费行为上则表现为产品生命周期不断缩短,产品生命周期的缩短反过来又会促使消费者的心理转换速度进一步加快。

7)网络消费的层次性。网络消费本身是一种高级的消费形式,但就其消费内容来说,仍然可以分为由低级到高级的不同层次。在网络消费的开始阶段,消费者侧重于精神产品的消费,到了网络消费的成熟阶段,消费者在完全掌握了网络消费的规律和操作,并且对网络购物有了一定的信任感后,消费者才会从侧重于精神消费品的购买转向日用消费品的购买。

8) 网络消费者的需求具有交叉性。在网络消费中,各个层次的消费不是相互排斥的,而是具有紧密的联系,需求之间广泛存在着交叉的现象。

(3) 营销理念的变化分析

1) 传统的市场导向观念转变为网络化的顾客导向营销观念。在传统的市场营销观念中,企业所遵循的是市场导向,由于技术手段的制约,企业无法了解其所面对的市场中的每一位消费者的实际需求,也无法针对每一位消费者来设计其独特的产品。因此企业传统的营销做法是:将所面临的目标市场在很大程度上看成是同质性市场,也即认为市场中的消费者有着相类似的需求特征,在通过市场调查之后,企业便根据统计结果中出现频次最高的需求特征来设计产品,最终将这些产品通过广泛的销售渠道推向市场。然而在网络化时代,企业所面对的"网络顾客"与传统的消费者有了质的变化。网络顾客的个性消费意识增强,他们不仅按个性选购商品,而且对商品的要求也越来越高,甚至开始要求厂商为自己定制产品。这种个性消费的发展将促使企业重新思考其营销战略,以消费者个性需求作为提供产品和服务的出发点。随着计算机辅助设计和遥控技术的进步,现代企业将具备以较低成本进行多品种、小批量生产的能力,这一能力的增强为个性化营销奠定了基础。但要真正实现个性营销还必须解决庞大的营销费用问题。网络的出现为这一难题的解决提供了可行的途径。企业的各种销售信息在网络上以数字化形式存在,可以以较低的成本发送并能随时根据需要进行修改,企业与消费者可以在网上交易,部分中间的流通环节被取消,降低了销售成本。另外,企业可以不受时间、地域的限制,在全球范围内进行原材料采购,能够以较低的价格获得原材料,这些都使庞大的营销费用得以节省。

2) 传统的同质化、大规模营销转变为个性化、一对一营销。适应于第二次工业革命崛起的巨型公司,如福特公司、通用公司、杜邦公司等是传统的同质化、大规模营销最典型的例子。这些公司充分利用大批量生产的规模经济效益,在世界范围内生产标准化部件和产品,以标准质量产品占据市场份额,同时投入巨额资金进行广告宣传,影响消费者的偏好,抢占市场份额,赚取巨额利润,然后凭借庞大的资金和销售渠道,打入其他领域。但是,随着网络时代的到来,网络顾客由于受教育程度和文化知识水平的提高,其购买需求和购买行为更加个性化。工业经济时代那种同质化、大规模的营销方式将越来越不适应网络时代的消费者的需要,为了更好地为客户服务,迫使厂家不得不研究消费者的个性化需求。"顾客是上帝"成为企业营销行动必须遵循的准则。

3) 从异动单向的市场营销转变为同步互动的市场营销。传统的营销活动都是单向的,即营销者主要依赖各种各样的传播媒介,如媒体广告、展览、产品目录等,向消费者提供单向的信息输送,再以各种各样的调查研究方法来了解顾客的需求,这种过程在大多数情况下都是分离的、异动的,使信息的发送与反馈之间不可避免地存在较明显的"时滞",从而影响了企业的决策。在网络环境下,消费者开始对传统的"填鸭式"营销沟通方式感到厌倦和不信任,他们要积极主动地寻找与商品有关的信息,网络则提供给企业与顾客双向同步交流的通道。潜在的消费者可以借助网络的帮助与销售人员对话,了解感兴趣的产品与服务,提出问题。销售商则根据顾客的信息反馈对产品进行改造或推出新产品,充分利用网络高度互动性的新型营销方法,使营销管理者在进行市场调研、产品设计生产到最后服务等一系列程序时,和消费者保持密切的联系，真正实现同步互动营销。

4）营销管理从分散、独立的过程发展到统一的协同工作过程。在传统的营销管理中，企业营销的各个环节由不同部门和人员负责，消费者和企业之间缺乏合适的沟通渠道，沟通成本过高，消费者只能对现有产品提出建议或批评，对处在概念阶段的产品则难以涉足。网络营销不仅能使消费者与企业互动，而且能使企业各职能部门之间互动。计算机网络使分工和合作得以有效结合。其一，利用先进的信息化技术与网络，企业可以对整个营销过程进行实时监控，并进行不断调整；其二，网络系统提供充分的交流环境，技术、产品和价格信息可通过网络瞬间传递给世界各地的员工和客户。网络反馈信息经分析后通过企业内部网传送至生产第一线，可即时生产定制的产品；产品定价也可通过网络反映给消费者；销售人员可以进入公司内部网，获得有关产品性能、价格变化的最新信息；公司专家系统帮助销售人员了解销售困难与解决方案；销售人员可以对具体项目提出建议与意见，营销部门和企业其他部门之间保持持久的合作，从而充分有效地发挥营销的功能。

3.2.2 网络营销策略分析

网络营销技术实现了传统营销策略向现代营销策略的转变。网络营销面对的是买方市场，营销主动权在消费者手中，仍采取厂商理论的观点是注定要失败的。网络即时互动的特点使顾客参与到营销管理全程成为可能，而个性消费的复归使其主动性大大地增强。这就迫使企业必须贯彻以消费者需求为出发点的现代营销思想，将顾客整合到营销过程中来，现代市场营销观念的核心内容是消费者的需求，如何最大限度地满足人们的需求一直是营销者追逐的目标。在此情况下，以传统的 4P 理论为典型代表的营销方法就需要进一步的扩展。Robert 先生 1990 年在《广告时代》上，对传统的 4P 提出了新的观点，即"营销的 4C"：消费者的需要及欲望（Customer's needs and wants）、消费者获得满足的成本（Cost and value to satisfy customer's needs and wants）、用户购买的方便性（Convenience to buy）、与用户沟通（Communication with consumer）。网络实时互动的特性使企业有能力通过和顾客的不断交互，得以清楚地了解每个顾客个性化的 4C 需求，从这个前提出发，作出相应的使企业利润最大化的 4P 策略决策。当然，网络营销不是以 4C 代替 4P，而是 4C 前提下的 4P 决策，企业最终的操作还是 4P，只是该 4P 已经包含了 4C 的信息。只有这样做才能实现满足消费个性化需求和利润最大化的两个目标。

1. 产品策略——以满足消费者的需要及欲望为中心

由于互联网具有很好的互动性和引导性，用户通过互联网在企业的引导下对产品或服务进行选择或提出具体要求，企业可以根据顾客的选择和要求及时进行生产并提供及时的服务，使得顾客跨时空得到所要求的产品和服务；另一方面，企业还可以及时了解顾客的需求以及对其产品的看法和要求，这有利于企业随时把握住消费者的需求动态，并根据顾客的要求及时组织生产和销售，提高企业的生产效益和营销效率。

在企业的产品策略中，首先要解决好网上产品的定位问题。在目前的技术和经济发展的条件下，并不是所有产品都可以上网营销，到底什么样的产品适合进行网络营销，这就必须结合网络的特点，进行科学、合理的网络营销产品决策。根据西方营销学家建立的预测网上销售特定产品或服务成功概率的"布尔塞"模型，以下几方面因素对决定产品是否适合网络营销有着重要影响：①产品是否容易无形化，是否容易通过网络传送；②产品质量是否容易标准化，是否易于稳定质量；③产品式样是否确定，是否满足所选目标市场的需要；④产品品牌是否醒目，是否有高知名度，是否为消费者熟悉；⑤针对网络用户或需要覆盖广大地理范围的产品更适合于利用网络进行营销；⑥企业是否有能力及时配送或有效利用社会物流系统；⑦通过网络进行销售的成本是否低于其他销售渠道。目前网上销售的产品主要有实体产品和虚体产品两大类。实体产品是指有具体物理形状的物质产品，例如图书音像制品、家用电子产品、玩具食品、计算机硬件和大部分的工业用品等，在网络上销售实体产品的过程与传统的购物方式有所不同。虚体产品与实体产品的本质区别是虚体产品一般是无形的，在网络上销售的虚体产品可以分为两大类：软件和服务。软件包括计算机系统软件和应用软件。网络软件销售商常常可以提供一段时间的试用期，允许用户尝试使用并提出意见。好的软件很快能够吸引顾客，使他们爱不释手并为此慷慨解囊。服务可以分为普通服务和信息咨询服务两大类，普通服务包括远程医疗、法律救助、航空火车定票、入场券预定、饭店旅游服务预约、医院预约挂号、网络交友、电脑游戏等，而信息咨询服务包括法律咨询、医药咨询、股市行情分析、金融咨询、资料库检索、电子新闻、电子报刊等。

其次，利用网络提供的产品，以提供信息为主要的服务内容，除了将产品的性能、特点、品质以及为顾客服务的内容充分显示之外，更重要的是以人性化的方式为顾客导向，针对个别需求提供一对一的营销服务：

（1）利用电子布告栏或电子邮件提供在线售后服务，或与消费者作双向沟通；

（2）提供消费者之间、消费者与公司在互联网上的讨论区，以此了解消费需求、市场趋势，作为公司改进产品、开发产品的参考；

（3）提供网上自动服务系统，依据客户需求，自动适时地利用网络提供有关产品的服务信息；

（4）通过网络对消费者进行意见调查，借以了解消费者对于产品特性、品质、商标、包装式样等方面的意见，协助产品增值的同时也提升了企业形象。

最后，互联网时代的品牌策略更要树立域名品牌。在网络营销中，除了产品的品牌外，企业还需创建网上域名品牌。由于域名是企业站点联系地址，是企业被识别和选择的对象，因此，提高域名的知名度就是提高企业站点知名度，也就是提高企业被识别和选择的概率，域名在互联网上可以说是企业形象的化身，是在虚拟网络市场环境中商业活动的标识。所以在互联网时代，企业必须通过多种渠道来创建自己的域名品牌：

（1）多方位宣传。域名是一个符号和标识，企业在刚开始进入互联网时域名鲜为人知，这时企业应善用传统的平面与电子媒体，并舍得耗费巨资大打品牌广告，让网址利用大小机会多方曝光。此外，还可以通过建立相关链接扩大知名度。

（2）通过产品本身的品质和顾客的使用经验来建立品牌。这一点对网站品牌格外重要。两大网上顾问公司 Jupiter Communications 和 Forrester 不约而同地指出，广告在顾客内心激发出的感觉，固然有建立品牌的功效，但却比不上网友上网站体会到的整体浏览或购买经验。如戴尔电脑让顾客在线上根据个人需求订制电脑，Yahoo 和 AOL 都提供一系列的个人化工具。

（3）利用公关造势建立网上品牌，这对新兴网站非常重要。

（4）遵守约定规则。互联网开始是非商用的，使其形成使用了低廉、信息共享和相互尊重的原则。商用后，企业提供服务的收费最好是免费或者非常低廉，注意发布信息的道德规范，未经允许不能随意向顾客发布消息，因为这可能引起顾客反感。

（5）持续不断塑造网上品牌形象。一些新的网上企业可以迅速建立起品牌，但没有一家公司能够违背传统营销的金科玉律：永垂不朽的品牌不是一天造成的。想要成为网上的可口可乐或是迪士尼，需要长久不断地努力与投资。在瞬息万变的网络世界之中，只有掌握住这个不变的定律，才能建立起永久经营的基石。

2. 价格策略——以消费者能接受的较低成本定价

价格对消费者的购买决策而言是一个非常重要的因素，消费者希望通过广泛的挑选和比较购买到质量最好、服务最优、价格最低的商品。在传统的市场营销活动中，由于信息不对称，厂商往往对不同地区、不同层次的顾客采取不同的价格，或是利用顾客的消费心理，采用各种心理定价策略以获取最大利润。到了网络化时代，网络的开放性和主动性为消费者理性的价格选择提供了可能，消费者可在全球范围内迅速收集到与购买决策有关的信息，对价格及产品进行充分的比较，因而消费者对价格的敏感性大大增强。在网络环境下，传统的以生产成本为基准的定价在以市场为导向的营销中是必须摒弃的。新型的价格应是以顾客能接受的成本来定价，并依据该成本来组织生产和销售。企业以顾客为中心定价，必须测定市场中顾客的需求以及对价格认同的标准，否则以顾客接受成本来定价只能是空中楼阁。

在网络营销中，价格策略一般有以下几种：

（1）顾客主导定价。所谓顾客主导定价，是指为满足顾客的需求，顾客通过充分的市场信息来选择购买或者定制生产自己满意的产品或服务，同时以最小的代价（产品价格、购买费用等）获得这些产品或服务。简单地说，就是顾客的价值最大化，顾客以最小成本获得最大收益。

顾客主导定价的策略主要有：顾客定制生产定价和拍卖市场定价。这两种主要定价策略将在下面详细分析。根据调查分析：由顾客主导定价的产品并不比企业主导定价所获取的利润低。根据国外拍卖网站 eBay.com 的分析统计，在网上拍卖定价的产品，只有20%的产品拍卖价格低于卖者的预期价格，50%的产品拍卖价格略高于卖者的预期价格，剩下30%的产品拍卖价格与卖者预期价格相吻合，在所有拍卖成交产品中，有95%的产品成交价格卖主比较满意。因此，顾客主导定价是一种双赢的发展策略，既能更好地满足顾客的需求，同时企业的收益又不受到影响，而且可以对目标市场了解得更充分，企业的生产经营和产品研制开发可以更加符合市场竞争的需要。

企业在以顾客为主导定价时还可以考虑以下方面：

1）实行网上会员制，依据会员过去的交易记录与偏好给予顾客折扣，鼓励消费者上网消费，以节省销售渠道的运行成本。

2）开发智慧型网上议价系统，与消费者直接在网上协商价格。运用该系统可以考虑顾客的信用、购买数量、产品供需情形、后续购买机会等，协商出双方满意的价格。

3）开发自动调价系统，可以依季节变动、市场供需情况、竞争产品价格变动、促销活动等自动调整价格。

（2）低价位定价。互联网是从科学研究应用发展而来的，因此互联网使用者的主导观念是网上的信息产品是免费的、开放的、自由的。在早期互联网开展商业应用时，许多网站采用收费方式想直接从中赢利，结果被证明是失败的。Yahoo公司是通过为网上用户提供免费的检索站点起步，逐步拓展为门户站点，到现在拓展到电子商务领域，一步一步获得成功的，其成功的主要原因是它遵循了互联网的免费原则和间接收益原则。

网上产品定价较传统定价要低还有着成本费用降低的基础，前面已经分析了互联网发展可以从诸多方面来帮助企业降低成本费用,从而使企业有更大的降价空间来满足顾客的需求。因此,如果网上产品的定价过高或者降价空间有限,在现阶段最好不要在个体消费者市场上销售。如果面对的顾客是企业,或者产品是高新技术的新产品,网上顾客对产品的价格不太敏感,主要是考虑方便、新潮,这类产品就不一定要考虑低定价的策略了。

(3)免费价格策略。免费价格策略是市场营销中常用的营销策略,它主要用于促销和推广产品,这种策略一般是短期和临时性的。但在网络营销中,免费价格不仅仅是一种促销策略,它还是一种非常有效的产品和服务定价策略。

具体说,免费价格策略就是将企业的产品和服务以零价格形式提供给顾客使用,满足顾客的需求。免费价格形式有这样几类形式:一类是产品和服务完全免费,即产品(服务)从购买、使用和售后服务所有环节都实行免费服务;另一类是对产品和服务实行限制免费,即产品(服务)可以被有限次使用,超过一定期限或者次数后,取消这种免费服务;第三类是对产品和服务实行部分免费,如一些著名研究公司的网站公布部分研究成果,如果要获取全部成果必须付款购买;第四类是对产品和服务实行捆绑式免费,即购买某产品或服务时赠送其他产品和服务。

3. 渠道策略——以方便顾客购买为主

随着生活节奏的加快,消费者外出购物的时间越来越少,迫切要求快捷方便的购物方式和服务。网络营销可以大大提高购物效率。通过网络,消费者在家里就可获得相关产品的信息,通过对产品价格、性能等指标的比较,就可以足不出户地挑选出自己所需要的产品。在选定产品之后,数字化的产品,如软件、电子书报等,可以经由网络直接传至用户的电脑,而实物产品一般也由公司派专人送货上门,因此用户购买的方便性大大提高。

网络营销在渠道的选择上有两种:网络直销和网络间接销售。

网络直销是指生产商通过网络销售渠道直接销售产品。目前通常的做法有两种:一种做法是企业在因特网上建立自己的站点、申请域名、制作主页和销售网页,有网络管理人员专门处理有关产品的销售事务;另一种做法是企业委托信息服务商在其网站上发布信息,企业利用有关信息与客户联系,直接销售产品。网络直销的好处是企业与消费者直接见面,企业能够及时了解消费者的需求、意见或建议,并根据这些及时调整自己的营销策略。

所谓网络间接营销就是指企业通过一些网络商品交易中介机构来实现商品的网上销售。这些中介机构一般拥有网上商品交易中心或所谓的网上商城,目前这种网上商城主要有两种类型:第一种是电子零售型(e-Tailers),这种网上商店直接在网上设立网站,网站中提供一类或几类产品的信息供选择购买;第二种是电子拍卖型(e-Auction),这种网上商店提供商品信息,但不确定商品的价格,商品价格通过拍卖形式由会员在网上相互叫价确定,价高者就可以购买该商品。

不管是网络直销还是网络间接销售,都要涉及到信息沟通、资金转移和事物转移等环节。一个完善的网上销售渠道应由三大系统组成:订货系统、结算系统、配送系统。

(1)订货系统。它为消费者提供产品信息,同时方便厂家获取消费者的需求信息,以求达到供求平衡。一个完善的订货系统可以最大限度地降低库存,减少销售费用。设计订货系统时,要简单明了,不要让消费者填写太多信息,而应该采用现在流行的"购物车"方式,让消费者一边看物品,比较选择,一边进行选购,在购物结束后,一次性进行结算。另外,订货系统还应该提供商品搜索和分类查找功能,以便于消费者在最短时间内找到需要的商品,同时还应提供给消费者想了解的商品信息,如性能、外形、品牌等。

（2）结算系统。消费者在购买产品后，应该有多种方式方便地进行付款，因此厂家（商家）应有多种结算方式。

网上支付是指电子交易的当事人，包括消费者、厂商和金融机构，使用安全的电子支付手段，通过网络进行的货币支付或资金流转。主要有三类：一类是电子货币类，如电子现金、电子钱包等。其中，电子现金是一种以数据形式流通的货币，它把现金数值转换成一系列的加密数据序列，通过这些序列数来表示现实中各种交易金额的币值。用户在开展现金业务的银行设立账户并在账户内存钱，就可以接受电子现金进行购物。电子现金交易时类似于实物现金，交易具有匿名性。另一类是电子信用卡类，包括智能卡、借记卡、电话卡等。其中，智能卡在卡片内安装了嵌入式微型控制芯片，可以存储数据，卡上的价值受个人识别码（PIN）保护，只有用户能够访问。在电子商务交易中，智能卡的应用类似于实际交易过程，网上交易时通过发卡银行完成。还有一类是电子支票类，如电子支票、电子汇款（EFT）、电子划款等。其中，电子支票是一种借鉴纸张支票转移支付的，利用数字传递将钱款从一个账户转移到另一个账户的电子付款形式。电子支票的支付是在商户与银行相连的网络上以密文的方式传递的，多数使用公用关键字加密签名或个人身份证号码（PIN）代替手写签名。

（3）配送系统。一般来说，产品分为有形产品和无形产品，对于无形产品，如服务、软件、音乐等，可以直接通过网络进行配送。对于有形产品的配送，要涉及到运输和仓储问题。国外已经形成了专业的配送公司，如著名的美国联邦快递公司，它的业务覆盖全球，实现全球快速的专递服务，以至于从事网上直销的 Dell 公司将美国货物的配送业务都交给它完成。因此，专业配送公司的存在是国外网上商店发展较为迅速的一个原因所在，在美国就有良好的专业配送服务体系作为网络营销的支撑。对于开展网上直销的生产企业而言，可以有两种途径管理和控制物流。一种是利用自己的力量建设自己的物流系统，如 IBM 公司的蓝色快车拥有自己的"e 物流"。在物流方面全部准备好，靠的是严密的管理和组织，包括新的运作方法、新的经营观念。从货物的管理、货物的分发、货物的跟踪，蓝色快车有一套完整的信息系统，可以确定货物上的是第几次列车、什么时候可以到达这个城市、谁可以签收、是否签收等。IBM 之所以重视货物的派送，是为未来网上营销的竞争打下基础，因为物流方面的服务已经成为竞争的"瓶颈"。

另一种方式是通过选择合作伙伴，利用专业的物流公司为网上直销提供物流服务，这是大多数企业的发展趋势。美国的 Dell 电脑公司就与美国的联邦快递公司（http://www.FedEx.com）合作，利用联邦快递的物流系统为 Dell 公司配送电脑给客户，Dell 公司只需将要配送的电脑的客户地址和电脑的装备厂址通过互联网传输给联邦快递，联邦快递直接根据送货单将货物从生产地送到客户家里。作为专业化的物流服务公司，联邦快递拥有自己最先进的 InterNetShip 物流管理系统，客户可以通过互联网直接送货、查货、收货，足不出户就可以完成一切货物配送。

4. 促销策略——重视与顾客的沟通和联系

传统的促销是以企业为主体，通过一定的媒体或工具对顾客进行压迫式的促销来加强顾客对公司和产品的接受度和忠诚度，顾客是被动地接受的，缺乏与顾客的沟通和联系，其信息流动是单向的，且流动速度在很大程度上受制于有关物理媒介（如人员、设备等）的空间移动速度，在信息发送与反馈之间存在较为明显的"时滞"。互联网上的营销是一对一和交互式的，互联网为企业与用户提供了一个全新的沟通渠道，顾客可以参与到公司的营销活动中来，因此互联网更能加强与顾客的沟通和联系,更能了解顾客的需求,更易引起顾客的认同。如何通过加强与顾客的沟通和交流争取顾客,与顾客建立亲密关系,从而开发出更多的顾客需求成为4C网络营销最关键的营销议题。厂商往往利用网络上的聊天功能,举行顾客联谊活动,或建立虚拟的网络团体,通过会员制加强顾客与厂商的联系与交流,将顾客融入到企业的整个营销过程中,使所有网络会员能互惠互利,共同发展。网络广告也不会像传统广告那样依靠出现的频率和插在一些热门节目中,单向地强迫顾客接受,而是将商品的特点、性能、规格等技术指标和价格,包括售后服务和质量承诺等介绍给顾客,帮助顾客了解产品。另一方面根据顾客的留言,厂商可以及时了解反馈信息和消费意见。网络营销注重的是与顾客建立起一种相互信任的关系,在交流产品信息的同时交流感情。随着互动的层次逐渐深入,厂商与顾客之间的双向沟通也更加密切,为进一步营销奠定了牢固的基础。

(1)网络营销站点推广。网络营销站点推广就是利用网络营销策略扩大站点的知名度,吸引顾客访问网站,起到宣传和推广企业以及企业产品的效果。站点推广主要有两类方法,一类是通过改进网站内容和服务,吸引用户访问,起到推广效果;另一类通过网络广告宣传推广站点。前一类方法费用较低,而且容易稳定顾客访问,但推广速度比较慢;后一类方法可以在短时间内扩大站点知名度,但费用不菲。

从具体的方法上来说,主要有以下几种:

1)搜索引擎注册。通过搜索引擎注册,可以迅速增加网站的访问量,扩大网站的影响力。既可以分别到各个搜索引擎注册,也可以使用专业网站或软件进行一次性多个搜索引擎注册。因特网上著名的搜索引擎有Yahoo、AltaVista、Excite、Hotbot、Lycos、Infoseek、Webcrowler等,专业注册网站有www.submit-it等,我国比较有名的搜索引擎有Yahoo!中国、新浪、搜狐、网易等。

2)网站链接。网站链接可以更迅速、更有效地吸引访问者,扩大企业网站的影响力。链接模式有四种:一是行业链接,每个行业一般都有一个或几个访问量比较大的权威网站,如国内目前比较有名的一些网络销售网站,或者将来出现网络购物中心、网络购物一条街等网站。通过在这样的网站上加链接,能够迅速圈定访问者的类型,提高网站利用率。二是友情链接,寻找和企业网站能够相互补充或相互承接的网站,和它们设立相互的友情链接。最好在企业的网页上为其他网站的友情链接再做一个网页,以避免顾客还没有真正看完商品就到其他网站上去了。三是广告交换,互联网上有一些专门的广告交换组织,如果企业在自己的网站上放置该组织的一个广告条目,那么,企业的广告就可以按照一定比率出现在该组织的其他成员的网站上。四是有偿广告,选择一些访问量大的网站做专门的企业或商品广告,一般可以很快提高企业网站的访问量。

3)电子邮件。企业的网页必须具备邮件列表功能,所有对企业商品感兴趣的访问者或者是购买过商品的网民,在加入邮件列表以后,就可以定期收到企业发送的商品信息。

4)特别方式。主要有免费服务项目、有奖问答、有奖访问、提供网民感兴趣的小奖品,对提高企业网站访问量会有不小帮助。

5)传统广告媒体手段。企业不可忽视传统媒体广告的作用,应该利用电视、广播、报刊等手段,迅速在网民中建立企业网站的形象和知名度。

(2)网上公共关系。公共关系是一种重要的促销工具,它通过与企业利益相关者,包括供应商、顾客、雇员、股东、社会团体等,建立良好的合作关系,为企业的经营管理营造良好的环境。网络营销对象的不确定性和广泛性使企业的公众形象的建立与毁坏都很容易，企业对此要小心谨慎，耐心地处理每一个顾客的要求，并善于利用网络论坛、邮件、清单、新闻组等网络社区聚集的场所树立形象、提供信息，发展企业和其潜在顾客的公共关系。

网络公共关系与传统公共关系功能类似，只不过是借助互联网作为媒体和沟通的渠道。企业的网络营销站点的一个重要功能就是为企业与企业相关者建立沟通渠道。在前面分析网站建设的主要功能和设计架构时，其中的一个重要因素是网站是否具有交互功能。通过网站的交互功能，企业可以与目标顾客直接进行沟通，了解顾客对产品的评价和顾客提出的还没有满足的需求，保持与顾客的紧密关系，维系顾客的忠诚度。同时，企业通过网站对企业自身以及产品、服务的介绍，让对企业感兴趣的群体可以充分认识和了解企业，提高企业在公众中的透明度。

在网络上开展公共关系有多种形式，主要有以下几个方面：

1）站点宣传。网络公共关系的主要任务之一是宣传企业网站，提高企业网站的知名度。企业网站是网上企业的总部，建立自己的网站不但可以起到广告宣传的作用，更是树立企业形象的最佳工具。

2）网上新闻发布。网上新闻发布完全摒弃了传统新闻发布会需花费大量人力、物力、财力进行筹划和安排的方式，可以以较少的费用、最快的速度将新闻传播出去，在网上发布新闻可以通过以下几种方式实现：一是通过网络新闻服务商发布新闻；二是通过企业自己的站点发布新闻；三是通过相应的新闻组或邮件列表发布新闻。

3）栏目赞助。由企业对网站的某些栏目提供赞助，访问者可以通过赞助页面直接连接到企业的页面，从而扩大企业页面的知名度。

4）参加或主持网上会议。各服务商的网络论坛经常举办一些专题讨论会，有的网络会议吸引了许多消费者参加，参加与企业有关的专题会议，并积极提交富有见解的发言稿，可以提高企业的知名度和形象。

（3）网络广告。网络广告一般是指在 Internet 上发布、传播的广告。它是 Internet 问世以来，广告业务在计算机领域的新的拓展，也是 Internet 作为网络媒体最先被开发的网络技术。网络广告以其价格便宜、统计准确、互动交流、跨越时空、图形生动等特点，正以迅雷不及掩耳之势，渗透到现代生活的各个方面，展示出魅力无穷的网上商机。从形式上来讲，网络广告的形式主要有以下几种：

1）旗帜广告。旗帜广告即我们通常所说的 Banner Advertising。网络广告最早起源于那些位于网站顶部或底部的长方形的旗帜广告。通常旗帜广告的主流尺寸为 468×60，使用静态或动画 gif 图形。

2）电子邮件广告。电子邮件广告就是利用 E-mail 发布广告信息。广告主可以建立自己的邮件列表或购买别人的邮件组广告，定期向这个邮件组发送广告信息。由于 E-mail 的发送非常简单，而且费用非常低廉，吸引了许多企业利用 E-mail 来发布广告。但发送电子邮件广告千万不要引起公众的反感。

3）电子杂志广告。电子杂志是由国内著名的 ICP 提供，有着内容和信誉的充分保障，由专业人员精心编辑制作而成的网络刊物，它具有很强的时效性、可读性和交互性，而且还不受地域和时间的限制，无论用户在全球的任何地方，电子杂志都可以带给用户最新、最全的信息。由于电子杂志是由网民根据兴趣与需要主动订阅的，所以此类广告更能准确有效地面向潜在客户。

4）公告栏广告。目前公告栏发展非常迅速，尤其随着 BBS 在 Web 上的实现，现在可以直接通过浏览器访问 BBS，因此大大简化了操作。在讨论组中发布赢利性质的广告是粗野和无礼的，在讨论组中发布的信息要短小精悍，主题要鲜明且与讨论组的主题相符，要相互尊重、互通有无等。借助讨论小组的 BBS 发布广告要注意以下几点：

① 发布与讨论组主题相符的通知、短评、介绍性质的信息。
② 在撰写文字时，短小精悍是必要的，要用尽量少的文字表达尽可能多的信息。
③ 要注意这类信息的发布频率。
④ 经常更新文章。

5）新闻组广告。新闻组就是一个基于网络的计算机组合，这些计算机可以交换以一个或多个可识别标签标识的文章（或称之为消息），一般称作 Usenet 或 NewsGroup。新闻组已经成为互联网上一个重要的组成部分，每天都吸引着全球众多的访问者。其中包含的各种不同类别的主题已经涵盖了人类社会所能涉及到的所有内容。在新闻组中很难进行商业推销活动，但并不是说无法进行，重要的是在进行产品或服务的推销时，需要掌握一些恰当的方式及方法，以避免他人的反感。

3.2.3 进行网络广告与促销

3.2.3.1 设计网络广告

（1）网络广告的优势

1）传播范围广泛。传统媒体（如报纸、广播、电视）受发布地域、发布时间的限制，传播范围较窄，相比之下，互联网广告的传播范围遍及全球，只要具有上网条件，任何地点、任何时间都可以浏览。

2）针对性强。传统媒体受众目标分散、不明确。网络广告的受众为最年轻、最具活力、受教育程度最高、购买力最强的群体，网络广告可以帮助厂商直接命中最有可能的目标用户。以手机用户为例，研究表明，年龄在 18～30 岁之间，学历在大专以上，收入在 1000～5000元之间的网络用户，是社会上最具潜力、最具购买力的核心消费群体。

3）交互性强。传统媒体的信息只是单向传播，受众只是被动接收信息。在互联网上，广告信息能够互动传播。例如，通过用户在线填写并提交表单，厂商可以随时得到宝贵的用户反馈信息。

4）网络广告是多维广告，感官冲击力强。传统媒体是二维的，而网络广告则是多维的，它能将文字、图像和声音有机地组合在一起，传递多感官的信息，使顾客身临其境般地感受商品或服务。这种图、文、声、像相结合的广告形式，大大增强网络广告的感官冲击力。网络广告还具有服务个性化强、互联网广告价格低廉等特点。

（2）网络广告的主要形式

1）旗帜广告（Banner）。旗帜广告也叫横幅广告，是媒体网页中的一个长方形画面广告，因其形状像一面旗帜，称为旗帜广告。旗帜广告是使用最早的网络广告形式，也是目前常见的网络广告。

制作旗帜广告，一般采用标准尺寸。1997 年美国交互广告署（IAB）广泛调查了广告主、广告代理商和用户的意见，制定了旗帜广告的标准尺寸，包括 468×60（pixels）的全尺寸BANNER、392×72（pixels）全尺寸带导航条 BANNER、234×60（pixels）半尺寸 BANNER、120×240（pixels）垂直 BANNER 等，如图 3-4 所示。

图 3-4　IAB 旗帜广告规格

例如，图 3-5 所示为阿里巴巴公司制作的旗帜广告。采用动画形式，构图明快、色彩协调、语言清新、公司徽标、产品名称、产品外观表达清晰，整个画面具有很强的吸引力。

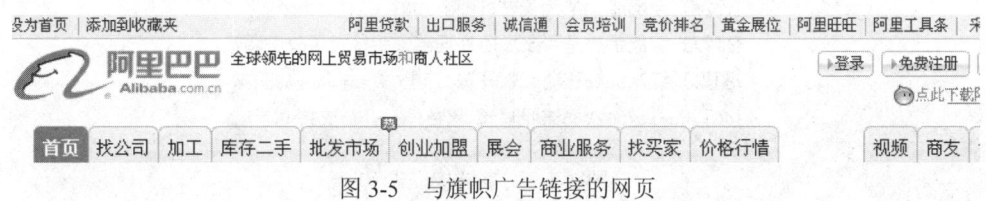

图 3-5　与旗帜广告链接的网页

2）按钮广告（Button）。按钮广告与旗帜广告大体相同，只是尺寸较小。根据美国交互广告署（IAB）的标准，按钮广告通常有四种形式，分别是 125×125（pixels）方形按钮、120×90（pixels）按钮#1、120×60（pixels）按钮#2、88×31（pixels）小按钮#3。按钮广告由于尺寸偏小、表现手法较简单，多用于提示性广告，如图 3-6 所示是阿里巴巴网为英特尔、惠普等制作的按钮广告。

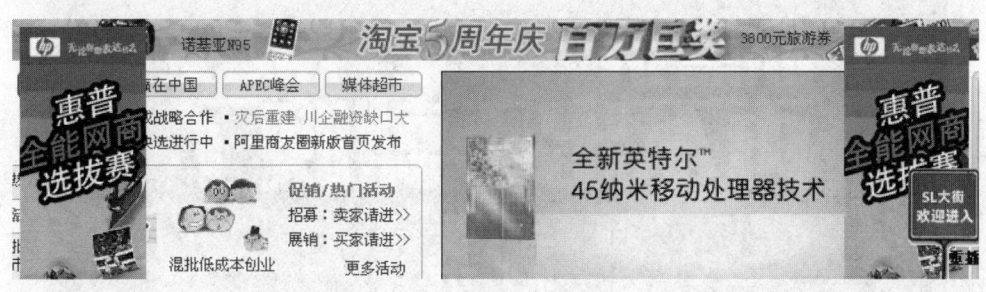

图 3-6　按钮广告

3）图标广告（Logo）。图标广告用于显示公司或产品的图标，点击后链接到公司的站点。该方式的广告尺寸较小、价格低廉，适于宣传企业徽标或产品商标。如图 3-7 所示是新浪网首页为广州本田、飞度制作的图标广告。

4）文字链接广告（Text link）。文字链接广告采用文字形式表现，可出现在网页的任意部位。一般设置为超链接形式，可以通过点击查看更详细的内容。如图 3-8 所示是新浪网首页为京贸、北大光华、清华整合营销班等单位发布的文字链接广告。

图 3-7　图标广告

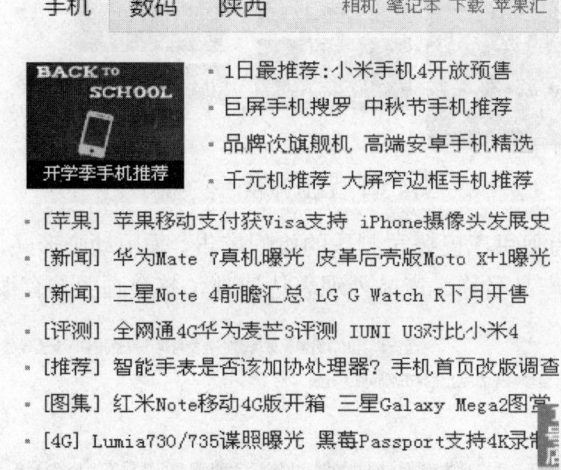

图 3-8　文字链接广告

5）巨型广告（Huge）。巨型广告一般要占到整个屏幕的三分之一以上空间，多采用 Flash 动画格式，能够从多方位展示企业的产品信息。如图 3-9 所示是新浪网为 TCL 公司制作的巨型广告。

图 3-9　巨型广告

6）弹出窗口广告（PopAD）。弹出窗口式广告可在用户访问网页时自动弹出，常分为 Pop-up 和 Pop-under 两种类型。Pop-up 广告窗口出现在请求网页之上，Pop-under 广告窗口出现在请求网页的下面，并不直接影响用户浏览网页，当用户关闭浏览的网页后，广告窗口才出现。如图 3-10 所示左上角是访问新浪首页时，弹出在主页之上的 Pop-up 型弹出式广告。

图 3-10　直接出现的弹出式广告

如图 3-11 所示是访问新浪网首页时弹出的,以 PopAD 图标形式出现在 Windows 任务栏的弹出式广告。用户单击 PopAD 图标后,广告窗口才会出现在当前网页之上。

图 3-11　以最小化形式出现的弹出式广告

7）分类广告。分类广告集中了同行业的大量信息,便于同类产品间的比较。"不怕不识货,就怕货比货",同类产品同台竞争,对商家、消费者都有好处。如图 3-12 所示是阿里巴巴的分类信息首页。

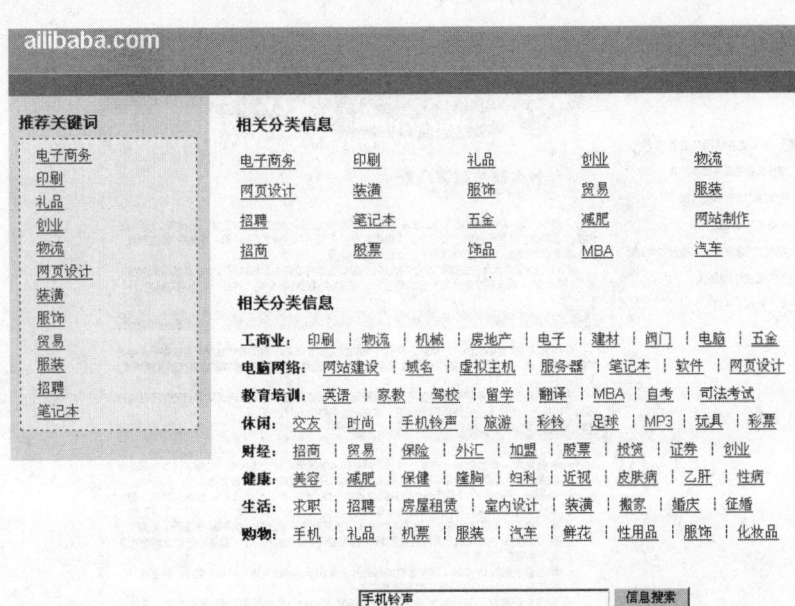

图 3-12　阿里巴巴分类信息首页

8）电子邮件广告。电子邮件广告就是把广告放置在新闻邮件或经许可的 E-mail 中间，发送到用户邮箱的广告。电子邮件广告具有针对性强、费用低廉的特点。巧妙使用电子邮件广告，可以针对个人或群体发送特定的广告，是其他网络广告方式所不及的。如图 3-13 所示是 TOM 网发送的电子邮件广告。

图 3-13　TOM 网发送的邮件广告

9）关键词广告。通过在搜索引擎上注册，企业信息就能够出现在用户的相关搜索结果中。比如登录 Google 网站，搜索"鲜花"，在搜索结果的右侧可以看到若干赞助商链接，包括香港花店、一千零一夜鲜花连锁店、上海心桥鲜花礼品全国速递、上海阳光鲜花网等，每个花店都提供了自己服务项目和联系方式，如图 3-14 所示。

图 3-14　关键词广告

10）对联广告。对联广告采用传统的对联形式，一般对称出现在网页的左右两侧空白位置。特色是此种广告位置醒目，画面舒展，不影响使用者浏览网页正文，能大大提高吸引力，有效传播广告信息。如图3-15是新浪网为中国建设银行股份有限公司所作的对联广告。

图3-15　对联广告

11）撕页广告。撕页广告一般出现在网页左上角或右上角，单击鼠标后自动"撕开"，广告画面得以展示。2～3秒后广告画面自动还原至80×80尺寸小图标，再次单击鼠标可重复观看。撕页广告的特色是形式新颖，内容丰富，视觉冲击强烈，配合声音效果，观赏度极佳。如图3-16所示是新浪网为中国移动公司所作的撕页广告。

图3-16　撕页广告

12）超级流媒体广告。超级流媒体广告画面优美，声音悦耳，在画面底部设有播放按钮，用户可自行关闭或重放。灵活新颖，趣味性强。如图3-17所示是网易首页所作的"有心人"超级流媒体广告。

另外，为提高网络广告的点击率，各门户网站不断更新广告形式，如网易最新推出了全屏广告、通栏广告、画中画广告、擎天柱广告、流媒体移动图标、声音广告等。

（3）网络广告的策划与制作技巧

通过网络广告要达到什么目的？谁是广告的目标受众？应该使用怎样的广告创意？使用哪种广告形式？选择什么网站媒体发布？准备投入多少资金？怎样评价广告效果？回答这些问题的过程，就是网络广告的策划过程。

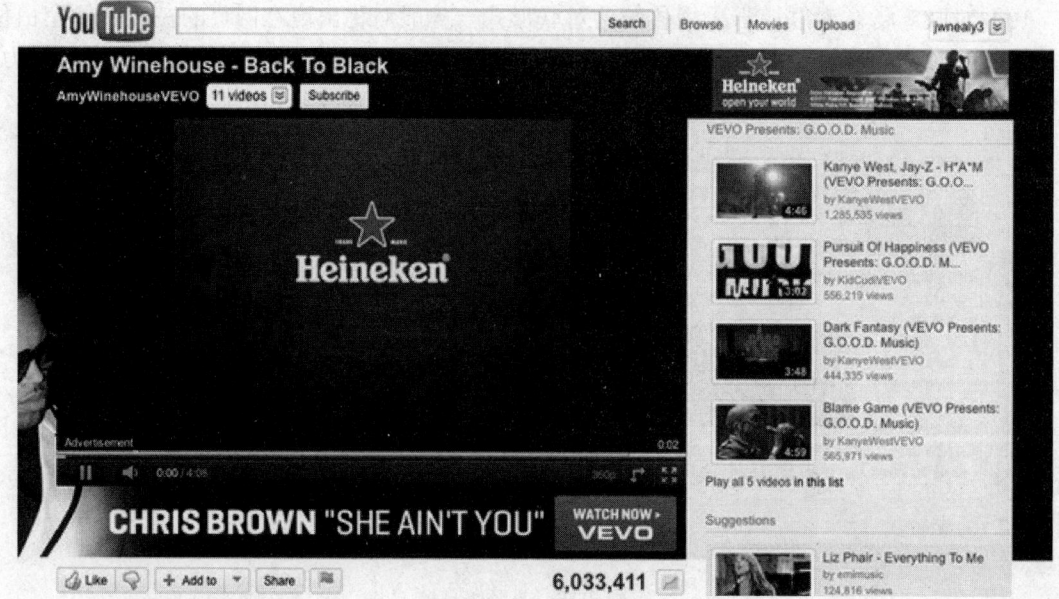

图 3-17　超级流媒体广告

1）确立网络广告目标。网络广告是企业营销策略的一个组成部分，企业根据自身的发展及市场竞争的需要，不同时期有不同的广告目标。在产品开发的不同阶段，广告目标可细分为提供信息、说服购买和提醒使用等。在市场开发的不同阶段，广告目标还可细分为市场渗透、市场扩展、市场保持三种类型。

2）确定网络广告的受众群体。为使网络广告的创意、制作、发布更有针对性，必须回答广告的目标顾客是社会的哪个群体，如儿童、中年、老年；确定在那个区域投放广告，如中国、亚洲、欧洲；确定最容易被接受的投放时间。

3）网络广告创意。作为大众媒体广告理论的 AIDA 法则，对网络广告同样具有指导意义。第一个字母 A 是"注意"（Attention），尽可能吸引受众的注意。第二个字母 I 是"兴趣"（Interest），尽可能让受众对广告产品或服务产生兴趣。第三个字母 D 是"欲望"（Desire），激发受众对广告提供的产品或服务的占有欲望。第四个字母 A 是"行动"（Action），促成受众采取购买行动。从研究用户需求入手，始终围绕如何满足用户需求，如何创造性地激发用户新的需求，千方百计吸引用户注意、激发用户兴趣、引导用户消费，是广告创意的基本思路。

4）网络广告制作技巧

① 广告内容要符合法律规定。广告内容应当有利于人的身心健康，促进商品和服务质量的提高，保护消费者的合法权益，遵守社会公德和职业道德，维护国家的尊严和利益。广告不得有下列情形：使用中华人民共和国国旗、国徽、国歌；使用国家机关和国家机关工作人员的名义；使用国家级、最高级、最佳等用语；妨碍社会安定和危害人身、财产安全，损害社会公共利益；妨碍社会公共秩序和违背社会良好风尚；含有淫秽、迷信、恐怖、暴力、丑恶的内容；含有民族、种族、宗教、性别歧视的内容；妨碍环境和自然资源保护；法律、行政法规规定禁止的其他情形。

② 强化企业品牌形象。企业品牌形象是信息传播的重要内容，某种程度上，广告就是追求企业品牌在受众心目中的价值认同。设计网络广告，应将企业标志以及商标置于页面的醒目

位置，统一企业广告形象，强化公众对品牌的印象。

③ 广告语的使用。广告标题要用词确切、立意鲜明、有吸引力。正文句子要简短、直截了当，尽量用短语，语句要口语化，不绕弯子。可以适当运用感叹号，增强语气效果。

④ 图片处理和使用。网页上的图片一般使用 GIF 或 JPG 格式，注意图片的字节不宜过大，一般应将每个页面上所有图片的总规模控制在 30KB 以内，使页面的访问时间尽量缩短。旗帜广告的颜色可考虑多用具有强烈的视觉冲击力的黄、橙红、天蓝等艳丽色。

（4）网络广告的发布

网上发布广告的渠道和形式众多，企业应根据自身情况及网络广告的目标，选择网络广告发布的渠道及方式。

1）企业网站主页形式。在互联网建立自己的主页，是企业树立形象、宣传产品的良好工具，是企业信息化建设的必然趋势。如图 3-18 所示是海尔集团网站首页。

图 3-18　海尔集团主页

2）网络服务商（ICP）。大型门户网站，如新浪、搜狐、网易等具有非常大的访问量，是网络广告发布的主阵地。

3）企业名录。政府官方网站的企业名录是查询企业信息的权威，如政府官方网站主页中，可以打开服务导航栏目。

4）电子邮件广告。是利用 E-mail 发布的广告信息，发送简单、费用低廉。E-mail 广告的表述，要符合读者追求的品位。公司名称、详细地址以及联系方式一定要清楚。为提高电子邮件的广告效果，可以提供一些免费的产品或服务，来吸引接受者进行信息反馈。对不愿接收邮件的客户，应提供取消接收 E-mail 广告的功能。

5）网络电子杂志广告。电子杂志有着内容和信誉的充分保障，由专业人员精心编辑制作，具有很强的时效性、可读性和交互性，而且还不受地域和时间的限制，在全球的任何地方，电子杂志都可以带给用户最新最全的信息。

案例 3-1：点击率高达 35.97%的"润妍"广告。

网络广告的目标：提高"润妍"产品的知名度；增加"润妍"品牌网站的访客量与注册用户数；增加线下推广活动（润妍女性俱乐部、润妍女性电影专场）的参加人数。

品牌特色分析："润妍"倍黑中草药洗润发系列产品是宝洁公司在全球推出的第一个针对东方人发质发色设计的中草药配方洗润发产品，能为秀发提供全面的、从内到外的滋润，并逐渐加深秀发的自然黑色。

目标受众：追求自然美的少女和成熟女性。

网络广告主题：表现东方女性的自然之美。

创意设计：利用了多种软件技术，新颖的网络广告创意表现形式，如鼠标触动的下拉 Banner 与移动 Logo 和鼠标触动的结合等。

媒体选择：在综合门户网站、区域性门户站点、知名女性网站中选择了 sina、netease、21cn、zhaodaola、yesee 等网站进行投放。

效果：在国内著名生活服务类网站投放的 cascading logo 广告的单日，点击率最高达到了 35.97%。

分析：润妍洗发水的目标受众是率真、年轻的便装美人和忙碌而心情平和的成熟女性，所以在推出广告的时候不仅在设计创意上凸现女性的柔美，尽可能展现东方女性的自然之美，而且在选择投放媒体的时候也更多地考虑了知名综合门户网站的相关频道，区域性覆盖网站以及一些知名女性垂直网站。

3.2.3.2 发布网络广告

（1）利用自己的网站发布广告。这是最常用的发布网络广告的方式之一。这种情况下，企业可以对广告的内容、画面结构、互动方式等各种因素进行全面的、不受任何约束的策划。

（2）借助他人的网站发布广告。这也是目前常用的网络广告发布的方式。Internet 上的网站成千上万，为达到尽可能好的效果，应当选择合适的网站来投放自己的广告，作为选择投放广告网站的基本原则如下：①选择访问率高的网站；②选择有明确受众定位的网站；③通过赞助发布网上广告；④在分类站点上发布广告。

（3）利用广告交换服务网络。广告交换网络的运作机制是广告主按照服务网络的要求制作一个宣传自己的旗帜广告，传送给交换服务网络，登记注册后，便成为该网络的成员。然后，在自己的网页上加入交换网服务商提供的一段 HTML 代码，这样每当有人浏览其网页时，交换网中有关成员的广告的页面上，自动显示。同样的原理，该广告主自己的广告也会出现在交换网的这些成员的网页上就会从而达到互换广告的目的。

（4）电子邮件广告。利用电子邮件列表发送广告信息也是一种常用的广告发布方式。电子邮件列表也叫邮件组，相当于一份地址清单，由于每个邮件组中的客户都是按某一主题编排的，因此邮件组可以为企业提供精确细分的目标市场，而产生的回应率也是比较高的。

（5）使用新闻组发布广告。在 Internet 日趋商业化的今天，各种议题不同的 Usenet 中已经产生了许多专门交流商业信息的讨论组。因此，在这些新闻组中发布广告，其效果是十分明显的。

【项目任务 3.3】 设计网上商店网络推广方案并实施

✓ **任务要求**

能够结合网上商店经营特点，有针对性地设计网店推广方案；掌握网络推广的方法和方式；熟练运用网络推广工具，如企业网站推广、搜索引擎、博客、视频等网络推广工具。

✓ 完成结果

制定网上推广方案并实施；查看网上推广的实施效果。

【任务实现】

3.3.1 运用网络营销工具营销

3.3.1.1 企业网站营销工具

营销型企业网站以及营销型企业网站解决方案破茧而出，网站必须具备一定的营销性才能够满足企业对网站营销的需求。在企业网站建设的大环境下，营销型网站从概念和理论上一举打破以技术为导向的企业网站发展历程。营销型网站提出的网络营销为导向的企业网站与网络营销理论实际上是一致的，而网络营销为导向的企业网站概念的提出早于营销型网站，我们发现在实践与企业应用的角度来说营销型网站更易于实践，同时网络营销为导向的企业网站并没有一套解决方案，传统企业与网络服务机构都处于无从下手的境况。营销型企业网站的设计要素如下：

（1）以企业帮助企业实现经营目标为网站建设目标：营销型企业网站一定是为了满足企业在某些方面的网络营销功能，比如面向客户服务为主的企业网站营销功能，以销售为主的企业网站营销功能，以国际市场开发为主的企业网站营销功能等均是以实现企业的经营目标为核心，并通过网站这样的工具来实现其网站营销的价值。

（2）良好的搜索引擎表现：企业网站另一个重要功能是网站推广功能，而搜索引擎是目前网民获取信息最重要的渠道，如果企业网站无法通过搜索引擎进行有效推广，那么这个企业网站从一定程度上来讲，其营销性会大打折扣，所以营销型企业网站必然要解决企业网站的搜索引擎问题，也可以理解为搜索引擎优化的工作。在营销型企业网站解决方案中，搜索引擎的优化工作是最为基础和长期的工作，从企业网站的策划阶段乃至从企业网络营销的战略规划阶段就已经开始，而其又贯穿于企业网站的整个运营过程中。

（3）良好的客户体验：企业网站最终面对的是潜在客户或者说与本公司业务有关联的任何组织和个人，如何提升企业网站的客户体验，是营销型企业网站必须考虑的重要问题。客户体验在我们目前的现代营销中无处不存在，比如电话营销中我们不得不重视客户体验，在面对面营销中我们不得不重视客户体验，在设计企业业务流程时不得不重视客户体验。那么企业网站作为一个直接面对市场主体的窗口，更需要重视其客户体验性。客户体验又是一个非常无法量化的指标，一个具备良好客户体验的营销型企业网站应具备：可用与易用性（网站的基础标准：速度、安全、兼容型以及导航等）、网站的沟通性（对于特殊用户群体的定制，企业网站应该具备的交互与沟通功能）、网站的可信度（与传统信息的一致以及站内信息的一致，信赖程度等）、易于传播（分享是网络营销中价值转换率最高的一种模式）等方面。

（4）重视细节：细节本也是客户体验中一个重要的元素，由于其重要性，所以我们单独将其作为营销型企业网站的一个因素，在营销型网站的流程制定、内容维护、网站管理等过程中都需要体现出细节问题。

3.3.1.2 搜索引擎营销工具

网络商务信息检索靠人工方法是很难解决的，因此计算机专家和信息管理专家积极地探索和开发了一系列检索软件，并将其用于网络资源的管理和检索，取得了很大的进展。随着人们网络应用水平的不断提高，Google、Baidu、Yahoo 等搜索引擎成为了人们发现和寻找个性化信息的基本方法。因此，在主要的搜索引擎上注册并获得最理想的排名，是在网站设计过程中就要考虑的问题之一。网站正式发布后尽快提交到主要的搜索引擎，是网络营销的基本任务。这里主要讲一些典型搜索引擎的使用。

（1）搜索引擎工具的分类

1）按照信息搜集方法分类

按照信息搜集方法的不同，搜索引擎系统可以分为三大类：

① 目录式搜索引擎（Directory Search Engine）

以人工方式或半自动方式搜集信息，由编辑员查看信息之后，人工形成信息摘要，并将信息置于事先确定的分类框架中。信息大多面向网站，提供目录浏览服务和直接检索服务。该类搜索引擎因为加入了人的智能，所以信息准确、导航质量高，缺点是需要人工介入（维护工作量大）、信息量少、信息更新不及时。这类搜索引擎的代表是：Yahoo!、Sohu 等。

② 机器人搜索引擎（Crawler-Based Search Engine）

机器人搜索引擎是由一个称为"蜘蛛"（Spider）的机器人程序以某种策略，自动地在 Internet 中搜集和发现信息，由索引器为搜集到的信息建立索引，由检索器根据用户的查询输入检索索引库，并将查询结果返回给用户。服务方式是面向网页的全文检索服务。该类搜索引擎的优点是信息量大、更新及时、无需人工干预，缺点是返回信息过多，有很多无关信息，用户必须从结果中筛选。这类搜索引擎的代表是 AltaVista、Light、Excite、Google、Baidu 等。

③ 元搜索引擎（Meta Search Engine）

这类搜索引擎没有自己的数据，而是将用户的查询请求同时向多个搜索引擎递交，将返回的结果进行重复排除、重新排序等处理后，作为自己的结果返回给用户。服务方式为面向网页的全文检索。这类搜索引擎的优点是返回结果的信息量大，缺点是不能够充分使用元搜索引擎的功能，用户需要做更多的筛选。

目前，商业的搜索引擎站点正在结合各种搜索引擎的优点，在类型上有逐渐融合的趋势。例如，Yahoo! 在保持人工分类的同时，也使用机器人搜索引擎。用户查询时，选择"网站搜索"即为搜索人工分类库，选择"网页搜索"即为搜索机器人搜索引擎的索引库。一些传统的机器人搜索引擎也增加了人工分类的内容，以便提供高精度的导航信息。另外搜索引擎站点有"门户化"的倾向，在提供搜索服务的同时，提供多样的网络服务，如新闻、股票、天气预报、虚拟社区、游戏、电子商务等等，成为名副其实的"网络门户"，例如 Yahoo、Sohu 等。

2）按照检索软件分类

按照服务提供方式的不同，检索软件也可以分为三大类：全文数据库检索软件、非全文数据库检索软件、主题指南类检索软件。

① 全文数据库检索软件正常运作的前提是网站拥有大量的信息，因此必须依靠强大的数据库作为后盾。它能够提供完整的文献和信息检索，查询率很高。但由于信息量非常大，检索起来比较困难，对检索技术的要求很高。

② 非全文数据库检索软件具有速度快、使用简便、索引量大的特点，但仅提供部分全文检索，有时需要二次检索，使用不太方便。

③ 主题指南类检索软件是目前网络检索中最常用的检索软件。这种软件查准率高、速度快、使用方便，现大部分网站都具备主题指南类检索功能。

（2）国内外常见典型搜索引擎

1）Yahoo（Yet Another Hierarchically Officious Oracle）——主题指南类检索软件

严格来说，Yahoo！不是搜索引擎，而是严格的层次组织的主题索引。它已经开发了很长时间，有很多编辑人员来维护，所以质量非常高。当不知该去哪里的时候，在 Yahoo 上浏览是找到好站点的最好方法。图 3-19 是 Yahoo！检索系统的中文主页。

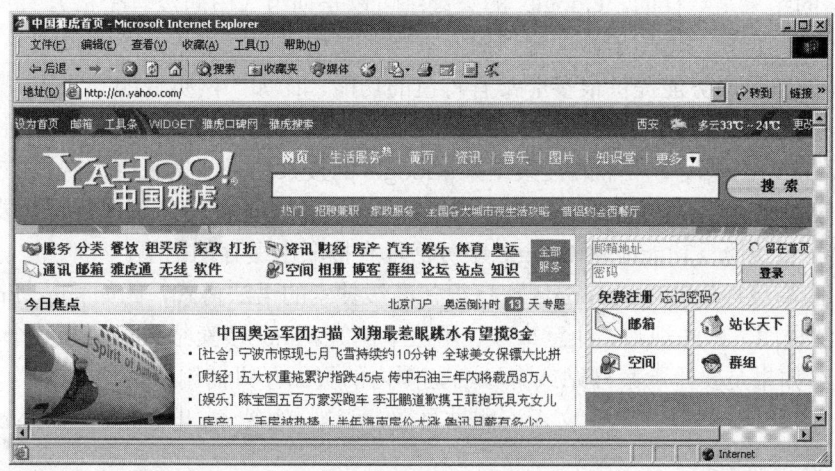

图 3-19　Yahoo 检索系统的中文主页

Yahoo！检索软件的一个独到之处是用户可以利用它的检索工具以关键词的方式查询它的目录，它的检索软件是由 Open Text 公司提供的，因此在检索时，一方面检索 Yahoo！的主题目录，另一方面检索 Open Text 提供的收有 100 万 Web 文件的 Open Text 数据库。

Yahoo！的使用很简单。只要输入查找关键词，单击按钮即可。它将返回三种信息：满足查询条件的 Yahoo！的目录、满足条件的实际站点和其他检索工具。

2）百度搜索营销工具的使用

百度搜索使用了高性能的"网络蜘蛛"程序（Spider），自动的在互联网中搜索信息，可定制、高扩展性的调度算法使得搜索器能在极短的时间内收集到最大数量的互联网信息。百度搜索在中国和美国均设有服务器，搜索范围涵盖了中国大陆、香港、台湾、澳门、新加坡等华语地区以及北美、欧洲的部分站点。百度搜索引擎目前已经拥有世界上最大的中文信息库，总量达到 6000 万页以上，并且还在以每天超过 30 万页的速度不断增长。

百度搜索常用方法：

① 基本搜索。仅需输入查询内容并按 Enter 键，即可得到相关资料。或者输入查询内容后，单击"百度搜索"按钮，也可得到相关资料。

百度搜索引擎严谨认真，要求"一字不差"。例如：分别搜索"电器"和"电气"，会得到不同的结果。因此在搜索时可以试用不同的词语。输入多个词语搜索时（不同字词之间用一个空格隔开），可以获得更精确的搜索结果。

在百度查询时不需要使用符号"AND"或"+"，百度会在多个以空格隔开的词语之间自动添加"+"。百度提供符合全部查询条件的资料，并把最相关的网页排在前面。

② 并行搜索。使用"A|B"来搜索或者包含词语"A"或包含词语"B"的网页。例如：要查询"图片"或"电子商务"相关资料，无须分两次查询，只要输入"图片|电子商务"搜

索即可。百度会提供跟"|"前后任何字词相关的资料,并把最相关的网页排在前面。

3)Google 搜索引擎

Google 支持大多数的搜索基本语法规则,比如'+'、'-'、'OR'。Google 无须用明文的'+'来表示逻辑'与'操作,只要空格就可以了。Google 用减号'-'表示逻辑'非'操作。Google 用大写的'OR'表示逻辑'或'操作。Google 对英文字符大小写不敏感,'GOD'和'god'搜索的结果是一样的。Google 的关键字可以是词组(中间没有空格),也可以是句子(中间有空格),但是,用句子做关键字时必须加英文引号。

Google 的特色服务能提供很多非常有特色的功能,比如"网页快照"、"手气不错"等。这些辅助功能会帮助使用者更快速、方便地找到需要的资料。比如 Google 的专利网页级别技术 Page Rank 能够提供高命中率的搜索结果;Google 的搜索结果能摘录查询网页的部分具体内容,而不仅仅是网站简介;Google 智能化的"手气不错"功能能提供可能最符合要求的网站;Google 的"网页快照"功能能从 Google 服务器里直接取出缓存的网页。

Google 的高级搜索选项。Google 支持很多高级搜索的语法格式,比如 site、link 等;特殊操作符、语法说明、语法规则、注意事项、用法举例等。site 搜索结果局限于某个具体网站或者网站频道。如果是要排除某网站或者域名范围内的页面,只需用"网站/域名"即可。例如要搜索包含"电子"和"商务"的中文新浪网站页面,可这样写搜索:电子 商务 site: sina.com.cn。

4)Excite 检索引擎

Excite 检索引擎是 Architext 软件公司的产品,该数据库界面友好,用户可以利用关键词、词组和自然语言检索,自然语言检索越详细越好。图 3-20 是 Excite 检索引擎的网络主页。

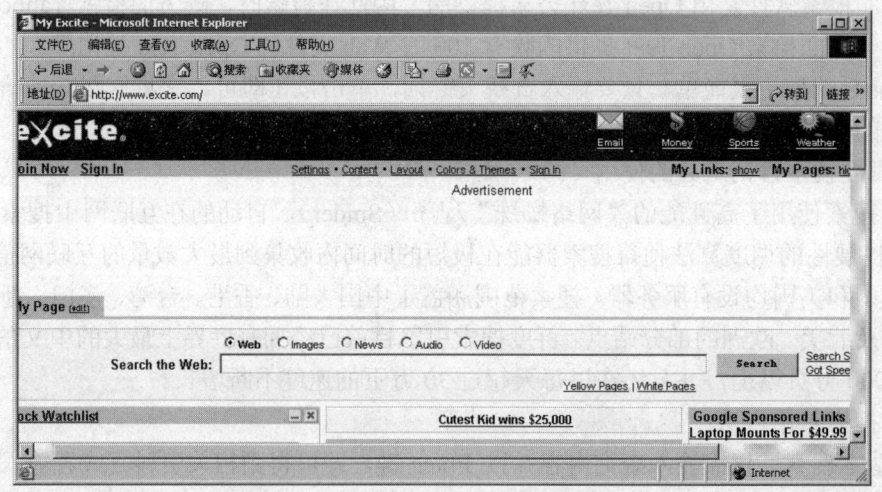

图 3-20 Excite 检索引擎的网络主页

Excite 检索引擎有基本检索和高级检索两种检索方式。其中,Excite 中要求的单词和排除的单词可使用"+"号和"-"号。Excite 支持二元操作符 AND、OR、AND NOT 和一元操作符 NOT。它也支持用括号来构成逻辑组。默认的关键词使用的是隐式的 OR,即它检索含有指定的任意的单词。

Excite 的优点是采用了概念检索的技术。概念检索是指在检索文件的过程中,不仅能够检索到含有用户提出的关键词的文件,还能检索到与用户的检索主题密切相关,但并没有包括这些主题词的文件。在所有的检索软件中，它的更新速度最快，且其数据库的规模也最大。Excite 的缺点是它的相关性排序质量一般，检索结果也显得不尽人意。

5）网易

网易网站的搜索引擎也是颇有特色的，它先在自己的分类库中查询用户的检索式，如果没有检索出结果，系统自动将提问式转向全文数据库进行检索。如果在分类库中检索出结果，用户对检索结果不满意，可以直接单击检索结果页面底部的"全文检索"按钮，继续在全文库中进行检索，这对于一个非专业用户来说是非常实用的一种检索策略。网易的功能简单、使用方便，并且提供一定的模糊检索功能，这也是非常能吸引普通用户的功能。网易的界面清晰，反应及库容量也是可以接受的。

【知识扩展】

1. 数据分析方法

（1）回归分析法

回归线是一条最能代表散点图上分布趋势的直线。常用的拟合回归线的原则，是位各点与该线纵向距离的平方和为最小。确定这条线的方程称回归方程。变量之间的关系，有的是确定的函数关系，有的是没有确定的函数关系，变量 y 随着变量 x 而变化，但不能由 x 的取值精确求出 y 的值，变量 y 与 x 间的这种关系称为相关关系。回归分析就是研究变量间相关关系的一种数理统计方法。

（2）判别分析

判别分析是判别样本所属类型的一种多元统计方法，在生产、科研与日常生活中都经常用到。例如，在天气预报中根据气温、气压、温度等气象因子来预报第二天的天气是晴天、阴天还是下雨；医生可以根据体温、血压以及各项检验指标来判断病人生病的程度；经济研究者则根据经济、政治、科技、军事、人口、资源等多种指标来判断国家的竞争力；在市场调研的研究中，市场调研人员可以根据调研数据，判断产品是畅销、一般还是滞销。

（3）聚类分析

聚类分析又称群分析和类分析，它是依据某种准则对个体（样品或变量）进行多元分类的一种多元统计分析方法。通俗地讲，聚类分析就是多元统计分析中研究所谓"物以类聚"现象的一种方法，其职能是对一批样本或指标，按照它们在性质上的亲疏程度进行分类。比如在一项全国范围的市场调研中，需要对我国 32 个省、市、自治区的经济发展状况进行分析。一般不是逐个省、市、自治区去分析，较好的做法是选取能反映经济发展状况的有代表的指标，如国民生产总值（GNP）、工农业总产值、第三产业比重、固定资产投资额、人均国民收入、城市和农村平均每人月收入及通货膨胀率等指标，根据这些指标对 32 个省区进行分类。然后依据分类结果，对经济发展情况进行综合评价，这就易于得出科学的结论。

（4）相关分析

两个变量之间不精确、不稳定的变化关系称为相关关系。用来描述两个变量相互之间变化方向及密切程度的数字特征量称为相关系数。一般用 r 表示。相关系数的值仅仅是一个比值。它不是由相等单位度量而来（即不等距），也不是百分比，因此，不能直接作加、减、乘、除。

相关系数只能描述两个变量之间的变化方向及密切程度，并不能揭示二者之间的内在本质联系。当两个变量都是正态连续变量,而且两者之间呈线性关系时,则表示这两个变量之间的相关称为积差相关。等级相关是指以等级次序排列或以等级次序表示的变量之间的相关。质与量的相关是指一个变量为质,另一个变量为量,这两个变量之间的相关。

(5) 时间序列分析法

时间序列是按时间顺序排列的一组数字序列。时间序列分析就是利用这组数列,应用数理统计方法加以处理,以预测未来事物的发展。时间序列分析是定量预测方法之一,它的基本原理有两个方面。一是承认事物发展的延续性。应用过去数据,就能推测事物的发展趋势。二是考虑到事物发展的随机性。任何事物发展都可能受偶然因素影响,为此要利用统计分析中加权平均法对历史数据进行处理。该方法简单易行,便于掌握,但准确性差,一般只适用于短期预测。时间序列预测一般反映三种实际变化规律:趋势变化、周期性变化、随机性变化。

时间序列分析是根据系统观测得到的时间序列数据,通过曲线拟合和参数估计来建立数学模型的理论和方法。它一般采用曲线拟合和参数估计方法(如非线性最小二乘法)进行。时间序列分析常用在国民经济宏观控制、区域综合发展规划、企业经营管理、市场潜量预测、气象预报、水文预报、地震前兆预报、农作物病虫灾害预报、环境污染控制、生态平衡、天文学和海洋学等方面。

许多企业是根据过去的实际销售业绩来预测未来销售发展趋势的。如某种产品历年销售量(Y)的时间数列,可按趋势(Trend)、周期(Cycle)、季节和意外事件(Enticement)等主要因素进行分析。

时间序列分析法可以根据上述要素(T、C、S、E)分析原始销售数列,再结合这些要素预测未来的销售。例如,某公司今年10月售出2000台新产品,现在预测明年10月份的销售量。根据近5年数据分析可以看到发展趋势是每年销售递增5%,因此,明年10月份的销售量估计为2100台。但由于经济环境的波动,预计明年的销售只能达到正常情况下的95%,即1900(1900×95%)台。

2. 网络营销策略

(1) 网络营销是直复营销

根据美国直复营销协会(ADMA)为直复营销下的定义,直复营销是一种为了在任何地方产生可度量的反应和(或)达成交易,而使用一种或多种广告媒体的相互作用的市场营销体系。直复营销中的"直"是指不通过中间分销渠道而直接通过媒体连接企业和消费者,直复营销中的"复"是指企业与顾客之间的交互,顾客对这种营销努力有一个明确的回复,企业可统计到这种明确回复的数据,由此可对以往的营销效果做出评价。网络作为一种交互式的,可以双向沟通的渠道和媒体,它可以很方便地为企业与顾客之间架起桥梁,顾客可以直接通过网络订货和付款,企业可以通过网络接收定单、安排生产,直接将产品送给顾客。基于互联网的直复营销将更加吻合直复营销的理念。

(2) 网络营销是软营销

网络营销是一种"软营销",这是网络营销中有关消费者心理的一个理论基础。软营销理论是针对工业经济时代的以大规模生产为主要特征的"强势营销"提出的新理论,传统营销活动中最能体现强势营销特征的是两种促销手段:传统广告和人员推销。这两种营销模式企图通过不断的信息灌输方式在消费者心中留下深刻的印象,至于消费者是否喜欢或需要它的产品则不予考虑。而"软营销"是指企业以强化与顾客(或公众)的感情和文化交流为内容,以淡化商业活动的盈利意图为手段，间接服务于企业经营目标的一种营销模式，它强调企业进行市场营销活动的同时必须尊重消费者的感受和体验，让消费者能舒服地主动接收企业的营销活动。

在互联网上，由于信息交流是自由、平等、开放和交互的，强调的是相互尊重和沟通，网上使用者比较注重个人体验和隐私保护。互联网自有它的"网络礼仪"，其最重要的基本原则就是："不请自到的信息不受欢迎"。因此，传统促销方式的广告造势、硬性推销等策略在网络上会适得其反，有可能会遭到唾弃甚至报复。如美国著名的 AOL 公司曾经对其用户强行发送 E-mail 广告，结果招致用户的一致反对，许多用户约定同时给 AOL 公司服务器发送 E-mail 进行报复，结果使得 AOL 的 E-mail 邮件服务器处于瘫痪状态，最后不得不道歉平息众怒。网络软营销恰好是从消费者的体验和需求出发，采取拉式策略吸引消费者关注企业来达到营销效果。在互联网上开展网络营销活动，特别是促销活动，一定要遵循一定的网络虚拟社区形成的规则，网络软营销的特征就是在遵循网络礼仪规则的基础上，通过对网络礼仪的巧妙运用达到一种微妙的营销效果。

(3) 网络营销是整合营销

传统营销管理的经济学理论基础是厂商理论，即企业利润最大化，实际的决策过程是"市场调研—营销战略—营销策略—反向营销控制"这样一个单向链，没有把顾客整合到整个营销决策过程中去。它实质是将厂商利润凌驾于满足消费者需求之上，这种理论在大规模工业化大生产的卖方市场上是可行的，但网络营销面对的是买方市场，营销主动权在消费者手中，仍采取厂商理论的观点是注定要失败的。网络即时互动的特点使顾客参与到营销管理全程成为可能，而个性消费的复归使其主动性大大地增强。这就迫使企业必须贯彻以消费者需求为出发点的现代营销思想，将顾客整合到营销过程中来，因此说，网络营销具有整合营销的特征，是一种整合营销。整合营销追求的是与消费者建立起长期的、双向的、维系不散的关系。它表现了营销理论体系中的重心的转移，过去是"由内而外"，现在是"由外而内"，从理论上已经离开了传统营销理论中占中心地位的 4P 理论，而转向强调 4C 理论：Customers（顾客的需求和期望）、Cost（顾客的费用）、Convenience（顾客购买的方便性）、Communication（顾客与企业的沟通）。网络实时互动的特性使企业有能力通过和顾客的不断交互，得以清楚地了解每个顾客个性化的 4C 需求，从这个前提出发，作出相应的使企业利润最大化的 4P 策略决策。整合营销并不是用 4C 代替 4P，而是 4P 前提下的 4C 决策，企业最终的操作还是 4P，只是该 4P 已经包含了 4C 的信息。只有这样做，网络营销才能实现满足消费个性化需求和利润最大化两个目标。网络营销的一大优势是消费者可以随时按照自己的要求定制产品，直接参与到企业的研究开发中，实现在线定制。如美国的三大汽车厂商都提供了在线定购服务，顾客可以按照自己的喜好、需求等自由选择汽车的部件、颜色、款式等，公司实时计算出价款、汽车综合性能等指标参数回复给顾客，供其评价。因此，从策略上来说，网络营销应着重于满足消费者差异性强的个性需求，树立良好的形象，培养顾客的忠诚度，最终目标是实现"一对一"营销关系。

【思考与实践】

一、单选题

1. 消费者在购买产品前，通常会对所购买商品的质量、使用方便程度、特点等有一个期望值,这个期望值属于( )。
　　A. 核心利益层次　　　　　　　B. 基本产品层次
　　C. 期望产品层次　　　　　　　D. 附加产品层次
2. 选择哪一个搜索引擎,应根据( )而定。
　　A. 市场调研地区和目的的不同　B. 市场调研时间和期限的不同
　　C. 不同搜索引擎的特点和优势　D. 市场调研对象和内容的不同
3. 下列( )数据源是在调查者知情的情况下收集数据信息的方法。
　　A. 网络跟踪器　　　　　　　　B. 电子邮件
　　C. 商业广告　　　　　　　　　D. 网上民意测验
4. 网络营销的主要内容不包括( )。
　　A. 网上市场调查　　　　　　　B. 网上 CA 认证
　　C. 网上产品和服务策略　　　　D. 网上消费者行为分析
5. 关于网络营销的特点,下列表述错误的是( )。
　　A. 与传统的市场营销相比,网络营销呈现局限性的特点
　　B. 与传统的市场营销相比,网络营销呈现超前性的特点
　　C. 与传统的市场营销相比,网络营销呈现经济性的特点
　　D. 与传统的市场营销相比,网络营销呈现技术性的特点

二、多选题

1. Cookie 文件可以存储( )信息。
　　A. 用户爱好和购买记录　　　　B. 用户浏览过的网站和网页
　　C. 经常浏览的网页　　　　　　D. 曾经点击过的旗帜广告等信息
2. 网络市场调研程序包括的步骤( )。
　　A. 选择合适的搜索引擎　　　　B. 确定调研对象
　　C. 查询相关调研对象　　　　　D. 信息的加工、整理、分析和运用
3. 利用搜索引擎收集有关信息的途径有( )。
　　A. 进入相关主题检索　　　　　B. 确定调研对象
　　C. 选择合适的搜索引擎　　　　D. 界面菜单结构浏览
4. 网络市场调研的对象主要有( )。
　　A. 企业的竞争者　　　　　　　B. 企业产品的消费者
　　C. 企业的供应商　　　　　　　D. 社会公众
5. 根据产品特性和形态不同,可分为( )。
　　A. 核心产品　　　　　　　　　B. 期望产品
　　C. 有形产品　　　　　　　　　D. 无形产品

三、简答题

1. 搜索引擎按其信息搜集方法,主要可分为哪几种?
2. 网络市场调研需要经过哪些步骤?
3. 举例说明,在网络营销中,产品的整体概念可分为哪几个层次?

4. 网络营销定价的策略有哪些？

5. 试简述营销策略由 4P 到 4C 的变化？

四、综合题

案例题 1：Yahoo！的用户分析调研

Yahoo 曾授权英国营销调研公司——"大陆研究"对德国及法国网络使用者进行分析调研。该公司设计了一个两阶段调研计划。第一阶段，搜集德国、法国及美国的 Yahoo!商业用户及一般用户访问 Yahoo！网站的数据，了解其上网动机及主要网上行为。

同时，还要求被访者提供其 E-mail 地址以利于第二阶段调研的再次联系，在这一阶段中将进行深度调研。该阶段的主要问题就是吸引、督促被访者参与、完成调研，以确保搜集到最佳信息。

第一阶段：搜集数据。

Yahoo 第一阶段的调研包括 10 个问题，涉及到被访者的媒体偏好、教育程度、年龄、消费模式等等。约有 10%的被访者没有完成全部问卷。

在第二阶段中，对已留下 E-mail 地址的人进行深度调研时，可以在其上次中断的地方进行重新访问。这样做虽然使第二阶段的问卷相对长了些，但中途断线率降到 5%～6%。

第二阶段：深度调研。

这一阶段则对那些在第一阶段中留下了 E-mail 地址并同意继续接受访谈的人进行。这些被访者将收到 E-mail 通知，告知他们调研的网址。第二阶段的询问调研要较第一阶段长，它会涉及一系列有关生活方式的深度研究问题。由于"大陆研究"公司已经认识了这些被访者，因此公司要求受访者进行登记，这样做能够准确计算回答。如果需要的话，公司还将寄出提醒卡，以确保每位参访者只进行一次回答。实际上，在发出 E-mail 通知后的一周内，调研者便收到了预期的样本数目，根本无须提醒。

[问题]

（1）试分析 Yahoo!用户调研的成功与不足之处。

（2）一个成功的网络市场调研应注意哪些环节？

案例题 2：亚马逊差别定价试验

亚马逊在 2000 年 9 月中旬开始了著名的差别定价实验。

亚马逊选择了 68 种 DVD 碟片进行动态定价试验，试验当中，亚马逊根据潜在客户的人口统计资料、在亚马逊的购物历史、上网行为以及上网使用的软件系统等情况，确定对这 68 种碟片的报价水平。例如，名为《泰特斯》（Titus）的碟片对新顾客的报价为 22.74 美元，而对那些对该碟片表现出兴趣的老顾客的报价则为 26.24 美元。通过这一定价策略，部分顾客付出了比其他顾客更高的价格，亚马逊因此提高了销售的毛利率。

但是好景不长，这一差别定价策略实施不到一个月，就有细心的消费者发现了这一秘密，通过在名为 DVDTalk（www.dvdtalk.com）的音乐爱好者社区的交流，成百上千的 DVD 消费者知道了此事，那些付出高价的顾客当然怨声载道，纷纷在网上以激烈的言辞对亚马逊的做法进行口诛笔伐，有人甚至公开表示以后绝不会在亚马逊购买任何东西。更不巧的是，由于亚马逊前不久才公布了它对消费者在网站上的购物习惯和行为进行了跟踪和记录，因此，这次事件曝光后，消费者和媒体开始怀疑亚马逊是否利用其收集的消费者资料作为其价格调整的依据，这样的猜测让亚马逊的价格事件与敏感的网络隐私问题联系在了一起。

为挽回日益凸显的不利影响，亚马逊的首席执行官贝佐斯只好亲自出马做危机公关，贝佐斯为这次的事件给消费者造成的困扰向消费者公开表示了道歉。不仅如此，亚马逊还试图用实际行动挽回人心，亚马逊答应给所有在价格测试期间购买这 68 部 DVD 的消费者以最大的折扣，据不完全统计，至少有 6896 名没有以最低折扣价购得 DVD 的顾客，已经获得了亚马逊退还的差价。

[问题]

（1）试分析亚马逊差别定价试验失败的原因。

（2）亚马逊差别定价试验给我们哪些启示？

学习情境 4　网上交易安全信息处理

【学习情境描述】

网上交易过程中，安全是首要问题。小雨与供应商之间为了保证双方交易的安全，选择以安全电子邮件的方式收发交易信息。

【知识点及技能点】

1. 了解电子商务的安全需求
2. 掌握数据加密技术的基础知识
3. 掌握身份认证的基础知识
4. 了解电子商务安全协议

【重点难点】

1. 数据加密技术
2. 身份认证技术

【项目任务 4.1】　认识电子商务安全的需求

小雨向供应商发送数字签名邮件询价，供应商向小雨发送签名和加密邮件报价。

✓　任务要求

申请数字证书，并利用 Outlook 签发安全电子邮件。

✓　完成结果

小雨与供应商相互收发安全电子邮件。

【任务实现】

1. 申请数字证书

（1）登录数字认证网（www.ca365.com），注册成为会员，如图 4-1 所示。

（2）小雨注册成为会员，并登录进入数字认证网，选择使用免费证书。因为第一次访问该站点，需要下载并安装根 CA 证书。在"免费证书"栏中单击"下载并安装根 CA 证书"后，弹出"文件下载"对话框，如图 4-2 所示。

（3）下载后，按照"证书导入向导"安装导入根 CA 证书，如图 4-3 所示。

（4）根证书安装成功后，可以在"Internet 选项"→"内容"→"证书"中查看到，如图 4-4 所示。

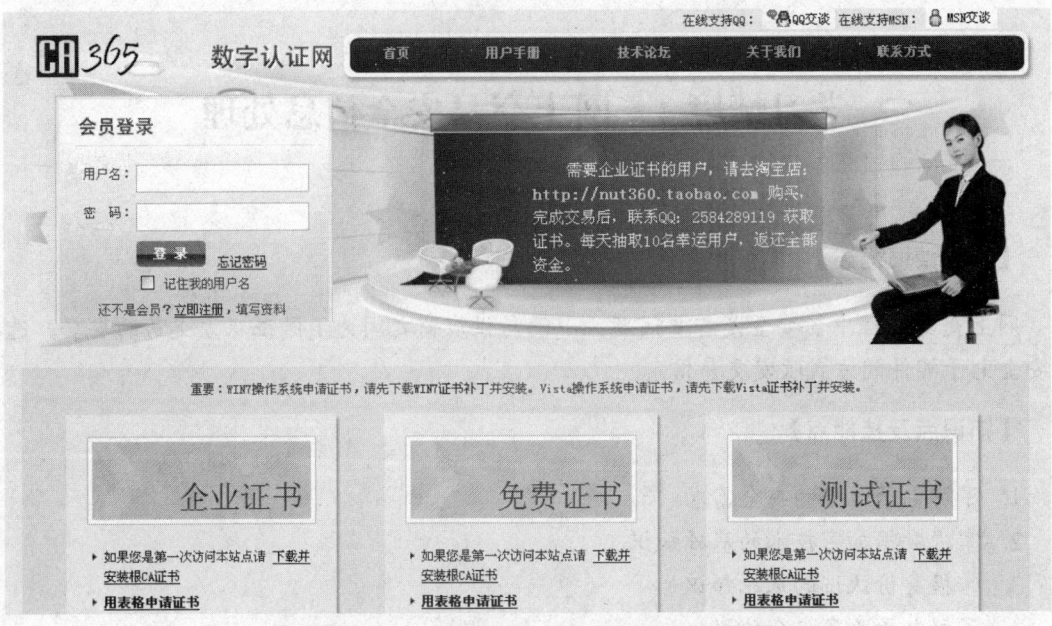

图 4-1　登录数字认证网并注册会员

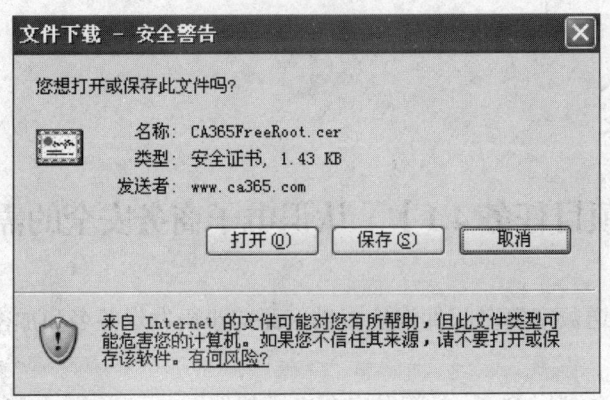

图 4-2　下载并安装根证书

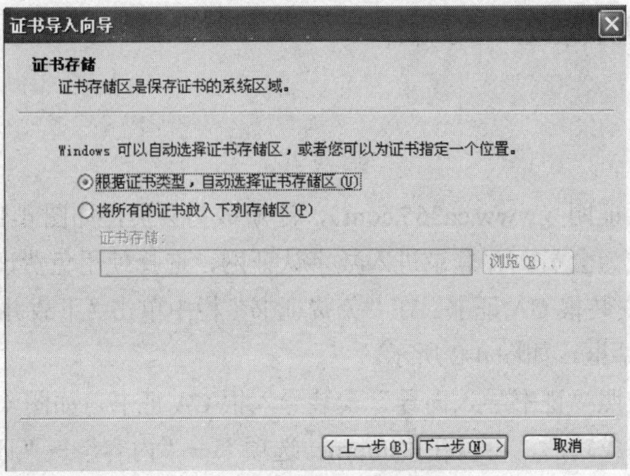

图 4-3　安装导入根证书

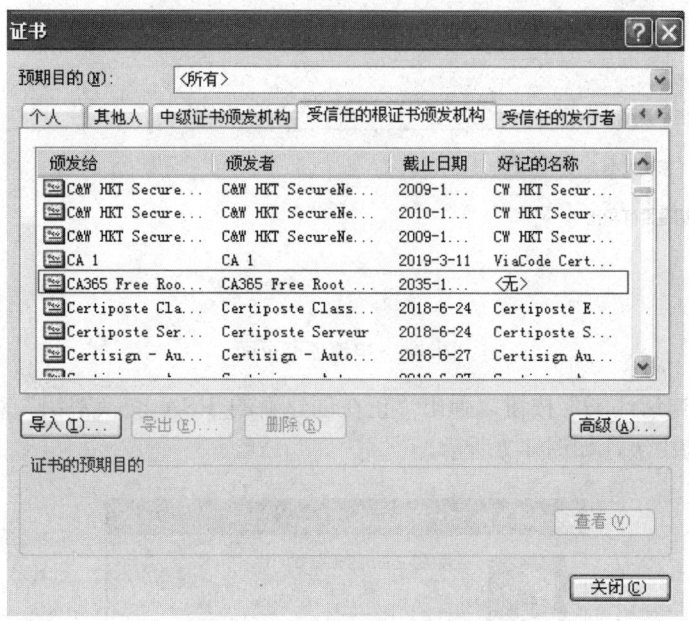

图 4-4 查看证书导入情况

(5) 安装完根 CA 证书后，单击"用表格申请证书"，填写相关信息，如图 4-5 所示。

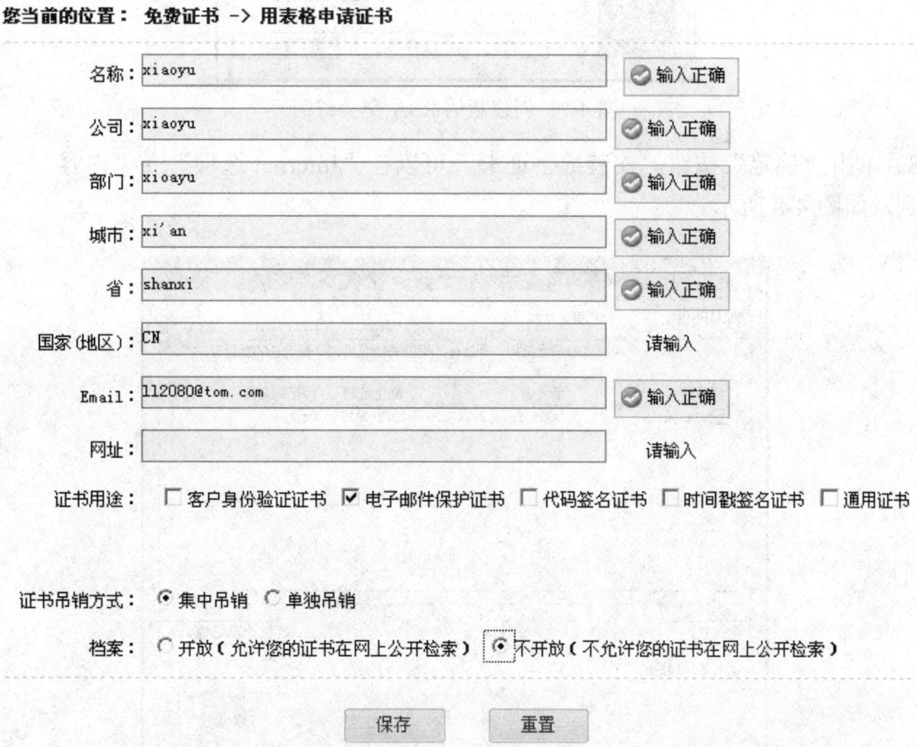

图 4-5 填写相关信息页面

(6) 填写完相关信息后，单击"保存"按钮，进入申请证书页面，如图 4-6 所示。

图 4-6　申请证书页面

（7）单击"申请证书"按钮，弹出"正在创建新的 RSA 交换密钥"对话框，确认将私钥的安全级别设为中级，如图 4-7 所示。

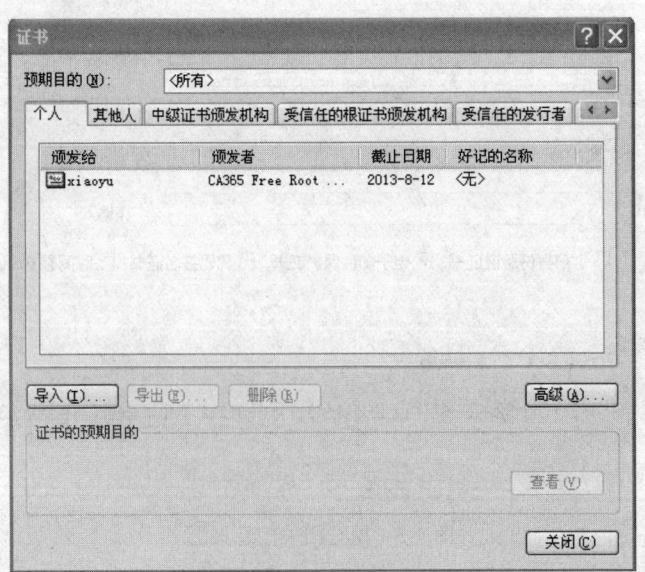

图 4-7　创建新的 RSA 交换密钥

（8）单击"确定"按钮，安装数字证书。可以在"Internet 选项"→"内容"→"证书"中查看到，如图 4-8 所示。

图 4-8　查看安装的数字证书

(9)供应商以同样方式申请电子邮件保护证书。

2. 小雨向供应商发送数字签名邮件询价

(1)小雨打开自己的 Outlook,选择新建邮件,如图 4-9 所示。

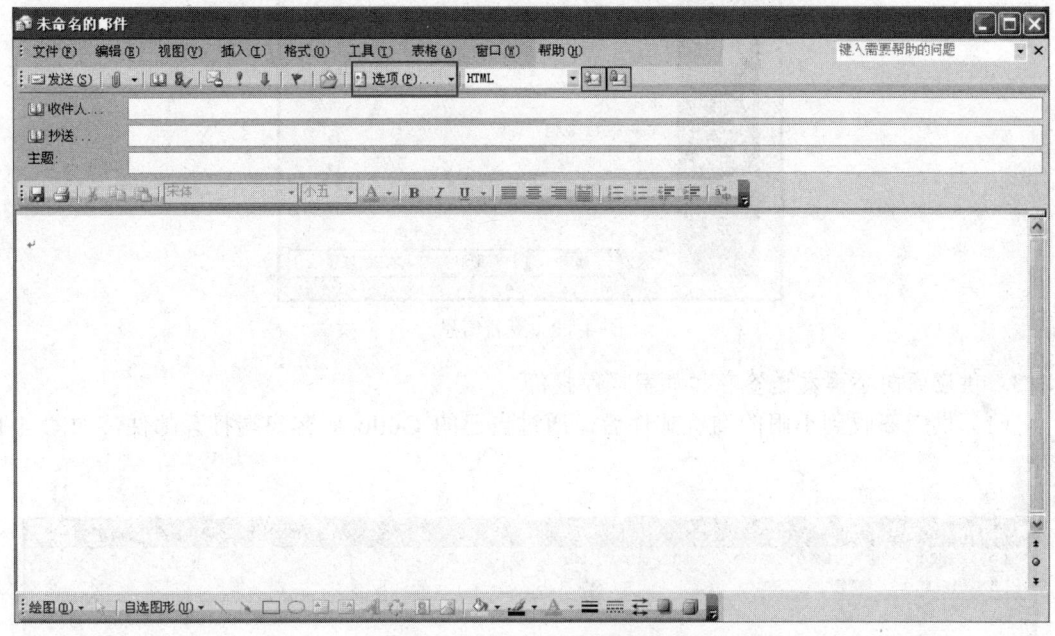

图 4-9　打开 Outlook 新建邮件

(2)填写相关信息,为了发送签名邮件,单击"选项"菜单栏中的"安全设置"按钮,在弹出的"安全属性"对话框中,选择"为此邮件添加数字签名"复选框。如需更改证书等设置,可单击"更改设置"按钮,如图 4-10 所示。或单击工具栏中的"数字签名"按钮,为邮件进行数字签名。

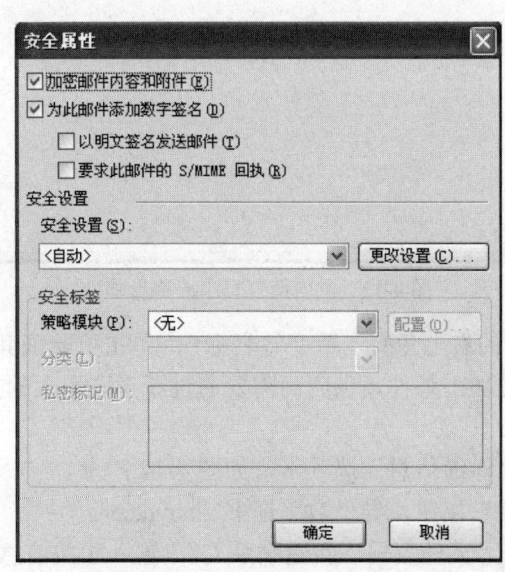

图 4-10　"安全属性"对话框

（3）签名后，单击"发送"按钮，显示签名信息，如图4-11所示。

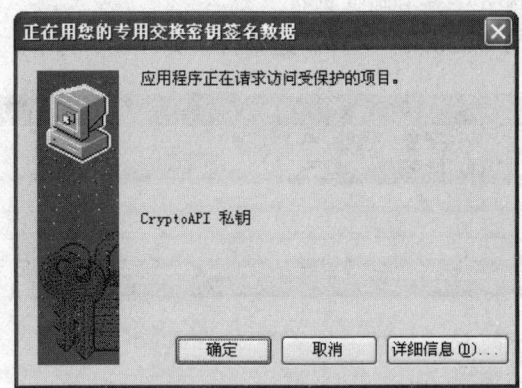

图4-11　签名信息

3. 供应商向小雨发送签名和加密邮件报价

（1）供应商收到小雨的询价邮件后，通过自己的 Outlook 客户端打开邮件，如图 4-12 所示。

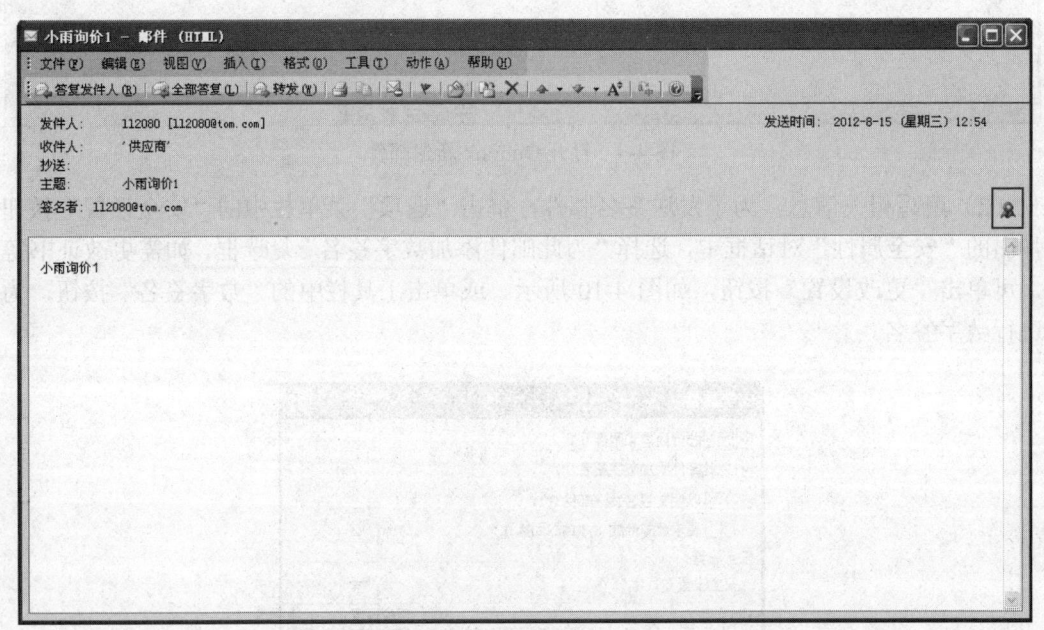

图4-12　供应商打开小雨询价邮件

（2）可以看到在邮件的右上角有一数字签名标识，单击可验证其有效性，如图4-13所示。

（3）为了给小雨发送加密邮件，供应商需要通过新建联系人的方式导入小雨的证书（公钥）。

1）查看证书，单击"详细信息"选项卡，如图4-14所示。

2）单击"复制到文件"按钮，导出数字证书 xiaoyu.cer。

3）在 Outlook 中单击"文件"→"新建联系人"，输入相关信息，选择"证书"选项卡，导入 xiaoyu.cer，单击"保存并关闭"按钮后，完成导入数字证书的操作，如图4-15所示。

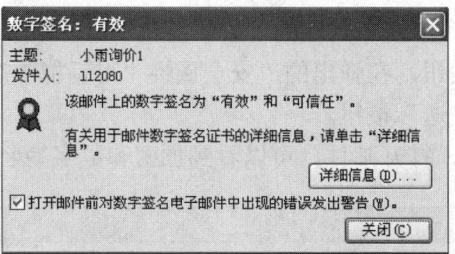

图 4-13　数字签名有效性验证

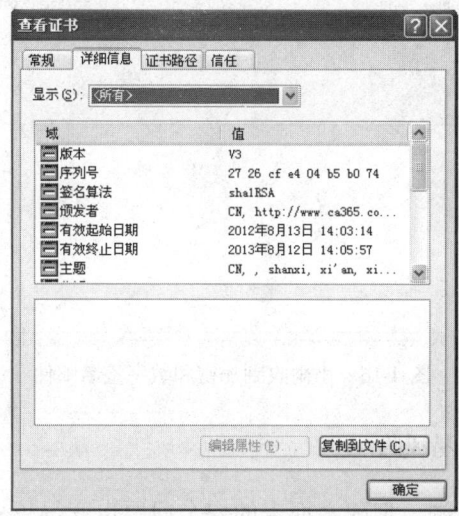

图 4-14　查看证书详细信息

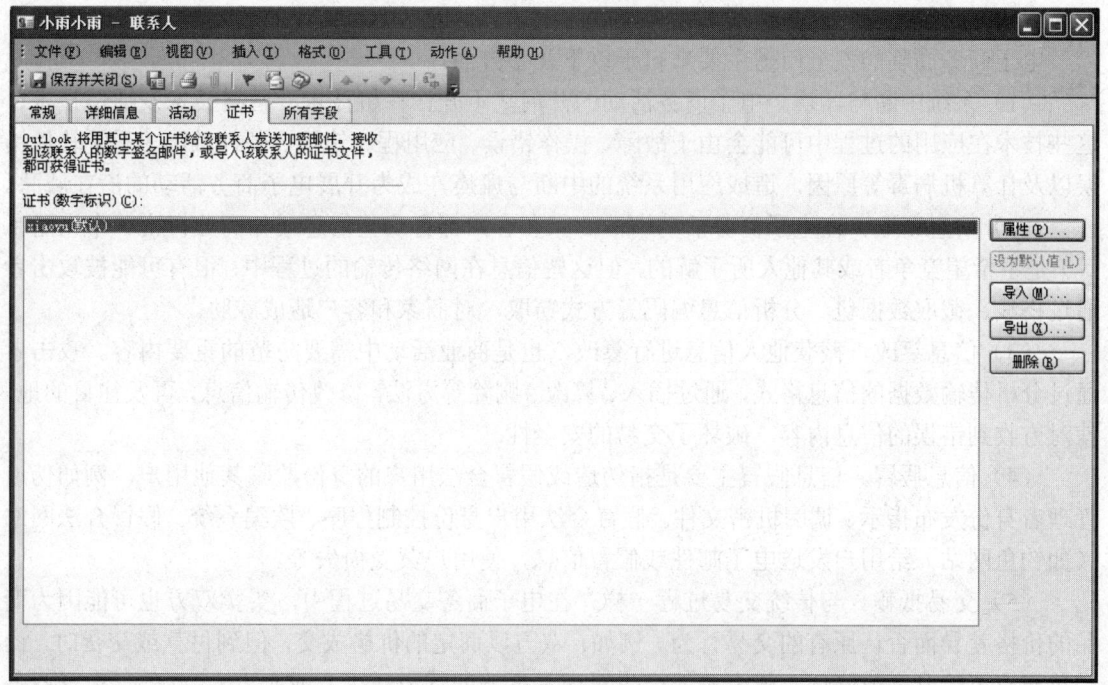

图 4-15　导入小雨数字证书

（4）供应商新建邮件，单击工具栏的"数字签名"和"邮件加密"按钮，或单击"选项"按钮，单击"安全设置"按钮，在弹出的"安全属性"对话框中选择"加密邮件内容和附件"复选框。完成后，单击"发送"按钮。

（5）小雨收到邮件后，打开邮件，可以看到加密和数字签名标识，如图4-16所示。

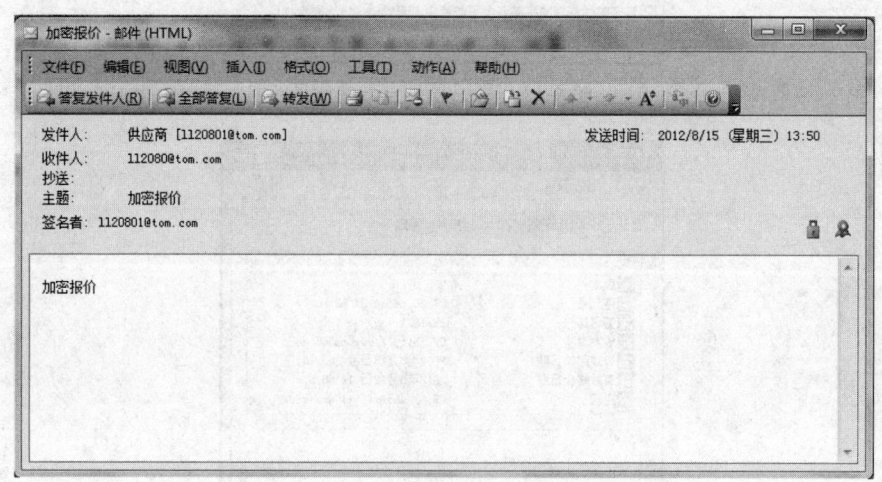

图4-16　小雨收到加密和数字签名邮件

4.1.1　识别电子商务交易风险

电子商务的发展前景广阔，但随之而来的安全问题也变得越来越突出。如何建立一个安全、便捷的电子商务应用环境，保证在整个商务过程中信息的安全性，使基于Internet的电子交易方式与传统交易方式一样安全可靠，成为电子商务应用中所关注的重要问题之一。

电子商务面临的安全问题主要来自于以下几个方面：

（1）系统中断与瘫痪。电子商务活动的开展离不开计算机技术、网络技术及通信技术，这些技术在应用的过程中可能会由于故障、操作错误、应用程序错误、硬件故障、系统软件错误以及计算机病毒等原因，造成应用系统的中断与瘫痪，成为开展电子商务活动的潜在威胁。

（2）信息窃取。在电子商务活动中，商家和客户都有一些信息（如商业机密、个人隐私等）是不希望竞争者或其他人所了解的，但这些信息在网络传输的过程中，很有可能被攻击者通过搭线、截取数据包、分析信息编码等方式窃取，对商家和客户造成威胁。

（3）信息篡改。截获他人信息进行篡改，也是商业活动中需要防范的重要内容。攻击者通过分析传输数据的信息格式，通过插入、篡改、删除等方法，修改传输信息，再发往目的地，使对方收到错误的信息内容，破坏了交易的安全性。

（4）信息假冒。信息假冒主要是指伪造或假冒合法用户的身份欺骗其他用户。例如伪造管理者身份发布指示、调阅机密文件。假冒合法用户身份控制程序、欺骗系统。假冒合法网站（如钓鱼网站）给用户发送电子邮件或假冒信息，使用户蒙受损失等。

（5）交易抵赖。与传统交易过程一样，在电子商务交易过程中，买卖双方也可能因为商品的价格差异而否认原有的交易行为。例如，双方以商定的价格成交，但到付款或交货时，商品价格有可能升高或降低，就有可能产生对交易抵赖的行为（买方或卖方）。此外，电子商务活动过程中，信息收发也会出现抵赖行为。例如，发信者事后否认曾经发送过某条信息或内容，收信者事后否认曾经接收过某条信息或内容。这些都属于交易抵赖行为，影响了交易活动的正常进行。

4.1.2 构建电子商务安全体系

电子商务面临的安全问题可归纳为两大部分内容：计算机网络安全和电子商务交易安全，两者相辅相成，缺一不可。建立电子商务安全体系也应从这两个方面入手，包括计算机网络安全和电子商务交易安全。计算机网络安全是电子商务安全的基础，电子商务交易安全是电子商务应用活动过程中的安全保障，如图4-17所示。

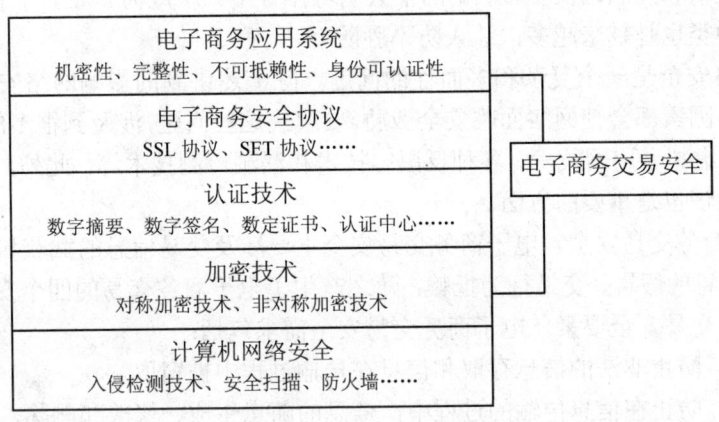

图4-17 电子商务安全体系结构

（1）计算机网络安全。计算机网络安全涉及到的内容比较多，主要有以下几个方面：

1）物理安全。网络的物理安全是整个网络系统安全的前提，包括计算机、网络设备的功能失常，电源故障，由于电磁泄漏引起的信息失密，搭线窃听等，还有自然灾害的威胁（如雷电、地震、火灾等）、操作失误（如删除文件，格式化硬盘，线路拆除等），都是造成计算机网络不安全的因素。

2）黑客的恶意攻击。从事电子商务的公司网站遭遇黑客非法入侵的可能性通常较高，几大著名的电子商务网站eBay、Amazon都曾被不明身份的黑客攻击过。Amazon网站在黑客开始"拒绝服务"（Denial of Service）式的攻击后，其站点容纳顾客的能力急剧下降。数分钟后访客数量只有平时同一时段访客数量的1.5%，大约一小时后Amazon网站才恢复正常，给公司造成了一定程度的经济损失。黑客攻击的手段还有篡改网页，2004年12月29日，耐克中文官方网站主页被黑客篡改，访客打开网页后，看到的是"Nike网站不过如此……"的画面。黑客还可能利用企业网络的安全漏洞访问企业内部网络或数据资源，进行删除、复制甚至毁坏数据的活动。这些都会破坏正常的商务活动，甚至导致电子商务公司停工，造成无法挽回的损失，对于企业的品牌形象、客户信赖度、市场占有率、股价都有潜在性的影响。

3）软件的漏洞和"后门"。程序设计者为了后期便于维护或是疏漏，在操作系统、应用软件设计时往往会留有一些安全漏洞或"后门"，这也是网络安全的主要威胁之一。例如大家熟悉的Windows操作系统、UNIX操作系统几乎都存在或多或少的安全漏洞，众多的各类服务器、浏览器、一些桌面软件等都被发现过存在安全隐患。

4）网络协议的安全漏洞。网络安全协议也会产生漏洞，成为黑客攻击的目标。如一些路由协议漏洞、DNS 协议漏洞、ARP 协议漏洞等都对网络安全造成了威胁。

5）计算机病毒攻击。计算机病毒实际上是一段可执行的程序代码，其传播方式通常是把自身附着在各种类型的文件上，当文件被复制或从一个用户传送到另一个用户时，它们就随同文件一同蔓延开，如同生物病毒的传播一样。计算机病毒是计算机用户面临的安全隐患之一，带来的危害性也很大。例如，2006 年底，我国互联网上大规模爆发"熊猫烧香"病毒及其变种，该病毒通过多种方式进行传播，并将感染的所有程序文件改成熊猫举着三根香的模样，同时该病毒还具有盗取用户游戏账号、QQ 账号等功能。上百万个人用户、网吧及企业局域网用户遭受感染和破坏，《瑞星 2006 安全报告》将其列为十大病毒之首，在《2006 年度中国大陆地区电脑病毒疫情和互联网安全报告》的十大病毒排行中一举成为"毒王"。随着技术的发展，计算机病毒的种类也是越来越多，让人防不胜防。

计算机网络安全是一个复杂和多面性的问题，除上述讲到的影响网络安全的因素外，计算机犯罪等人为因素都会使网络面临安全威胁。要解决这些问题，涉及到很多的网络安全技术，如防火墙技术、虚拟专用网技术、各种反黑客技术和漏洞检测技术等。此外，网络行为的规范化管理及安全意识也是重要的方面。

（2）电子商务交易安全。电子商务交易安全主要涉及交易信息的截获和窃取、交易信息的篡改、交易信息的假冒、交易行为抵赖，随之产生了电子商务交易的四个安全需求，有时也称其为电子商务交易安全要素。电子商务交易安全需求包括：

1）机密性。防止非法的信息存取和信息在传输过程中被窃取。

2）完整性。防止在信息传输的过程中，信息的随意生成、修改和删除，保证信息传输的一致性。

3）不可抵赖性。也称为不可否认性，是防止交易双方否认交易过程中的信息或行为。

4）身份可认证性。对人或实体的身份进行鉴别，为身份的真实性提供保证，保证交易双方能够在相互不见面的情况下确认对方的真实身份。

电子商务交易安全涉及到多种安全技术及其应用，包括加密技术、认证技术、电子商务安全协议。电子商务应用系统的安全建立在计算机网络安全及电子商务交易安全的基础上。表 4-1 是电子商务交易安全需求及所对应的安全技术。

表 4-1　电子商务交易安全需求及所对应的安全技术

安全需求	安全内容	安全技术
机密性	保证信息不被窃取	数据加密
完整性	保证信息传输的一致性	数字摘要
不可抵赖性	防止交易双方否认交易过程中的信息或行为	数字签名
身份可认证性	确认交易双方的身份	身份认证、数字证书

4.1.3　数据加密技术

4.1.3.1　数据加密技术基本概念

据说历史上有四种人用到过加密技术，并为之做出了贡献。他们是军事人员、外交使者、写日记的人和情侣，其中军事人员的作用最大。事实上，自从有了战争就有了密码，但密码学形成为一门学科却是在20世纪70年代。密码学包括密码编码学和密码分析学,密码编码学主要研究密码体制的设计,密码分析学主要研究密码体制的破译,二者既相互对立,又相互促进。密码系统的一般构成如图4-18所示,涉及到的概念包括明文、密文、加密、解密、加密算法、解密算法、密钥等。

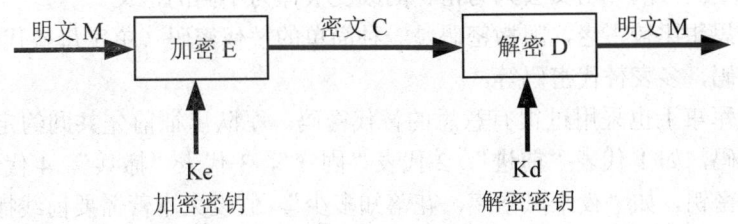

图4-18　密码系统的一般构成

明文:原来的信息、报文或消息。
密文:利用加密算法将明文变换后得到的信息、报文或消息。
加密:把明文变换成密文的过程。
解密:加密的逆过程,即由密文恢复出原明文的过程。
加密算法:对明文进行加密时所采用的一组规则。
解密算法:对密文进行解密时所采用的一组规则。
密钥:加密和解密算法操作通常是在一组仅有合法用户知道的秘密信息控制下进行的,该秘密信息被称为密钥。
加密密钥:加密时使用的密钥。
解密密钥:解密时使用的密钥。
密码系统的工作过程可以用数学表达式表示为:

加密　　　$C = E(Ke, M)$
解密　　　$M = D(Kd, C)$

密码系统中,加密算法和密钥是两个核心要素,它们与密码系统的安全有着密切的关系。理论上讲,只要采用穷举法去试每种可能的密钥,则几乎所有的密码系统都是可被破译的。但采用穷举法所花费的代价可能是在现有计算条件下难以实现的,因此,密码学判断一个密码算法是否是安全的,更关心的是该密码算法在现有计算条件下是不是不可破译的。如果一个密码算法不能被现有的计算资源所破译,那么这种密码体制在计算上就可以说是安全的。此外,密钥安全也是密码系统安全的一个重要因素。密钥安全主要涉及的是管理问题,因为对同一个加密算法采用不同的密钥,就可以对同一个明文加密出不同的密文。只要密钥保密好,其他人依然不能破译密文。所以密钥的保护与管理,包括密钥的产生、分发、使用和销毁等过程,对信息系统的安全性来说是极其重要的。

4.1.3.2　古典加密技术

密码学的研究已有数千年的历史,形成了许多重要的加密思想,如替代法、移位法、异或法等。

(1)替代法

替代法也叫置换法,其基本思想是明文中的每个或每组字符由另一个或另一组字符所替换，形成密文。典型的基于替代思想的加密算法就是古老的凯撒密码。在凯撒密码中，可以令 A 由 D 替代，B 由 E 替代，C 由 F 替代，……，依次类推循环，X 由 A 替代，Y 由 B 替代，Z 由 C 替代。这样，明文"BOY"就可被译为"EQB"。在以上的替代方法中，每个字母用其后面的第 3 个字母替代，这个替代方法中替代规则 3 就是该加密算法的密钥。实际应用中这个密钥是可以被改变的，同一明文会因为密钥的改变被译为不同的密文。

替代法的思想比较古老，凯撒密码是一种简单的替代密码（单字母替代密码），此外还有多字母替代密码，多表替代密码等。

我国古代军事上也采用过很有意思的替代密码。军队出征前先共同约定好大本营与前线联系的军事代码，如 1 代表"前进"，2 代表"固守"，3 代表"撤兵"，4 代表"求援"，然后约定一首诗为密钥，如"夜来风雨声，花落知多少"。假设大本营需要前线撤兵，则根据撤兵代码 3，取密钥中的"风"作为密文，送往前线，前线就会根据密文在诗中的位置得知军情。

（2）移位法

移位法的基本思想是不隐藏明文，但对明文字母重新排序，得到密文。排序的方法可以将明文排成 M 行 N 列，然后按一定的规则（密钥）读取数据，得到密文。

例如，有一段明文"He is a student"，采用移位法的排序方法是将其排成 3 行 4 列，形式如下：

```
H e i s
a s t u
d e n t
```

密钥为 1234，即按列从左至右读取数据，可得密文"Hadeseitnsut"。

实际应用中，密钥还可以有更多复杂的形式。

例如，仍以上一段明文为例，假设有密钥为"very"，其真实含义是组成该单词的字母在字母表中的先后顺序，即"3124"，所以按列序读取数据，得到密文"eseitnHadsut"。

除了密钥有多种形式外，读取数据的方式也可以按密钥规定逐行逐列循环读出。

例如，如果在规定密钥为"very"的同时，规定逐行逐列循环读取上例中的明文，则得到密文为"eiHsstauendt"。

（3）异或法

异或法的基本思想是将明文信息与密钥异或，得到密文信息。解密时，只需将该密文信息与同一密钥异或，就可还原为原来的明文信息。

例如，明文为"1101"，密钥为"1001"，将明文与密钥进行异或运算，得密文为"0100"。解密时只需将密文"0100"与密钥"1001"进行异或运算，即可得明文"1101"。

4.1.3.3 近代加密技术

1949 年，信息论创始人 C.E.Shannon 论证了一般的经典加密方法得到的密文几乎都是可破的，引起了密码学研究的危机。密码学家们纷纷开始研究新的密码体系，产生了数据加密标准 DES 和公开密钥体制，它们成为近代密码学发展史上两个重要的里程碑。其对应的密码体制分别被称为对称密钥密码体制和非对称密钥密码体制。

（1）对称密钥密码体制

对称密钥密码体制是指加密密钥与解密密钥相同，或由其中一个密钥可以推出另一个密钥。对称密钥密码体制的典型算法是 DES（Data Encryption Standard）算法。

DES 算法是 IBM 公司研制的一种数据加密算法，1977 年被美国国家标准局颁布为商用数据加密标准，后又被国际标准化组织 ISO 定为国际标准，广泛用于金融行业的电子资金转账（EFT）等领域。

DES 算法的基本原理是每次取明文中连续的 64 位数据（明文），利用 64 位密钥对其进行 16 轮的替代、移位和异或操作，得到转换后的 64 位数据（密文），其转换过程如图 4-19 所示。连续对明文执行上述操作，最终得到全部明文的密文。

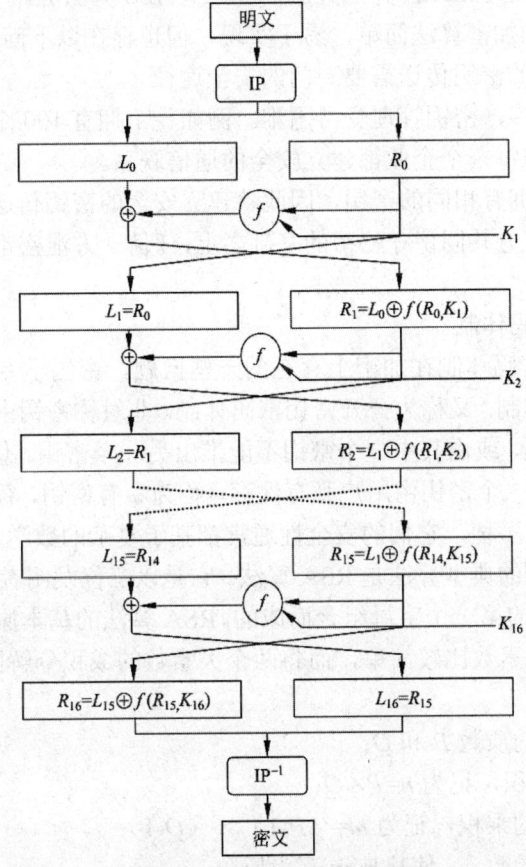

图 4-19 DES 算法加密原理

图 4-19 中，一组 64 位的明文首先经过一个初始置换（IP）后，被分成左右两部分，每部分 32 位，分别以 L_0 和 R_0 表示。然后经过 16 轮变换，第 i 轮变换结果的左半部分为上一轮变换结果的右半部分，即 $L_i = R_{i-1}$；第 i 轮变换结果的右半部分为上一轮变换结果的左半部与上一轮变换结果的右半部分经过函数（算法）f 处理所得结果的异或，即 $R_i = L_{i-1} \oplus f(R_{i-1}, K_i)$，其中 K_i 为第 i 个子密钥。经过 16 轮变换之后，再将左右两部分连接起来，最后经过一个初始逆置换 IP^{-1} 得到密文，算法结束。

DES 算法的加密密钥与解密密钥相同，加密算法与解密算法也相同，只是解密时逆向取用加密时用的密钥顺序。即加密时第 1～16 轮回迭代使用的子密钥顺序是 $k_1, ..., k_{16}$，而解密时使用的子密钥顺序是 $k_{16}, ..., k_1$，产生子密钥时的循环移位是向右的。需要说明的是，64 位密钥中有 8 位是奇偶校验位，所以实际有效密钥长度是 56 位。

DES 算法在密码学的发展过程中具有重要的意义，在信息加密方面起了重要的作用。但是，进入 20 世纪 90 年代以来，DES 算法的安全性越来越受到威胁。1997 年，美国科罗拉多州的程序员 Verser 与 Internet 上数万名志愿者协同工作，用了 96 天时间找到了 DES 密钥；1998 年 7 月，电子前沿基金会（EFF）使用计算机在 56 小时内破译了 DES 密钥；1999 年 1 月，EFF 又只用了 22 小时 15 分钟就宣告破解了 DES 密钥。

DES 算法不再是不可破的了，于是人们对其加以研究和改进，提出了新的基于分组思想的加密算法，如 3DES 算法、IDEA 算法、RC5 算法、AES 算法等。

对称密钥密码体制的加密算法简单，易于实现，但也存在以下问题：

1）发送者和接收者的密钥传送需要专门的安全途径。

2）随着用户数的增多，密钥管理变得困难。例如一个拥有 100 个贸易伙伴的企业，必须拥有 100 个密钥，才能与每一个企业都建立安全的通信联系。

3）发送者和接收者拥有相同的密钥，因此除建立安全的密钥传送通道外，其安全性还要建立在发送者和接收者双方共同保守秘密的基础之上，任何一方泄密都会使信息的保密性受到影响。

（2）非对称密钥密码体制

为了克服对称密钥密码体制在加密上存在的一些问题，密码学专家又提出了新的加密体制——非对称密钥密码体制，又称为公开密钥密码体制。非对称密钥密码体制的基本思想是加密和解密采用不同的密钥，或由其中一个密钥不能推出另一个密钥。使用时一个密钥公开，称为公开密钥，简称公钥；一个密钥由用户私有保存，称为私有密钥，简称私钥。基于非对称密钥加密思想的算法也有很多种，它们的安全性通常都基于复杂的数学难题。

非对称密钥密码体制的典型算法是 RSA 算法。它是以三位发明者 Ron Rivest、Adi Shamir 和 Leonard Adleman 名字的第一个字母组合而成的。RSA 算法的基本原理是基于大素数难于分解的原理，即寻找两个大素数比较简单，而将两个大素数的成积分解则是非常困难的。

具体算法如下：

1）选取两个足够大的质数 P 和 Q；

2）计算 P 和 Q 的乘积，记为 $n=P\times Q$；

3）计算 $P-1$ 和 $Q-1$ 的乘积，记为 $m=(P-1)\times(Q-1)$；

4）寻找一个小于 n 的数 e，使其与 m 互为质数；

5）寻找一个数 d，使其满足 $(e\times d) \bmod [(P-1)\times(Q-1)]=1$；

6）(n,e) 即为公钥，(n,d) 即为私钥。

如果 M 表示明文，C 表示密文，则

加密过程可表示为： $C = M^e \pmod n$

解密过程可表示为： $M = C^d \pmod n$

从所基于的数学难题来讲，RSA 算法是基于大整数因子分解系统。除 RSA 算法外，椭圆离散对数系统（ECC）和离散对数系统（代表性算法 DSA）也属于非对称密钥密码体制算法。

采用非对称密钥体制加密算法传递信息，公钥是对所有用户公开的，就像电话簿中的电话号码一样，而私钥由用户私有保存。传递信息前发送方用接收信息的用户的公钥加密信息，收到消息后，接收信息的用户用自己的私钥对信息进行解密。

非对称密钥加密算法克服了对称密钥加密算法的缺点,解决了密钥分发和管理的问题。但由于算法复杂,算法的运算速度不高,加密信息的效率降低了。

4.1.3.4 数字信封

对称加密技术与非对称加密技术各有利弊,实际应用中,通常会扬长避短,将二者结合起来应用。即对长的原文信息采用对称密钥进行加密,再利用非对称加密算法传递对称密钥。

以甲乙双方传递一段需要加密的信息为例。甲方要向乙方传递一段明文(如电子合同、支付通知单等),甲方先在本地利用对称密钥加密技术对明文进行加密,形成密文,再用乙方的公钥来加密明文的对称密钥,之后将加密后的密钥信息和密文一同传递给乙方。乙方接收到信息后,先用自己的私钥将加密后的密钥信息解密,得到用于加密明文的对称密钥,再用其解密密文,得到原文,其过程如图4-20所示。

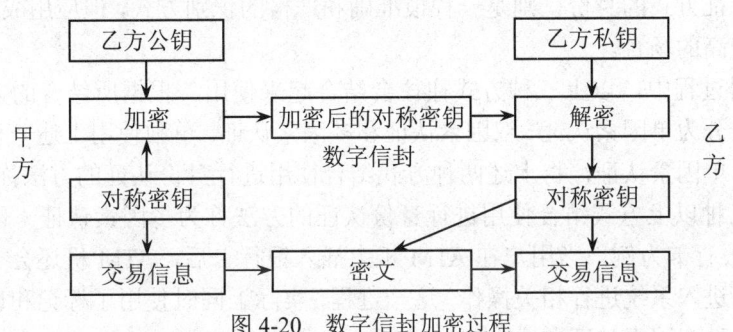

图4-20 数字信封加密过程

以上过程中,加密后的对称密钥就像是被装在一个"信封"里传递一样,因此被称为数字信封。对称密钥的信息量相对于原文的信息量较少,因此采用数字信封技术既解决了密钥分发和管理的安全问题,又保证了信息加密的传递速度。数字信封不仅可用于传递加密密钥,对于一些重要的短小信息(如账号、密码等)都可以采用数字信封技术加以传送。

4.1.4 认证技术

在电子商务交易过程中,双方互不见面,如何保证信息发送方或信息接收方的真实性,如何保证交易双方对信息的认可,是必须要解决的重要安全问题。身份认证、数字摘要、数字签名、数字时间戳等技术是电子商务活动中常用的认证技术。

4.1.4.1 身份认证技术

身份认证技术在电子商务信息安全中处于非常重要的地位,是其他安全机制的基础。只有实现了有效的身份鉴别,才能保证访问控制、安全审计、入侵防范等安全机制的有效实施。

(1)身份认证的概念。身份认证也称为身份识别或身份鉴别。在电子商务活动过程中,通过身份认证鉴别互联网上用户身份的真实性,保证访问的可控制性以及通信过程的不可抵赖性和信息的完整性。这些问题一方面要通过数字摘要、数字签名技术等手段来解决,另一方面还需要通过数字认证中心等权威机构负责仲裁和信誉保证。只有这样,电子商务活动才能顺利开展。

(2)身份认证的方法。现实生活中,人们可以通过出示身份证、驾驶证、工作证等证件证明自己的真实身份。在互联网环境中，实现身份认证，通常可基于以下几种方式进行。

1）口令方式。口令方式是最简单的一种身份认证方式。日常我们登录电子邮箱，输入用户名、密码等账户信息就是一种基于口令方式的身份认证。基于口令方式身份认证的基本原理是将用户输入的口令与系统所保存的口令信息进行比较，进而判断用户身份是否合法。口令方式简单易行，但安全性不高。随着计算机等科学技术的不断发展和进步，攻击者很容易通过口令猜测、穷举、字典攻击等方式窃取口令。以明文方式传递的口令的安全性还建立在对系统管理员信任的基础上。

2）标记方式。标记方式通过验证用户持有的某种物理介质，例如智能卡、IC 卡、磁卡等，来判断用户的真实身份。

3）人体生物特征方式。基于人体生物特征方式是指利用人体生物学特征如指纹、声音、虹膜、DNA 等判断用户的真实身份。这些人体生物特征具有因个体不同而不同的特性，因此基于人体生物特征方式的身份识别是一种很准确和严格的识别方式，但应用成本较高，更适用于保密性要求较高的场合。

在实际应用过程中，以上三种方式往往会结合起来使用。根据所结合的方式的种数，身份认证方式又可分为单因素认证、双因素认证和多因素认证。单独使用上述一种方式进行身份认证的方法称为单因素认证，将上述两种方式结合使用进行身份认证的方法称为双因素认证，依次类推，将三种以上方式结合使用进行身份认证的方法称为多因素认证。以日常生活中在 ATM 机上使用银行卡为例，当用户在 ATM 机上插入银行卡后，ATM 机还会要求用户输入正确的密码后方可进入系统进行相关操作，这一过程，实际上同时使用了标记和口令的方式进行身份认证，是一种双因素认证方式。

4.1.4.2　数字签名技术

传统商务活动中，我们通过手写签名达到确认信息的目的。那么，电子商务活动中双方相互不见面，我们通过什么方式来确认信息内容的真实传递者呢？答案是数字签名技术。数字签名通过对数字摘要利用非对称密钥加密技术进行加密，实现了对发送信息的确认，有效地解决了电子商务安全中信息的完整性和不可抵赖性的问题。数字摘要是实现数字签名的基础。

（1）数字摘要

1）数字摘要的概念

数字摘要是利用哈希函数对原文信息进行运算后生成的一段固定长度的信息串，该信息串被称为数字摘要。产生数字摘要的哈希算法具有单向性和唯一性的特点。所谓单向性，也称为不可逆性，是指利用哈希算法生成的数字摘要，无法再恢复出原文；唯一性是指相同信息生成的数字摘要一定是相同的，不同信息生成的数字摘要一定是不相同的。这一特征类似于人类的指纹，因此数字摘要也被称为数字指纹。

2）数字摘要的使用过程

数字摘要的这种指纹特征使其可以用来实现两个信息的对比，判断信息是否被篡改，从而验证信息的完整性。数字摘要的使用过程如图 4-21 所示。

① 发送方将原文用哈希（Hash）算法生成数字摘要 1；
② 发送方将原文同数字摘要 1 一起发送给接收方；
③ 接收方接收到原文后用同样的哈希（Hash）算法对原文进行运算，生成数字摘要 2；
④ 接收方将数字摘要 1 与数字摘要 2 进行对比，若相同，说明原文在传输的过程中没有

被篡改，否则说明原文信息发生了变化。

3) 数字摘要算法

哈希（Hash）算法是实现数字摘要的核心技术。数字摘要所产生的信息串的长度和所采用的哈希（Hash）算法有直接关系。目前广泛应用的哈希（Hash）算法有 MD5 算法和 SHA-1 算法。

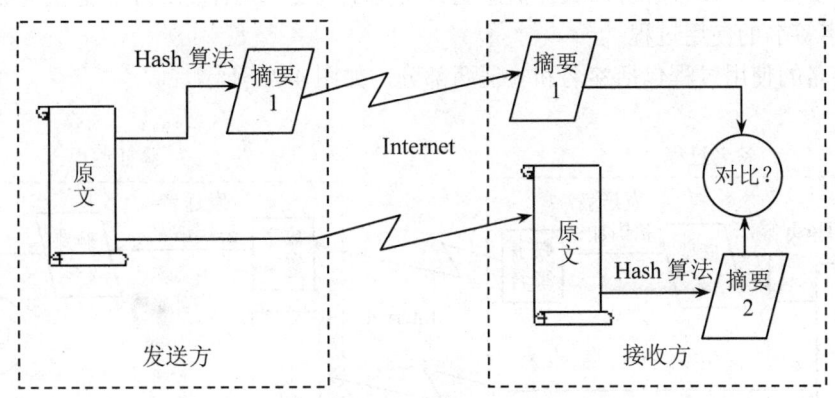

图 4-21　数字摘要使用过程

MD5 算法（Message-Digest Alogrithm 5，信息摘要算法 5）诞生于 1991 年，由国际著名密码学家、RSA 算法的创始人 Ron Rivest 设计发明，经 MD2、MD3 和 MD4 发展而来。MD5 算法生成的信息摘要的长度为 128 位。

SHA 算法（Secure Hash Alogrithm，安全哈希算法）诞生于 1993 年，由美国国家标准技术研究院（NIST）与美国国家安全局（NSA）设计。SHA（后来被称作 SHA-0）于 1995 年被 SHA-1 替代，之后又出现了 SHA-224、SHA-256、SHA-384 和 SHA-512 等，这些被统称为 SHA-2 系列算法。SHA-1 算法生成的信息摘要的长度为 160 位，而 SHA-2 系列算法生成的信息摘要的长度则有 256 位（SHA-256）、384 位（SHA-384）、512 位（SHA-512）等。与 MD5 算法相比，SHA 算法具有更高的安全性。

MD5 算法和 SHA 算法在实际中有着广泛的应用。与公钥技术结合，生成数字签名。目前几乎主要的信息安全协议中都使用了 SHA-1 或 MD5 算法，包括 SSL、TLS、PGP、SSH、S/MIME 和 IPSec 等。UNIX 系统及不少论坛/社区系统的口令都通过 MD5 算法处理后保存，确保口令的安全性。

需要说明的是，2004 年 8 月，在美国加州圣芭芭拉召开的国际密码学大会上，我国山东大学王小云教授宣布了她及她的研究小组对 MD5、HAVAL-128、MD4 和 RIPEMD 四个著名密码算法的破译结果。2005 年 2 月，王小云教授又破解了另一国际密码 SHA-1。这为国际密码学研究提出了新的课题。

（2）数字签名。

1) 数字签名的概念。

在 ISO7498-2 标准中，数字签名被定义为："附加在数据单元上的一些数据，或是对数据单元所做的密码变换，这种数据和变换允许数据单元的接收者用以确认数据单元的来源和数据单元的完整性，并保护数据，防止被人（例如接收者）进行伪造"。简单地讲，数字签名就是在网络中传送信息报文时，附加一个特殊的、唯一代表发送者个人身份的标记，以起到传统的手写签名或印章确认的作用。

数字签名建立在数字摘要的基础上，结合公钥加密技术实现。发送者应用自己的私钥对数字摘要进行加密，即生成了数字签名。由于发送者的私钥仅为发送者本人所有，所以附加了数字签名的信息能够确认消息发送者的身份，也防止了发送者对本人所发信息的抵赖。同时应用了数字摘要技术，接收者可以验证信息是否发生了改变，从而保证了信息的完整性。

2）数字签名的使用过程

数字签名的使用过程包括签名和验证两部分，如图 4-22 所示。

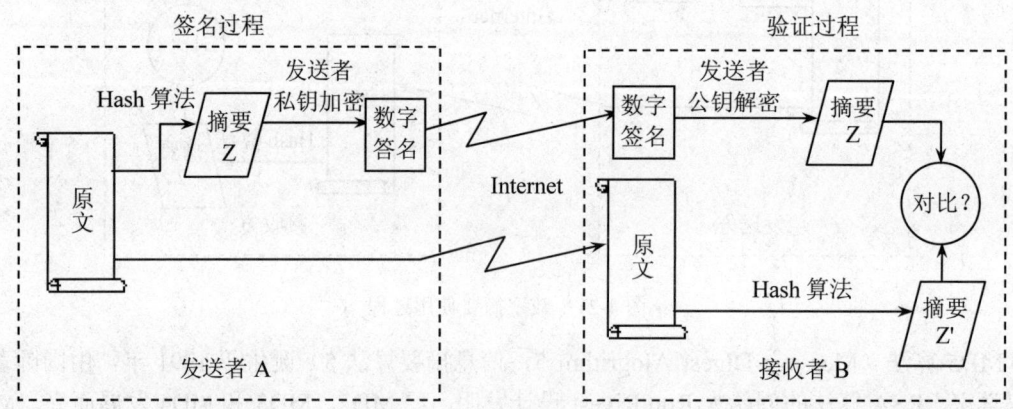

图 4-22　数字签名的使用过程

① 发送方应用 Hash 算法将原文生成数字摘要 Z；
② 发送方用自己的私钥加密数字摘要 Z，生成数字签名；
③ 发送方将数字签名和原文一同发送给接收方；
④ 接收方用发送方的公钥解密数字签名，得到数字摘要 Z；
⑤ 接收方对接收到的报文（原文）用同样的 Hash 算法生成数字摘要 Z'；
⑥ 比较 Z 和 Z'，若二者相同，说明信息完整且发送者身份是真实的。

由以上过程可以看到，数字签名具有以下作用：

① 确认信息的完整性

这是由数字摘要技术来保证的。将原文信息摘要同接收到的信息生成的摘要进行对比，相同则说明信息没有改变，不同则说明信息内容发生了变化。因此数字签名能够验证信息是否被篡改，从而保证了信息的完整性。

② 确认信息发送者的身份

发送者用自己的私钥对数字摘要进行加密，接收者如果能用对应的公钥进行解密，则说明信息一定是由该发送者发送的，从而确认了发送者的身份。此外，由于发送者的私钥是发送者本人拥有（除非丢失、泄露或被窃取），所以发送者不能否认自己曾经发送过消息，从而保证了发送信息的不可抵赖性。

3）数字签名的种类

实现数字签名的基本方法有以下几种。

① RSA 签名

RSA 签名是基于 RSA 算法实现数字签名的方案，ISO/IEC9796 和 ANSI X9.30-199X 已将 RSA 作为建议数字签名的标准算法。

② ElGamal 签名

ElGamal 签名是专门为签名的目的而设计。该机制由 T. ElGamal 于 1985 年提出，经修正后，被美国国家标准与技术学会（NIST）作为数字签名标准（Digital Signature Standard，DSS）。

RSA 签名基于的是大整数素数分解的困难性，ElGamal 签名基于的是求离散对数的困难性。在 RSA 签名机制中，明文与密文一一对应，对特定信息报文的数字签名不变化，是一种确定性数字签名。ElGamal 签名机制采用非确定性的双钥体制，对同一消息的签名，根据签名算法中随机参数选择的不同而不同，是一种随机式数字签名。

4.1.4.3 数字时间戳

除了签名以外，时间也是商务活动中的一项重要内容。电子商务活动中，如何证明交易活动的时间，可借助数字时间戳技术。数字时间戳是由数字时间戳服务机构（Digital Time-Stamp Service，DTS）提供的一项对交易活动中的文件日期和时间进行安全保护的服务，其内容包括：文件的数字摘要；DTS 机构收到文件的日期和时间；DTS 机构的数字签名。

数字时间戳的生成及使用原理如图 4-23 所示。

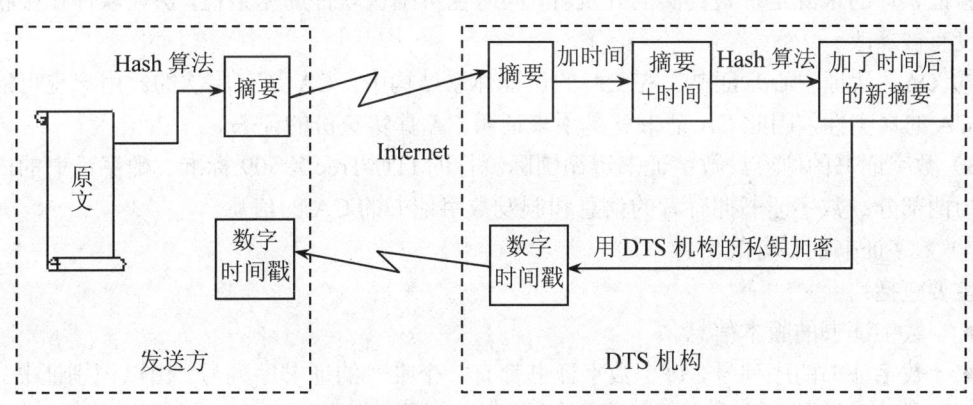

图 4-23 数字时间戳生成及使用原理

① 利用 Hash 算法对原文进行运算生成数字摘要；
② 将数字摘要发送到 DTS 机构；
③ DTS 机构将数字摘要加上时间信息后再利用 Hash 算法生成新的数字摘要；
④ DTS 机构对新的数字摘要用 DTS 机构的私钥进行数字签名，生成数字时间戳；
⑤ DTS 机构将数字时间戳交给文件发送方。

4.1.4.4 数字证书及认证中心

现实商务活动中，我们通过出示身份证、营业执照等证件证明我们的合法身份。身份证由公安部门发放，营业执照由工商管理部门发放，他们都是大家信任的第三方权威机构，因此由他们所发放的身份或资格证明受到大家认可。那么，在电子商务活动中，不是面对面的双方如何证明自己的真实身份呢？答案是数字证书。数字证书由第三方权威机构认证中心（CA）发放。

（1）数字证书

1）数字证书的概念。数字证书（Digital Certification）是标识网络用户身份的电子文档，该电子文档由权威的第三方认证机构 CA 负责发放。数字证书包含用户的基本数据信息及公钥信息、颁发证书的 CA 的相关信息，并由 CA 进行数字签名，保证其真实性。数字证书类似于现实生活中的身份证、营业执照、军官证等证件，起到了证明网络用户身份及其公钥合法性的作用。

2）数字证书的分类。数字证书在网络活动中的应用领域与范围越来越广，按照其功能与用途主要有个人证书、单位证书、服务器证书、代码签名证书、CA 证书。

① 个人证书。个人证书，也称为客户证书，用于证实参与个人网上交易、网上支付、电子邮件等业务时的用户身份。此类证书包含个人用户的身份信息、个人用户的公钥以及证书机构签发的签名等。

② 单位证书。单位证书，也称为企业证书，用以证明参与网络活动的企业的身份，包括单位身份证书、单位 E-mail 证书、部门证书、职位证书等多种类型。

③ 服务器证书。服务器证书，有时也称为站点证书，主要用于证实网络交易中服务器（如银行服务器、商家服务器）的身份及公钥。

④ 代码签名证书。代码签名证书用以证明软件开发者的身份。使用代码签名证书，用户可以验证软件的来源是否是真实的开发者，同时也可确认软件的完整性，保证软件在接收的过程中没有被篡改。

⑤ CA（认证中心）证书。在 CA 的认证体系结构中，CA 是有层次的。用户也可能需要验证 CA 的真实性，因此 CA 证书就是用来证明 CA 真实身份的证书。

3）数字证书的内容。数字证书遵循国际流行的 ITU-Trec.X.509 标准。数字证书的内容可以分为两部分：数字证书拥有者的信息和颁发数字证书的 CA 的信息。

① 数字证书拥有者的信息

主要包括：

- 数字证书的版本信息。
- 数字证书的序列号。每个数字证书都有一个唯一的证书序列号，用以识别证书。当证书被撤销时，数字证书序列号会被放入证书撤销列表中。
- 数字证书的有效期。包括有效起始日期和有效终止日期，超过该日期范围，数字证书无效。
- 数字证书的主题。数字证书拥有者的名称。
- 公钥信息。数字证书拥有者的公钥信息，包括公钥加密体制算法名称及公钥的字符串信息，该项只适用于 RSA 加密算法体制。
- 缩略图。该数字证书的数字摘要，用以验证证书的完整性。
- 缩略图算法。生成该数字证书的数字摘要的算法。
- 其他扩展信息

② 颁发数字证书的 CA 的信息

主要包括：

- 数字证书颁发者的信息。包括 CA 的名称等。
- 数字证书颁发者的数字签名。CA 对颁发的数字证书的签名。

- 数字签名算法。数字证书颁发者 CA 使用的数字签名算法。

4）数字证书的工作原理

① 数字证书的使用。数字证书的使用就像平常出示身份证证明我们的身份一样，当发送者发送信息给接收者时，发送者将信息与自己的数字证书一同发送给接收者，接收者通过验证数字证书中的公钥来确认发送者的身份。具体过程如下：

- 接收者首先验证证书的真实性。接收者用 CA 的公钥解开 CA 对数字证书的签名，如果没有错误，说明证书是经过有效认证的。
- 接收者验证证书的完整性。接收者采用数字证书中提供的数字摘要算法对数字证书进行运算生成数字摘要，再与数字证书中的数字摘要进行对比，如果一致，说明证书没有被篡改，验证了其完整性。

经过以上认证，确认了数字证书的真实性和可靠性，从而验证了信息发送者的身份。

② 数字证书的有效性。在数字证书的使用过程中，涉及到数字证书的有效性问题。如果数字证书无效，也就无须验证。那么数字证书在什么情况下是有效的呢？

- 数字证书没有过期。数字证书的内容中包含数字证书的有效起始日期和有效终止日期，超过该日期范围的数字证书就是无效的，如图 4-24 所示。

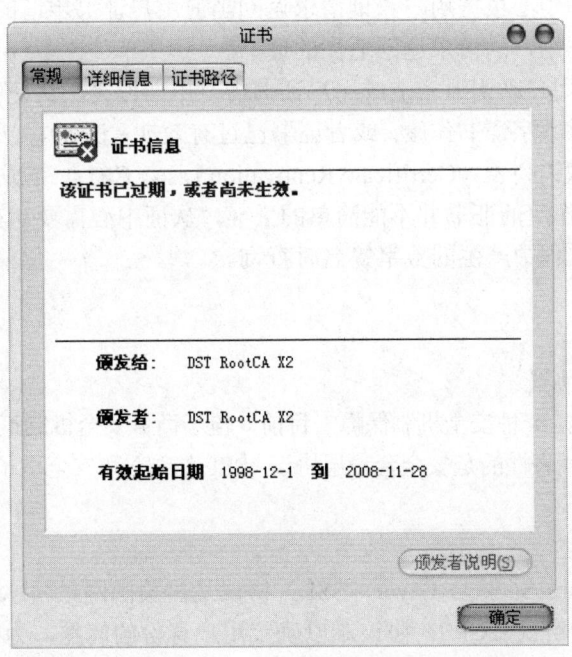

图 4-24 数字证书有效期

- 数字证书对应密钥没有被修改或丢失。包括证书中的公钥没有被修改或证书公钥所对应的私钥没有丢失，如果发生这两种情况之一，其所对应的证书均应被视为无效。
- 数字证书不在证书撤销列表中。数字证书认证机构会保存一张证书撤销列表，就像黑名单一样，将所有已撤销的证书的信息列在该表中。如果证书信息（如序列号）已在证书撤销列表中，则该证书就是无效的，不能用于证明该证书用户的身份。

数字证书只有同时满足以上 3 个条件才是有效的。

（2）认证中心

1）认证中心的概念。认证中心（Certification Authority, CA）是数字证书的颁发机构，是基于 Internet 平台建立的一个公正的、权威的、第三方独立的组织机构，主要负责数字证书的发行、管理以及认证服务。

2）认证中心的功能。认证中心的核心职能是发放和管理数字证书，具体包括证书的颁发、证书的更新、证书的查询、证书的作废、证书的归档等。

① 证书的颁发。用户需要获得数字证书时，首先向认证中心提出申请，认证中心接收用户的申请，在核实情况后，批准或拒绝用户申请。批准用户申请后签发数字证书要遵循以下原则：

- 保证发出证书的序列号各不相同；
- 两个不同实体所获得的证书主题内容相异；
- 不同主题内容的证书包含的公开密钥相异。

② 证书的更新。认证中心可以定期更新所有用户的证书，或者根据用户的请求更新用户的证书。例如，用户证书有效期满以后，由认证中心负责进行证书的更新。

③ 证书的查询。认证中心提供用户查询证书的管理，分为证书申请查询和用户证书查询。证书申请查询是指认证中心根据用户查询请求返回当前用户证书申请的处理过程；用户证书查询是指目录服务器根据用户的请求返回适当的证书。

④ 证书的作废。用户私钥泄密造成用户证书需要申请作废，认证中心将根据用户的作废申请请求确定是否将该数字证书作废；或者证书已过有效期，认证中心自动将该证书作废。认证中心通过维护证书撤销列表（Certificate Renovation List，CRL）完成上述功能。

⑤ 证书的归档。作废的证书并不能简单的丢弃，认证中心需要对其进行存档管理以备需要验证以前某个交易过程中产生的数字签名时查询。

【知识扩展】

1. 电子商务安全协议

电子商务安全协议是一种安全机制保障。目前，电子商务安全机制正在走向成熟，并形成了一些国际规范，比较有代表性的是安全套阶层协议（SSL 协议）和安全电子交易协议（SET 协议）。

2. SSL 协议

（1）SSL 协议概述

安全套阶层（Secure Sockets Layer，SSL）协议是由美国网景（Netscape）公司研究制定的安全协议，主要用于解决 TCP/IP 协议难以确定用户身份的问题，为 TCP/IP 连接提供数据加密、服务器端身份验证、信息完整性和可选择的客户端身份验证的功能。

SSL 协议通过在应用程序进行数据交换前交换初始握手信息实现有关安全特性的审查，握手信息中采用了 DES、MD5 等加密技术实现机密性和数据完整性，并采用 X.509 格式数字证书实现鉴别。

SSL 协议适用于点对点之间的信息传输，通常在浏览器和 WWW 服务器之间建立一条安全通道实现文件保密传输。

SSL 协议已成为事实上的工业标准，并被广泛应用于 Internet 和 Intranet 的服务器产品和客户端产品中。

（2）SSL 协议的层次结构

SSL 协议在 TCP/IP 网络分层结构中位于应用层和 TCP 层之间，由 SSL 记录协议（Record Protocol）和 SSL 握手协议（Handshake Protocol）组成，如图 4-25 所示。

应用层协议（HTTP、TELNET、NNTP、FTP、SMTP 等）

SSL 握手协议

SSL 记录协议

TCP 协议

IP 协议

图 4-25 SSL 在 TCP/IP 网络分层结构中的位置

SSL 握手协议描述建立安全连接的过程，在客户机和服务器传送应用数据之前，允许服务器和客户机相互验证身份（客户机端可选），协商加密算法、确定会话密钥等。SSL 记录协议定义了数据传送的格式，包括记录头和记录数据格式的规定等。

（3）SSL 协议基本安全服务功能

① 信息机密性。SSL 协议应用了对称和非对称密钥等多种加密算法，客户机和服务器在建立的安全通道中传输的所有信息都经过加密处理，防止非法窃听，实现信息的机密性。

② 信息完整性。SSL 协议利用公开密钥加密算法和数字摘要技术，对信息的完整性进行检验，保证信息在传输过程中不被篡改。

③ 认证性。SSL 协议利用数字证书技术，实现对服务器和客户机的认证。为了验证数字证书持有者是合法用户，SSL 协议要求证书持有者在握手时，双方可通过交换数字证书，验证对方身份的合法性，确保数据发往正确的客户机和服务器。

（4）SSL 协议的通信过程

① 接通阶段。客户机呼叫服务器，服务器回应客户机。

② 认证阶段。服务器向客户机发送服务器证书和公钥，以便客户机认证服务器身份；如果服务器需要双方认证，还要向客户机提出认证请求，客户机向服务器发送客户端证书。

③ 确立会话密钥。客户机和服务器之间协商确立会话密钥。

④ 会话阶段。客户机与服务器使用会话密钥加密交换会话信息。

⑤ 结束阶段。客户机与服务器交换结束信息，通信结束。

（5）SSL 协议分析

SSL 协议开发成本小，能够提供信息机密性、信息完整性和认证服务，目前主流浏览器及许多服务器都支持 SSL 协议，但在电子商务交易应用的过程中，也存在一些安全问题。

应用 SSL 协议的电子交易过程为：

① 客户将购买信息发往商家；

② 商家将信息转发给银行；

③ 银行验证客户信息的合法性后，通知客户和商家付款成功；

④ 商家通知客户购买成功，并将商品交给客户。

分析以上交易过程，可以看到客户的购买信息（含支付信息，如银行资料）首先发往商家，若是商家不可靠，客户银行资料的信息安全性就得不到保证。此外，SSL 协议只是提供了信息传递的安全通道，没有提供数字签名的功能，因此存在抵赖和用户身份被冒充的可能。这些问题在 SET 协议中得到了解决。

3. SET 协议

（1）SET 协议概述

SET 协议是由国际知名信用卡组织 Mastercard 和 Visa 会同一些计算机供应商（微软公司、IBM 公司、Netscape 公司、RSA 公司等）共同开发的安全交易规范，主要用于保障 Internet 上信用卡交易的安全性。SET 协议的整套安全电子交易的过程规范，保障了电子交易的机密性、可认证性、完整性和交易的不可抵赖性。SET 协议提供了客户、商家、银行之间的多方认证，通过双重数字签名技术使得商家只能获得订单信息，银行只能获得客户的支付信息，实现了交易信息和客户信用卡信息相互隔离，构成了 SET 协议的主要特色。

（2）SET 协议的参与对象

基于 SET 协议的网络支付过程涉及多个参与方，包括客户、商家、银行（发卡银行、收单银行）、支付网关、CA 认证中心。

① 客户。客户也称为消费者，通常是持信用卡在网上购物的人，有时也称为持卡人。

② 商家。商家是指在网上构建的符合 SET 协议要求的商店，其在网上提供商品和服务。

③ 发卡银行。发卡银行是指客户的开户银行。发卡银行发行信用卡给持卡人，网上交易时负责查验持卡人的卡信息。

④ 收单银行。收单银行是指商家的开户银行，商家在收单银行开立账户，交易时接收商店传送来的付款数据，并向发卡银行查验信用卡，请求转账清算。

⑤ 支付网关。支付网关是 Internet 与银行内部专用网之间的一个专用系统，使得银行内部专用网不直接与非安全的公开网络连接，从而保护银行内部专用网的安全。

⑥ 认证中心。认证中心是为客户、商家、银行和支付网关提供身份认证服务的机构，其主要职责是向参与交易的各方发放数字证书。

（3）应用 SET 协议的电子交易流程

应用 SET 协议的交易流程如下：

① 客户（持卡人）在商家（网上商店）浏览商品；

② 客户选择要购买的商品并填写订单；

③ 客户选择支付方式。当选择 SET 方式进行支付时，SET 协议开始起作用；

④ 客户发送订单和支付指令给商家。在 SET 协议中，订单和支付指令由客户进行数字签名，同时利用双重数字签名技术保证商家看不到客户的支付信息（账号等）；

⑤ 商家收到订单后，向发卡银行发出支付请求。支付信息通过支付网关到收单银行，再到发卡银行。当支付请求获得发卡银行的授权后，返回授权指令给商家；

⑥ 商家将订单确认信息通知给客户，为客户发货或完成订购服务。

至此，购物过程结束。商家可以在适当的时候请求收单银行将此笔交易的款项从客户的账户转到商家的账户。以上流程中，SET 协议从客户选择支付方式后开始介入，每一步操作，客户、商家和支付网关都通过 CA 验证通信主体的身份，以确保通信者的真实性。

（4）SET 协议分析

SET 协议采用对称密钥和公开密钥技术，保证了信息的机密性；采用数字证书对交易各方身份的真实性和合法性进行验证；使用数字签名技术确保数据的完整性和不可否认性；使用双重数字签名技术实现支付信息和订单信息的隔离，使得商家看不到客户支付信息（账号等），银行看不到客户的订单信息,保护了消费者的账户和订单信息的安全性。

SET 协议机制的参与各方在交易流程中均有严格的标准可循,主要体现在要求软件遵循相同的协议和消息格式,加密算法的应用协商,数字证书信息和对象格式,订货信息和对象格式,认可信息和对象格式,资金划账信息和对象格式,对话实体之间消息的传输协议等。这些标准和技术实现了购物与支付信息的保密性、交易支付信息的完整性、身份认证和交易的不可否认性,在电子交易环节上提供了更大的信任度、更完整的交易信息、更高的安全性和更少欺诈的可能性。

4．SSL 协议与 SET 协议比较

SSL 协议与 SET 协议都采用了非对称密钥加密算法、对称密钥加密算法、数字摘要与数字证书等加密和认证技术,在支持技术上可以说是一致的。从信息传输的机密性来说,两者的功能是相同的,都能保证信息在传输过程中的保密性及完整性。但在实现目标、实现机制、安全性等方面有所不同。

SSL 协议提供了在 Internet 上的安全通信服务,是在客户机和服务器之间建立一个安全通道,是保证数据传输机密性的协议;SET 协议是为保证银行卡在 Internet 上进行安全交易而提出的一套完整的安全解决方案。

SSL 协议只是简单地在两者之间建立了安全连接,建立双方的安全通信通道后,所有的传输信息都被加密;SET 协议是一个多方报文协议,它定义了银行、商家、客户之间必须的报文规范,会有选择地加密一部分敏感信息。

SSL 协议面向连接;SET 协议则允许各方之间的报文非实时交换。

SSL 协议之上的卡支付系统只能与 Web 浏览器捆绑在一起;SET 报文则能够在银行内部网或其他网络上传输。

SSL 协议与 SET 协议在网络中的层次也不一样。SSL 协议是基于传输层的协议,SET 协议是基于应用层的协议。

从安全性来讲,SSL 协议中,信息首先发往商家,商家能看到客户的支付信息(账户等);SET 协议则通过双重数字签名技术,保证商家看不到客户的支付信息,银行也看不到客户的购物信息,更好地保护了客户安全和隐私。

【思考与实践】

一、简答题

1．电子商务安全体系包括哪些内容?
2．简述对称密钥密码体制与非对称密钥密码体制,并比较其优缺点。
3．什么是数字信封?
4．什么是身份认证?实现身份认证有哪些方法?
5．什么是数字摘要?简述其使用原理。
6．什么是数字签名?简述其使用原理。
7．简述数字时间戳的生成原理。

8．什么是数字证书？数字证书的种类有哪些？
9．什么是数字认证中心？数字认证中心的作用是什么？
10．简述 SSL 协议与 SET 协议，并进行分析比较。

二、实践题

选择登录 5 家数字认证中心网站，了解其功能和服务并进行分析比较，完成实验报告。

学习情境 5　网上交易支付信息处理

【学习情境描述】

网上商店应提供多种支付方式，方便顾客选择适合自己的支付方式进行支付。小雨为自己的顾客提供了多种支付方式，除了基本的货到付款、邮局汇款以外，还提供了更为快捷的网上支付方式。只要客户开通了网上银行支付功能，就可以直接在线支付货款。顾客还可以选择使用第三方支付工具，收到货物并验收合格后，再付款，解决顾客的后顾之忧。

【知识点及技能点】

1. 了解网上支付的相关概念
2. 掌握常用的网上支付工具的使用方法

【重点难点】

第三方支付工具的使用

【项目任务 5.1】　网上支付基本操作

利用网上银行完成在线支付和结算操作。

✓　**任务要求**

开通网上银行，了解网上银行在线支付功能。

✓　**完成结果**

掌握网上在线支付功能。

【任务实现】

开通招商银行的网上银行服务，实现网上在线支付购物。

1. 招商银行一网通网上支付功能开通

开通一网通网上支付功能必须持有招商银行"一卡通"或信用卡，然后申请开通网上支付功能。申请开通方式有三种：

（1）网上申请；
（2）电话申请；
（3）柜台申请。

通过网上申请到的支付卡将会有一段"保护期"。保护期期间客户只能进行小额支付，而通过电话或者柜台申请则没有保护期限制。为了保障客户的账户安全，招商银行建议客户进行大额支付时，申请开通个人银行专业版，并通过专业版进行支付。

2. 以招商银行网上支付购物在线演示为例讲述网上在线支付购物过程

（1）在商城完成购物准备结账时，出现网银支付界面，如图 5-1 所示。

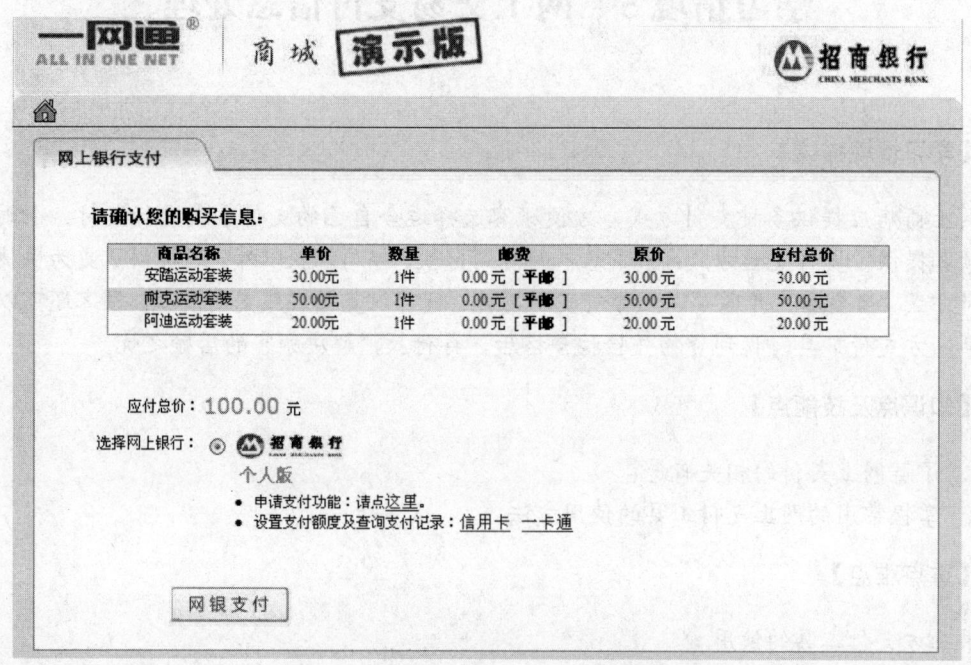

图 5-1　招商银行网上支付购物支付界面

（2）单击"网银支付"按钮，进入一网通支付页面。页面会显示订单信息，默认为使用"卡号密码支付"，即个人银行大众版支付。可以选择卡类型"信用卡"或"一卡通"，输入相关信息，如图 5-2 所示。

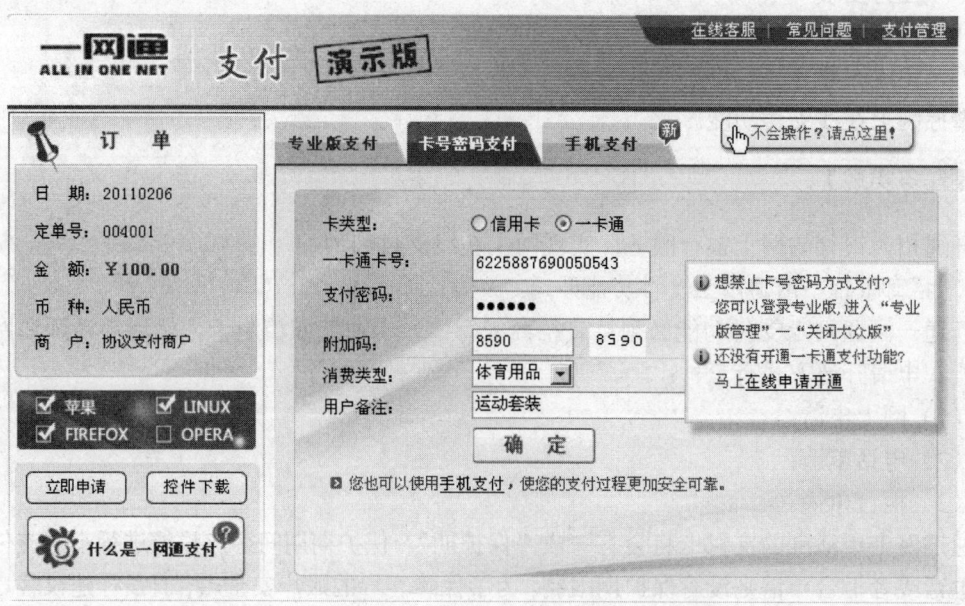

图 5-2　一网通支付演示页面

(3) 单击"确定"按钮，出现系统提示银行正在处理支付交易的信息，如图 5-3 所示。

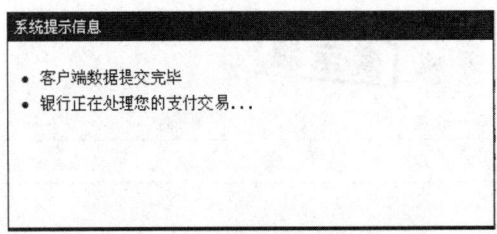

图 5-3　系统提示信息演示

(4) 银行处理支付交易信息完成后，系统进入身份验证界面，如图 5-4 所示。

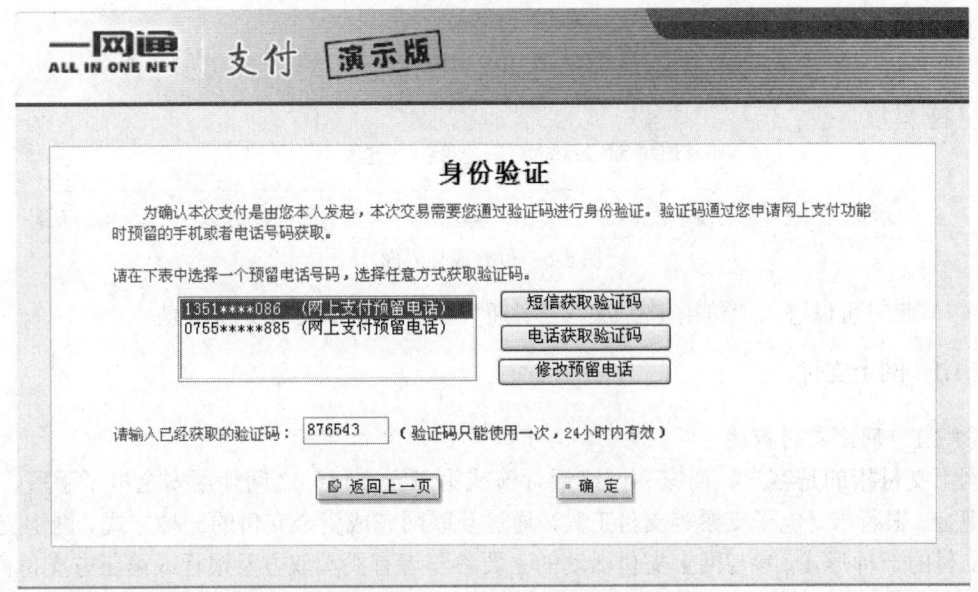

图 5-4　身份验证演示界面

(5) 确认输入相关信息后，出现银行成功处理订单，转向商户结果页面的提示信息，如图 5-5 所示。

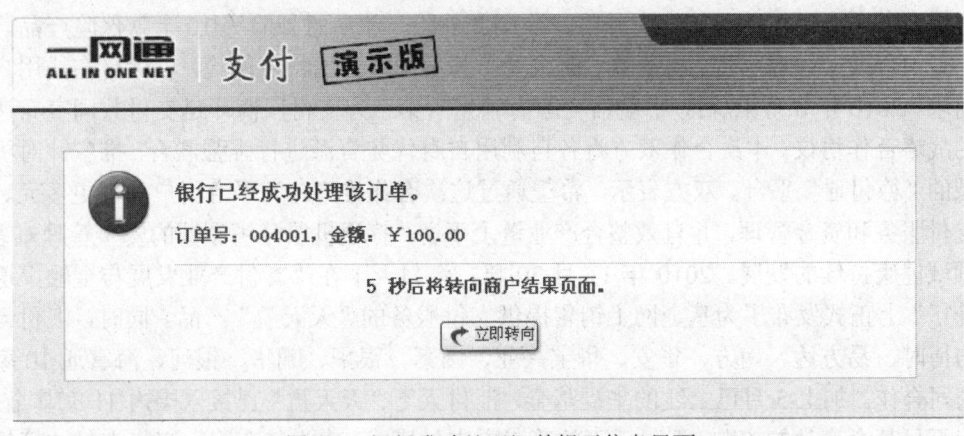

图 5-5　银行成功处理订单提示信息界面

（6）支付完成，显示付款成功信息，如图 5-6 所示。

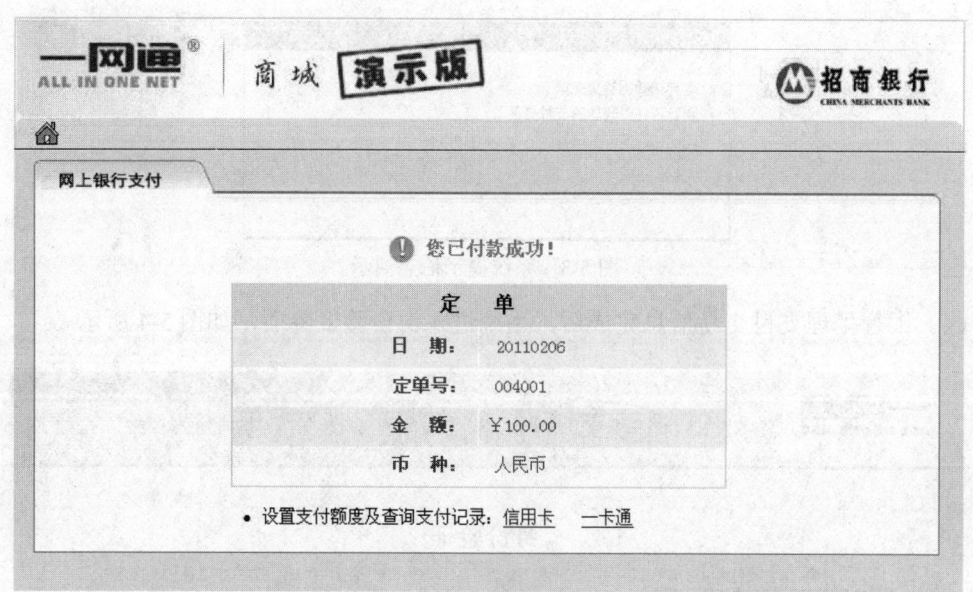

图 5-6　付款成功界面

（7）此时可以进入"信用卡"或"一卡通"账户，查询支付交易信息。

5.1.1　网上支付

5.1.1.1　网上支付概述

网上支付指的是客户、商家、网络银行（或第三方支付）之间使用安全电子手段，利用电子现金、银行卡、电子支票等支付工具，通过互联网完成资金支付的一种方式。网上支付是电子支付的一种形式，参与网上支付活动的主要参与者有买卖双方及银行或第三方支付商。采用网上支付的方式能够节省交易开销。近年来，网上支付的应用领域越来越广，深入到了机票、保险、基金等各个行业。2010 年 3 月份，中国人民人寿保险股份有限公司在业界率先引入独立第三方支付平台——易宝支付，为用户开通了便捷的"网上投保"渠道。登录人保寿险电子商务平台，即可通过在线支付完成保险的购买，并获得专业售后人员的跟踪服务。用户在人寿保险电子商务平台上可购买航空意外险、公交意外险、旅游意外险等 10 余款保险产品。人寿保险还专门开发了针对学生、上班族、商旅人士等不同群体的特色保险，以满足在线用户的个性化需求。2010 年 8 月 18 日，中航信与国内领先的第三方支付厂商环迅支付共同宣布达成新一轮的战略合作协议。本次合作双方将各自利用自身优势资源进行强强联合，推广针对机票分销领域的"德付通"平台。双方表示，希望通过这次合作推广，为平台用户提供更多元、更优质的支付服务和资金管理，并有效整合产业链上下游，打通机票分销领域的资金管理难题，促进该领域健康持续的发展。2010 年 11 月 30 日，汇付天下在"支付产业发展与金融渠道创新高峰论坛"上正式发布了为基金网上销售提供支付服务的"天天盈"产品。同时，汇付天下宣布，与博时、易方达、南方、华安、华宝兴业、国泰、银华、鹏华、银河、海富通 10 家基金管理公司合作。加上 5 月已上线的华夏基金，汇付天下"天天盈"已接入国内 11 家基金公司，支持上百只基金产品的申购。汇付天下的第三方支付模式，成为基金网上销售支付结算领域的新生力量。据艾瑞点评，进入 2010 年以来，网上支付的应用领域，在原有成熟的网络购物和旅行预订领域的基础上，有了更多的应用扩展，具有代表性的是网上支付企业的服务越来越多地渗透到了生活类缴费服务、基金和保险销售等领域。艾瑞认为，随着政策层面和用户接受层面的不断明朗和成熟，越来越多领域将实现商务的电子化和智能化，这必将推动网上支付行业实现纵深发展。

网上支付行业在我国发展迅速，根据中国互联网络信息中心（CNNIC）2013 年 7 月发布的第 32 次《中国互联网络发展状况统计报告》，截至 2013 年 6 月底，我国使用网上支付的网民规模达到 2.44 亿，使用率提升至 41.4%。报告分析，中国网上支付市场取得快速增长的原因主要有以下几个方面：

首先，政策的引导。截至 2013 年年初，央行分 6 批颁发了 233 张支付牌照，并出台了《支付机构互联网支付业务管理办法》等一系列相关政策，有力的引导了互联网支付行业的发展。

其次，市场的支持。传统企业的电子商务化进程加速；涉及到支付环节的网购、游戏、在线旅游预订等市场的活跃，以及用户对其他付款渠道不断增长的需求，推动了电子支付和移动支付网民规模的增长。

最后，基于牌照、商户、用户资源以及商业模式等层面的创新，开创了网上支付的新业务模式——个人消费信贷。通过第三方支付可获得贷款的金额从 50 元到 1000 万元不等，特别是小额信贷业务，为个人消费信贷提供了融资渠道和支付便利，从而促进了支付业务的发展。

5.1.1.2　网络银行

（1）网络银行概述

在电子商务支付环节中，很多时候金融机构的参与就是银行的参与，而在电子商务环境下，银行仅靠传统的业务模式开展业务是不够的，必须应用现代信息技术，提升自己的服务内容和服务水平，满足客户需求，增强企业自身的竞争力。网络银行就是将银行信息化建设与银行电子化融合，借助互联网推出的一种新型金融服务，这为电子商务发展创造了更加有利的条件。

网络银行也称为网上银行，是指利用 Internet、Intranet 及相关技术处理传统的银行业务及支持电子商务网上支付的新型银行。网上银行充分利用互联网和专用网络将用户的电脑终端连接到银行网站，实现将银行的金融服务直接送到用户的办公室、家中，为用户提供全方位 24 小时即时服务，是实现网上支付的平台和保障。

（2）网络银行的分类

按照不同的标准，网络银行可分为不同的类型。目前主要有两种分类方式。

1）按照网络银行的主要服务对象分类。此时可分为企业网络银行和个人网络银行。

① 企业网络银行。企业网络银行主要服务于企业与政府部门等企事业组织客户。通过企业网络银行服务，企事业组织可以实时了解企事业单位的财务运作情况，组织调配内部资金，处理大批量的网络支付和工资发放业务，信用证相关业务等。

② 个人网络银行。个人网络银行主要服务于个人与家庭的日常消费支付与转账。通过个人网络银行服务，客户可以实时查询账目、完成转账、网络支付和汇款等。个人网络银行将银行业务延伸到了客户的个人计算机终端，使客户真正享受到了网络银行带来的足不出户办理业务的快捷和方便。

2）按照网络银行的组成架构分类。此时可分为纯网络银行和以传统银行拓展网络业务为基础的网络银行两种形式。

① 纯网络银行。纯网络银行也称为虚拟银行，是完全依赖于 Internet 发展起来的全新网络银行。这类银行无需开设分支机构，无需大量的雇员，除后台处理中心外，没有其他任何物理上的营业机构，各类银行业务几乎都在 Internet 上完成，大大降低了银行运作成本。如 1995 年 10 月 18 日成立的全球第一家网络银行——安全第一网络银行（Security First Network Bank）就是一家纯网络银行，这家银行当时只有 19 名员工，网页就是其营业窗口，所有业务都通过 Internet 完成。该行 1996 年存款为 1400 万美元，到 1997 年就发展到了 4 亿美元。

② 以传统银行拓展网络业务为基础的网络银行。这是目前大多数网络银行的主要形式。这类银行在传统银行服务的基础上应用公共 Internet 服务，建立新的网络服务窗口，并通过其开展传统银行业务服务，发展个人银行、企业银行、手机银行服务等。它将传统银行业务延伸到网络上，在原有银行的基础上再发展网络银行业务，是实体银行与虚拟银行的结合。美国花旗银行、美洲银行、威尔士法戈银行都推出了自己的网络银行服务，我国各大银行也都相继开展了网络银行服务，如招商银行、中国工商银行、交通银行、建设银行等。

（3）网络银行的特点

1）方便快捷，不受时空限制。网络银行提供了一种全新的客户服务渠道，借助 Internet 或其他公用电信网络，客户可以不受时间、空间的限制，只要能够上网，无论何时何地，都能访问网络银行，突破了传统银行的空间与时间的局限性，拉近了客户与银行的距离，为客户提供全方位、全天候、快捷、实时的金融服务。网络银行的应用目标，就是在任何时候（Anytime）、任何地方（Anywhere）、以任何方式（Anyhow）为客户提供金融服务，所以网络银行有时也被称为 AAA 银行或 3A 银行。

2）节约成本，提高运营效率和效益。网络银行代表着银行业全新的业务模式和未来发展方向。传统银行以规模取胜，各家银行不断扩大营业网点和分支机构，以求在竞争中获得先机，而其场地、人员等经营成本也是相当可观的。网络银行不受时空限制，降低了银行的运营成本，其方便快捷的一键式服务提高了服务效率和服务效益。据资料统计，通过不同途径实现交易的成本如表 5-1 所示，可以看到通过网络银行实现交易的成本是最低的。

表 5-1 通过不同途径实现交易的成本

交易方式	营业点	电话银行	ATM	PC	Internet
交易成本（美元）	1.07	0.54	0.27	0.15	0.1

3）技术要求更高，尤其是安全技术。网络银行涉及计算机、网络等软硬件技术，同时银行专用网的安全、客户交易的安全都需要强有力的安全措施加以保障。

4）服务内容丰富，产品多样化。除提供传统银行的各项业务外，网络银行还提供网上支付、保险、证券等多种金融服务，包括为客户提供各种个性化的服务等。

（4）网络银行业务

网络银行可以为客户提供传统的银行服务，包括开户、销户、对账、转账、信贷等，更重要的是，网络银行借助互联网平台拓展了更为广阔的业务范围，包括网上支付结算、网上证券、投资理财等，有力地推动了银行业自身的发展和电子商务的发展。

1）信息服务。银行利用网络发布公共信息，包括新闻、业务介绍、广告、机构设置、宣传资料、最新通知公告、国际市场外汇行情、银行利率、汇率、投资理财咨询使用说明、各类申请资料（贷款、信用卡申请说明）等。通过发布信息，帮助客户了解银行的各项服务和规章制度，方便客户办理业务。

2）企业网络银行服务。企业网络银行服务是指银行利用网络为企业提供各种金融服务，主要包括：账务查询、内部转账、网络支付结算、工资发放、网上信用证业务、网上理财服务等。

3）个人网络银行服务。个人网络银行是指银行利用网络为个人用户提供各种金融服务，主要包括：财务查询功能、转账功能、证券与外汇服务、缴费业务、网络支付结算、自助贷款、信息查询、网上理财等。

（5）网络银行的发展

目前普遍认为网络银行的发展经历了以下三个阶段。

1）计算机辅助银行管理阶段。20世纪50年代以来，随着计算机技术的不断应用和普及，人们开始尝试将计算机引入银行业务，以解决手工处理业务速度慢，人力负担重的问题。计算机辅助银行管理主要是应用计算机进行一些简单的银行数据处理和事务处理，如记账、结算等。20世纪60年代末，电子资金转账技术（EFT）出现。EFT技术改变了传统手工处理票据的模式，提高了资金支付的效率和准确性，降低了票据支付的交易成本，奠定了网络银行发展的技术基础。

2）银行电子化和金融信息化阶段。20世纪80年代以来，这一阶段主要是以PC机为基础的电子银行业务的发展，出现了各种新型的网络金融服务，如应用ATM机存取款、POS机消费等业务，并不断拓展。与此同时，与其对应的电子货币技术应用也在不断发展，电子货币转账成为银行服务中的主要形式之一。

3）网络银行阶段。到了20世纪90年代中期，互联网技术广泛应用于各行各业中，电子商务也随之有了较快的发展。银行为了提升自己的服务能力，增强核心竞争力，也开始借助互联网技术推出新的金融服务，以满足电子商务发展和竞争的需要。需要说明的是，真正的网络银行除具有传统的银行业务外，一定要具有网络支付与结算的功能，那些仅提供页面进行企业宣传和业务介绍的银行，还不能称其为网络银行。

5.1.1.3 网上支付实现

通常实现网上支付需要开通银行的网上银行服务和网上支付功能。仍以招商银行一网通支付为例。

招商银行一网通支付是招商银行提供的网上即时付款服务。通过一网通网上支付，客户在网上选购与招商银行签约的特约商户所提供的商品时，可以实现足不出户即可进行网上消费。招商银行重视客户服务，对于每一项产品和服务都有详细的说明和帮助。

（1）服务特色

1）实现全国联网，客户可以在任何一家招商银行特约商户消费付款。

2）提供多种支付工具，满足客户的各种消费需求。

3）能够提供强大的安全保障。

（2）支付方式

1）专业版支付。从个人银行专业版关联的银行卡支付，可以自己设置任意限额。

2）一卡通支付。从活期存款支付，有封顶限额。

3）直付通支付。将一卡通账户与特约商户的账户绑定，直接在商户界面完成支付，可设置限额。不同于普通的网上支付,直付通是必须先签订商户的绑定协议,签订后,由商户发起扣款的支付方式。

4)信用卡支付。在客户信用卡额度范围内支付,可设置限额。

5)手机支付。在客户个人手机上输入支付密码进行即时付款。

几种支付方式的区别:

- 专业版支付。高度安全,即使他人知道卡号、密码等信息也无法使用,无限额,无须向支付账户转账,但申请专业版比较麻烦,必须到银行柜台。
- 一卡通支付。打电话95555、去银行柜台均可申请,使用方便,有限额。
- 信用卡支付。网上即可申请,使用方便,在自己消费额度内支付,可获得信用卡消费的各类优惠。

各种支付方式的关系如图5-7所示。

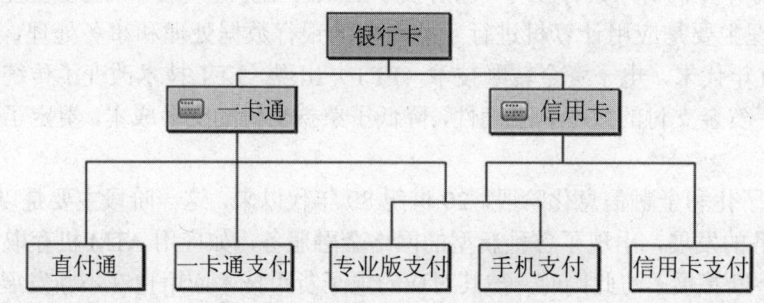

图 5-7 招商银行各种支付方式的关系

- 申请途径。客户可以通过网上个人银行大众版、网上个人银行专业版、电话银行95555、网点柜台等多种方式申请开通。
- 管理方式。客户通过个人银行大众版、个人银行专业版、电话银行95555等多种方式实现账户管理。

(3)招商银行个人银行大众版与专业版

招商银行的网上个人银行分为大众版和专业版。

只要客户是招商银行的银行卡(包括"一卡通"、"一卡通"金卡和"金葵花卡"及其联名卡/认同卡)客户或存折客户,就可以凭借在招商银行开立的银行卡或普通存折账户,自动享有大众版服务,无须办理申请手续。通过网上个人银行大众版,客户可以办理相关自助业务:查询账户余额和交易明细、转账、修改密码等。客户还可以通过网上个人银行大众版申请网上支付卡、自助充值和缴费、投资国债、申请个人消费贷款等。

专业版建立在严格的客户身份认证基础上,对参与交易的客户发放证书,交易时验证证书。专业版安全性更高,功能更强大。系统采取X.509标准数字证书体系,运用数字签名技术和基于证书的强加密通信管道,确保客户身份认证和数据传输以及密码输入的安全。同时实现一户多卡管理、个性化的功能和提示、丰富的理财功能等。

大众版支付在客户开通网上支付功能后,从客户的活期存款中支付,支付有限额,客户不能随意设置。支付时在支付网页上输入一卡通卡号和密码即可完成支付。专业版支付需要客户申请网上个人银行专业版,支付时登录专业版,从客户个人银行专业版关联的一卡通活期存款中支付，客户可以自己设置任意限额。

在一网通支付过程中，系统默认使用的是网上个人银行大众版。如果想禁止卡号密码方式支付，客户需要开通并登录专业版，进入"专业版管理"页面并选择"关闭大众版"选项。

【项目任务 5.2】 利用第三方支付平台完成在线支付与结算操作

✓ **任务要求**

利用"支付宝"工具完成商品的购买支付与结算。

✓ **完成结果**

完成支付宝在线支付全过程。

【任务实现】

1. 支付宝账户注册

使用支付宝进行网络支付，需要成为支付宝的注册会员。

（1）登录支付宝首页（https://www.alipay.com/），如图 5-8 所示。

图 5-8　登录支付宝首页

（2）单击"免费注册"按钮，进入支付宝注册页面，如图 5-9 所示。

支付宝提供个人用户注册和企业用户注册服务，这里选择"个人账户"选项。个人用户注册有两种途径，一种是通过手机号码注册，另一种是通过 E-mail 注册。

1）手机号码注册方式

使用手机号码注册，默认绑定手机服务，以后可以免费享受更多手机服务。例如可以用手机找回密码、用手机开启或关闭余额支付等。

注册时输入手机号码和验证码，单击"下一步"按钮，按照提示完成相关注册。

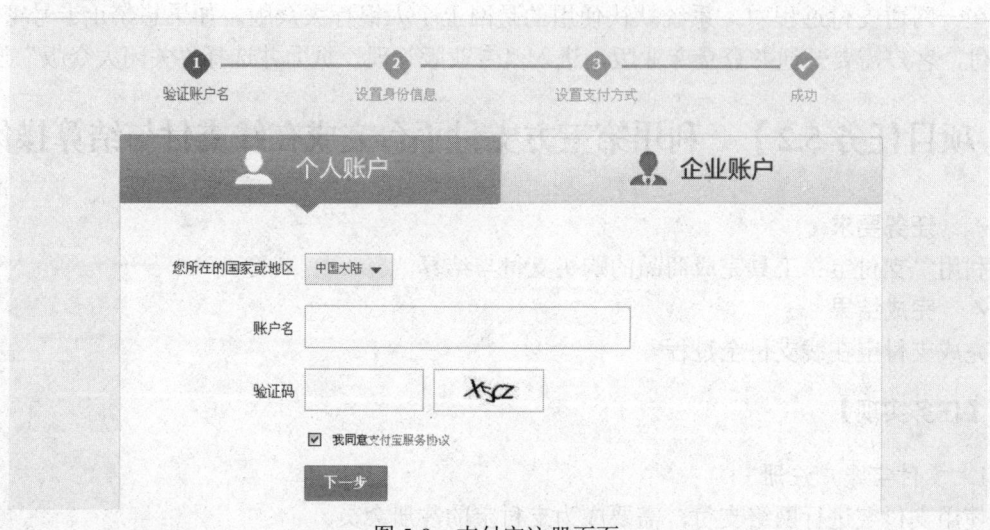

图 5-9　支付宝注册页面

2）E-mail 注册方式

使用 E-mail 注册方式注册，则会将用户邮箱名作为支付宝登录的账户名。

注册时输入邮箱和验证码，单击"下一步"按钮，系统会提示"立即查收邮件"。登录邮箱，按照提示完成"继续注册"。

2. 支付宝账户充值

注册为支付宝会员后，需要为支付宝账户充值。支付宝账户充值就是把银行卡上的钱或现金（合作网点购买充值码或邮政网汇 e）转到支付宝账户上的过程，充值成功后可以通过支付宝账户进行付款。支付宝平台提供了网上银行、储蓄卡快捷支付、卡通充值、话费充值卡、邮政网汇 e、网点充值等多种充值方式方便用户选择。

（1）网上银行。网上银行充值是将用户网上银行的账户资金转账至用户的支付宝账户中，因此用户必须开通网上银行服务。

（2）储蓄卡快捷支付。付款时无须登录网上银行，凭支付宝支付密码和手机校验码即可完成付款，提供双重保障。付款方无须付手续费。

（3）卡通充值。卡通充值是支付宝账户和银行卡连通，只需输入一个支付密码就能完成充值。

（4）话费充值卡。话费充值卡充值是支付宝用户将全国神州行卡、联通一卡充内的金额，通过支付宝提供的充值渠道，转充至支付宝账户内。

（5）邮政网汇 e。邮政网汇 e 只需用现金或邮政绿卡在邮政汇兑联网网点办理汇款业务，并设定汇款密码，即可凭汇票收据和设置好的汇款密码给任意支付宝账户充值，无需网银。

（6）网点充值。充值前，用户需先到与支付宝合作的营业网点（如便利店、药店、邮局等）用现金或刷卡的方式购买充值码，然后登录支付宝充值。

这里我们以网上银行充值为例，介绍如何给支付宝账户充值。

1）登录支付宝网站，单击"充值"按钮，如图 5-10 所示。

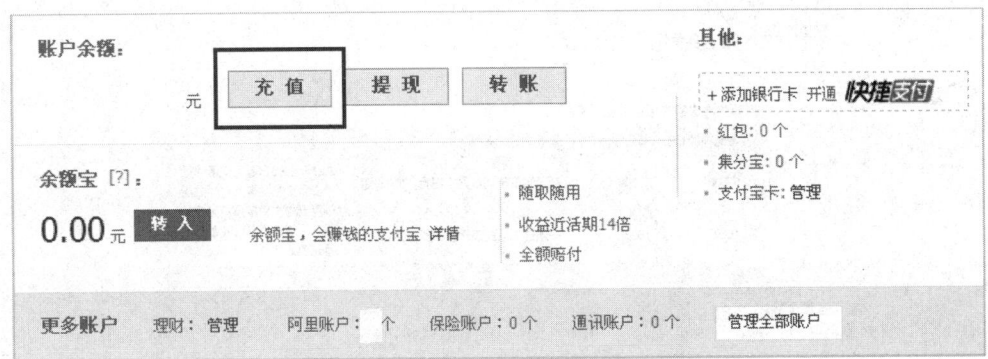

图 5-10 支付宝充值页面

2)进入充值选择页面,选择充值方式为"储蓄卡",选择银行(以交通银行为例),单击"下一步"按钮,如图 5-11 所示。

图 5-11 选择充值方式

3)进入充值页面,输入充值金额,单击"登录到网上银行充值"按钮,如图 5-12 所示。

4)进入所开通网上银行的支付界面,用户按网上银行的提示输入相关信息并确认订单,如图 5-13 所示。

5)充值成功后,网上银行系统会给出提示信息,如图 5-14 所示。

6)用户可以返回到支付宝账户,查询充值到支付宝账户的可用余额。

3. 使用支付宝余额付款完成网络购物

支付宝目前可提供支付宝余额付款、储蓄卡付款、信用卡付款、网点付款、消费卡付款、货到付款等多种付款方式,用户可以根据自身实际情况进行选择。这里以在淘宝网选购一件商品为例,介绍使用支付宝账户余额付款完成支付的过程。

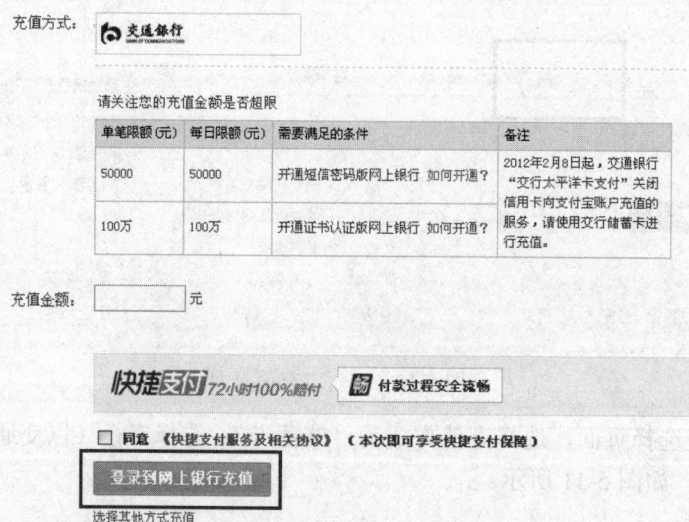

图 5-12 单击"登录到网上银行充值"按钮

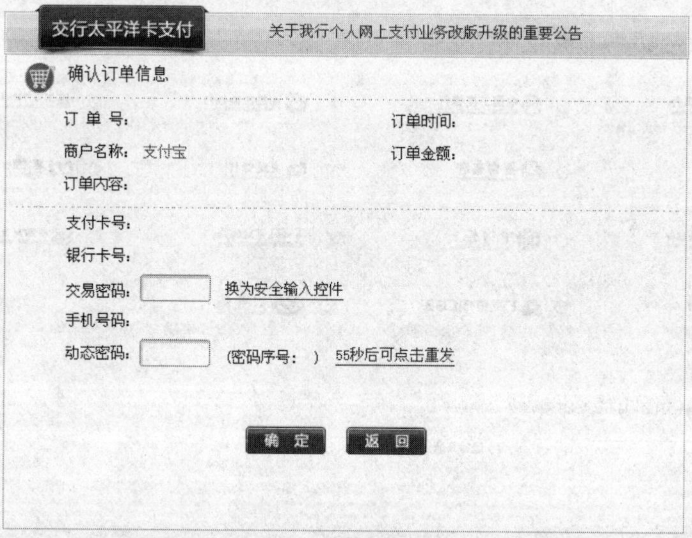

图 5-13 所开通网上银行支付界面

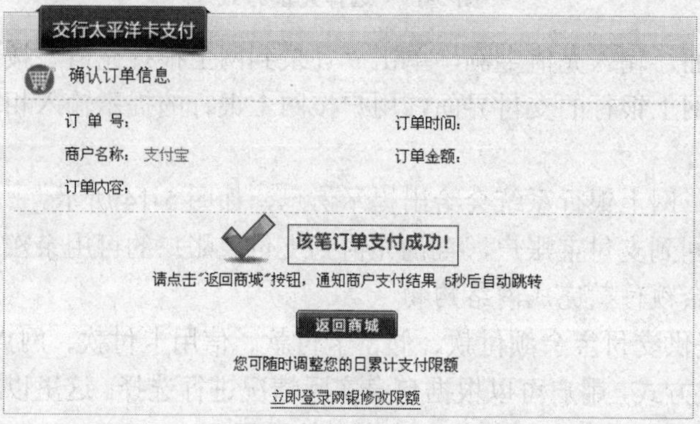

图 5-14 充值成功提示信息

顾客在淘宝网注册成为会员，激活支付宝账号并为支付宝充值后，就可以利用支付宝账户余额付款了。

支付流程如下：

（1）确认购买信息；

（2）付款到支付宝；

（3）确认收货；

（4）支付宝付款到卖家。

具体步骤如下：

（1）浏览并选择商品，确定购买后，按照提示，输入相关信息，单击"立刻购买"按钮，如图5-15所示。

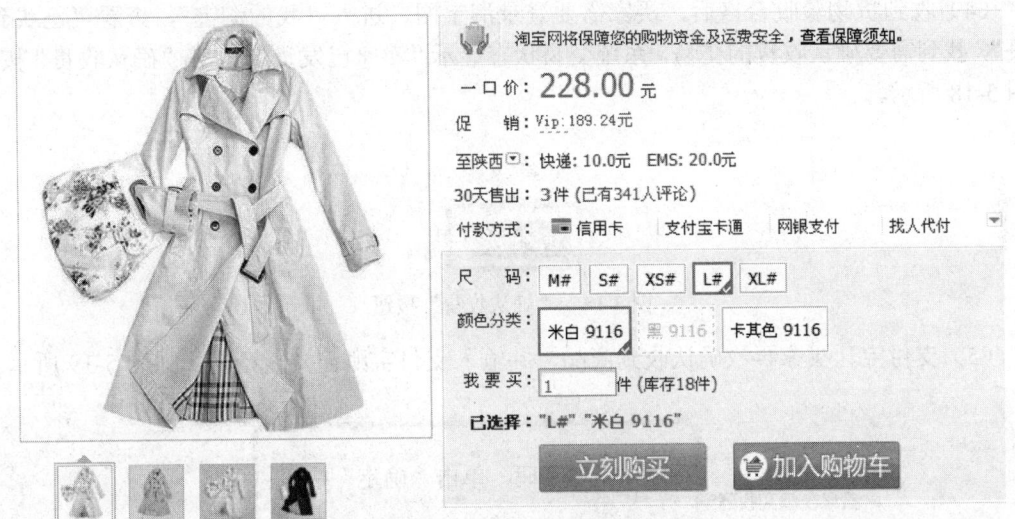

图5-15　浏览并购买商品

（2）确认购买信息下订单后，系统会自动跳转至支付宝支付页面。选择"支付宝余额付款"选项，输入支付宝支付密码，单击"确认无误，付款"按钮，即可付款到支付宝，如图5-16所示。

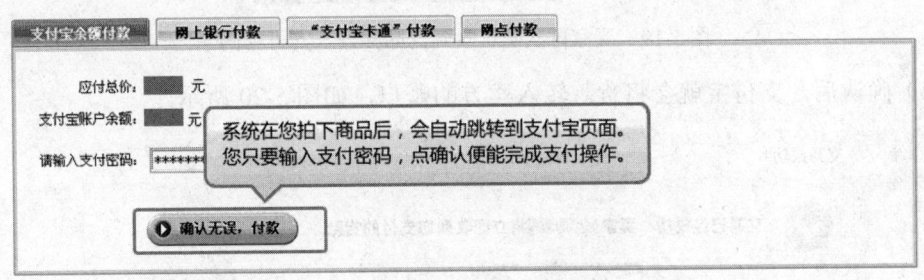

图5-16　支付宝支付页面

（3）支付宝账户收到款项后，给出付款成功提示信息，如图5-17所示。接下来就是等待卖家发货了。

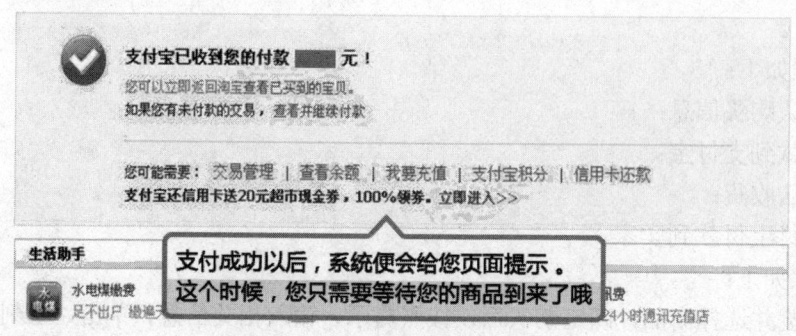

图 5-17　支付宝付款成功提示信息

（4）收到货物验收合格后，买家需要登录淘宝网，进入"我的淘宝"，查看"已买到的宝贝"，找到需要确认收货的交易，系统交易状态显示"卖家已发货"，单击"确认收货"按钮，如图 5-18 所示。

图 5-18　"确认收货"按钮

（5）支付宝让买家再次确认收到商品，并输入支付宝账户支付密码，如图 5-19 所示。

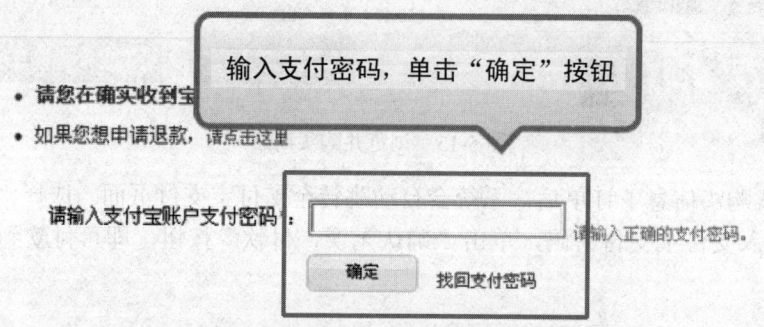

图 5-19　买家再次确认收到商品并输入支付密码

（6）确认后，支付宝就会将货款转入卖方的账户，如图 5-20 所示。

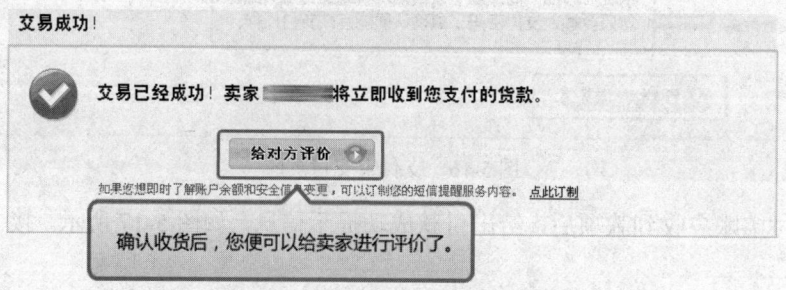

图 5-20　支付宝将货款转入卖方账户

⑦ 整个交易完成后，双方可以互相评价。买家订单状态如图 5-21 所示。

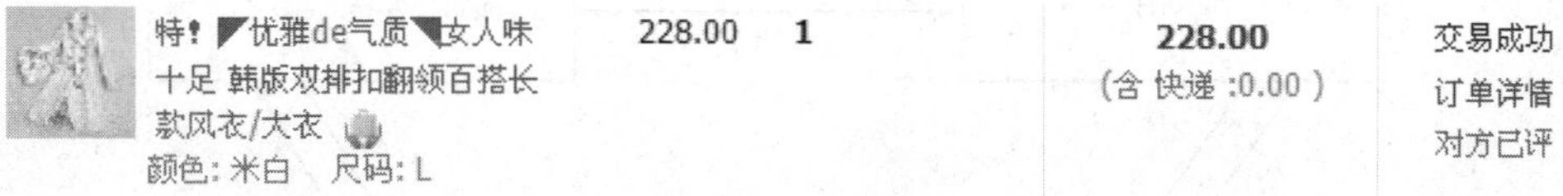

图 5-21　交易完成后买家订单状态

5.2.1　第三方支付

电子商务系统中，支付系统是极其重要的组成部分，是关系到电子商务能否健康发展的核心因素。网上在线支付方便、快捷，但交易双方互不见面所带来的交易支付安全问题也是必然的。第三方支付方式保护了买卖双方的权益，受到了买卖双方的认可。本节将介绍第三方支付的概念和应用。

5.2.1.1　第三方支付概述

（1）第三方支付

第三方支付是指具备一定实力和信誉保障的机构，采用与各大银行签约的方式，提供与银行支付结算系统接口的交易支持平台的网络支付模式。

（2）第三方支付平台

第三方支付平台是指平台提供商通过通信、计算机和信息安全技术，在商家和银行之间建立连接，实现从消费者到金融机构以及商家之间货币支付、现金流转、资金清算、查询统计的一个平台。

在通过第三方支付平台的交易中，买方选购商品后，使用第三方平台提供的账户进行货款支付，由第三方通知卖家货款到达、进行发货；买方检验物品后，就可以通知第三方付款给卖家，第三方再将款项转至卖家账户。第三方支付平台的盈利模式主要是靠收取支付手续费。第三方支付平台与银行确定一个基本的手续费率，缴给银行；然后，第三方支付平台在这个费率上加上自己的毛利润，向客户收取费用。在实际运行过程中，一些第三方支付公司会根据自己的实际情况提供降低收费、免费等各种优惠条件以吸引更多客户，提高自身的竞争优势。

5.2.1.2　第三方支付流程

在第三方支付模式中，支付担保服务通过第三方在持卡人或者消费者和银行之间进行。支付者需在第三方支付机构平台上开立账户，向第三方支付机构平台提供信用卡信息或账户信息，并在账户中"充值"。支付时，在账户余额充足的情况下，通过支付平台将该账户中的虚拟资金划转到收款人的账户，收款人可以将其账户中的资金兑换成实体的银行存款。第三方机构与相关银行之间签订协议，通过某种形式的数据交换和相关信息确认实现资金划转。第三方机构、持卡人（消费者）、收款人（商家）在此基础上建立了一个支付流程，如图 5-22 所示。

具体流程如下：

（1）持卡人（消费者）在商家网站挑选商品，与商家协商确定购买意向后，选择使用第三方支付方式付款。

（2）持卡人（消费者）将货款划转到第三方机构账户。

（3）第三方机构通知商家客户已经付款，可以发货。

（4）商家收到通知后按照订单发货。

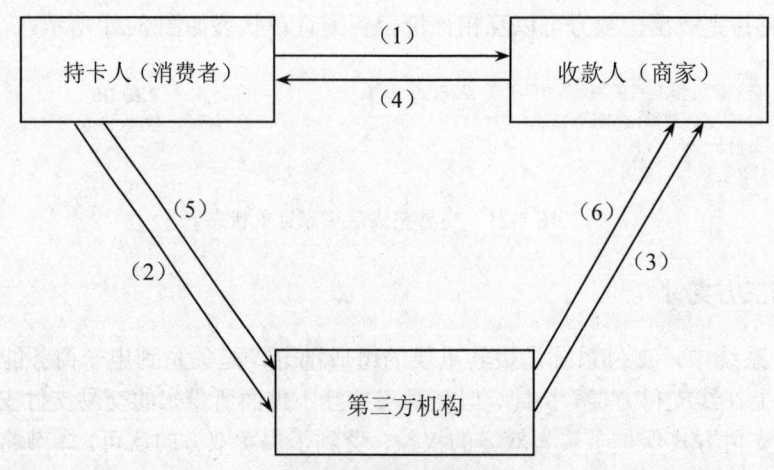

图 5-22 第三方支付流程

(5) 持卡人(消费者)收到货并验收合格后,通知第三方机构可以付款。

(6) 第三方机构将其账户上的货款划转到商家账户。

在以上流程中,如果消费者没有收到货或对货物质量不满意,可以拒绝付款。第三方支付平台可以将货款划转回消费者账户或暂存在第三方账户中供消费者下一次交易支付时使用。第三方支付解决了交易双方的信任问题,实现了在整个交易过程中对买卖双方的约束和监督。

5.2.1.3 第三方支付分类及特点

(1) 第三方支付分类

按行业分类,第三方支付可以分为两类:一类是以在线支付为主,捆绑大型电子商务网站,如支付宝、财付通、盛付通等;另一类是金融型支付企业,侧重行业需求和开拓行业应用,如银联电子支付、快钱、汇付天下等。

(2) 第三方支付特点

第三方支付具有以下特点:

1) 第三方支付平台提供一系列的应用接口程序,将多种银行卡支付方式整合到一个界面上,负责交易结算中与银行的对接,而对支付者而言,所面对的是友好的界面,不必考虑背后复杂的技术操作过程,使网上购物更加快捷、便利。

2) 第三方支付从流程上保证了交易过程的安全与可靠。第三方机构作为信用中介,在买家确认收到商品前,由其代买卖双方暂时保管货款,解决了网络交易者最为担心的卖家"拿钱不给货"、买家"拿货不给钱"的支付安全问题,保障了买卖双方各自的利益。

3) 支付成本较低。支付中介集中了大量的电子小额交易,形成规模效应,因而支付成本较低。

5.2.1.4 第三方支付产生与发展

在国外,第三方支付产生于美国的独立销售组织 ISO(Independent Sales Organization)制度,指收单机构和交易处理商委托 ISO 做中小商户的发展、服务和管理工作的一种机制。ISO 在商户和收单机构之间起着中介作用。企业开展电子商务,通常需要建立自己的商业账户,以便接受和处理信用卡订单。然而,并不是所有的企业都能申请到这种商业账户,尤其是一些小企业往往会因为资金问题在申请商业账户或使用 ISO 服务时有障碍,于是就产生了第三方支付处理商（Third Party Payment Processor）。第三方支付处理商虽然也是为网上企业提供中间服务，但只收取交易处理费，通常按百分比收取。相对于 ISO 来说，其收费种类少，自然费用较低，因此适合那些资金不够雄厚的小企业。

国内第三方支付企业在 2000 年前后出现，首信易支付、上海环讯 IPS、银联电子支付、云网是早期的第三方支付服务提供商。2000～2002 年，我国电子商务遭遇低潮，这一阶段第三方支付企业基本处于维持生存的状态。2003 年电子商务复苏，第三方支付企业也获得了新的快速增长的机会，以年 50%以上的增长速度快速发展，到 2005 年第三方网上支付平台交易额已经占当年网上支付总额的 34.2%，第三方支付成为互联网支付产业中重要的组成部分。据研究数据显示，2006 年，我国第三方电子支付市场交易额规模达到 500 亿元，2007 年的交易额规模迅速增长并突破 1000 亿元，增幅达 100%。2008 年达到 2813 亿元，同比增长 178.8%。从 2008 年开始，我国第三方支付市场进入爆发增长阶段，在用户规模和行业应用方面均取得了长足进展。从以下数据可以看到，2008 年第一季度市场交易额规模为 454.7 亿元，第四季度就达到 851.7 亿元。到 2009 年第二季度，市场交易额规模达到 1307.7 亿元，环比增长 20%，同比增长 142%。根据艾瑞咨询统计数据显示，2013Q2 中国第三方互联网支付市场交易规模达 11216.5 亿，环比增速 10.2%。

随着电子商务的进一步发展，网上支付逐步渗透到网络购物、旅行预订和生活缴费等多个领域。据艾瑞咨询数据显示，2013Q2 中国网络购物市场交易规模达 4371.3 亿元，较 2013Q1 增长 24.2%，而与 2012 年同期相比则增长 45.3%。艾瑞咨询认为，银行卡规模持续增长推动非现金支付用户习惯的培养和非现金支付受理业务的增量；社会零售市场，尤其是零售市场电商化的不断深化，为第三方支付行业的发展奠定了基础。2012 年，中国第三方支付市场交易规模为 12.9 万亿元，较 2011 年保持了一个较好的增长势态，增速为 54.2%。未来增速将逐步放缓，市场保持健康稳定的发展趋势。图 5-23 是艾瑞咨询发布的 2009～2016 年中国第三方支付市场交易规模。

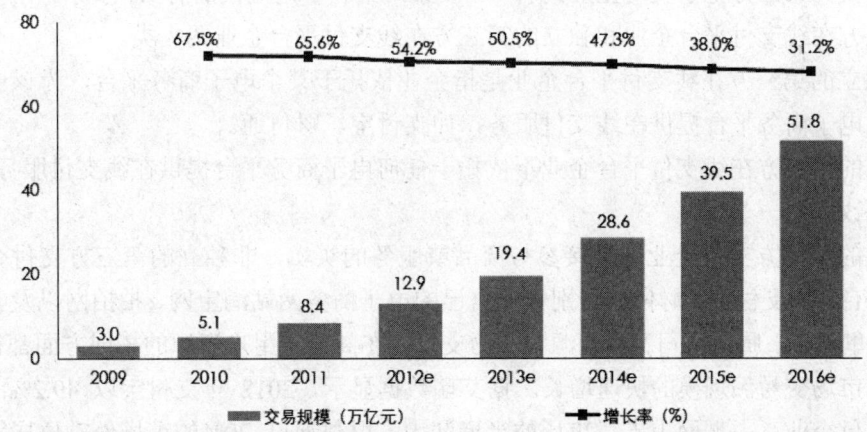

图 5-23　2009～2016 年中国第三方支付市场交易规模

中国第三方支付行业的发展不仅体现在行业整体交易规模的继续保持高速攀升，也体现在监管部门开始了相关政策的制定和实施。第三方支付具有方便、快捷、安全、低成本等特点，但在发展过程中也存在一些问题，如市场准入的管理、支付流程的标准化管理、客户资金风险、网络洗钱、套现风险等。这些问题已引起了相关部门的重视。为了进一步规范管理，2010年6月21日，中国人民银行出台《非金融支付机构管理办法》，明确规定：非金融机构提供支付服务，应当依据本办法规定取得《支付业务许可证》，成为支付机构；支付机构依法接受中国人民银行的监督管理；未经中国人民银行批准，任何非金融机构和个人不得从事或变相从事支付业务。《办法》对第三方支付企业提出了一系列要求，符合其规定者方可申报。该办法从9月1日起开始执行，标志着央行开始加大对第三方支付的规范化管理。2010年12月初，央行在其网站上正式公布了《非金融机构支付服务管理办法实施细则》，对支付机构从事支付业务的最基本规则、申请人资质条件等进行细化。整个第三方支付行业正在以一个更加开放、更加多元化的发展姿态向各个新兴的应用服务领域拓展，一个全新的市场发展格局开始显现。占据网上支付市场半壁江山的支付宝依靠规模庞大的用户群体优势，在实现主流网购平台的基本覆盖之后，推出开放平台发展战略，大力拓展支付平台的应用外延。财付通在原有的业务体系之外，大力拓展信用卡还款、大额支付和公共事业缴费等领域，采取了差异化和多元化的发展模式，并注重为物流、直销和电信等行业提供支付服务解决方案，保持了稳健的行业地位。快钱积极拓展航空和保险等应用服务领域，并大力推进对线下支付市场的渗透。汇付天下自2010年4月起开展了基金的代理销售业务，至2010年年底已初具规模。易宝支付开创性地推出"易宝车险理赔通"产品，开始涉足车险市场。其他支付企业，在央行支付牌照发放已经确定的政策背景下，也都结合自身发展优势，向更多服务领域（直销、教育和物流等）和更多的服务形式（如线下支付或移动支付等）等进行拓展。总之，在网民渗透、政府监管和行业应用都不断深入和完善的条件下，中国第三方支付行业不断迎来新的发展契机。

5.2.1.5 第三方支付产品介绍

目前我国第三方电子支付企业约有50多家，具有一定规模的有20多家。主要分为非独立的第三方在线支付平台企业和独立的第三方在线支付平台企业两大类。

非独立的第三方在线支付平台企业是指企业依托于某个电子商务平台，为该电子商务平台或其他电子商务平台提供在线支付服务，如支付宝、财付通。

独立的第三方在线支付平台企业不依托于任何电子商务平台提供在线支付服务，如通联、环讯、快钱。

独立的第三方支付企业不直接参与商品或服务的买卖，非独立的第三方支付企业依托电子商务平台，如支付宝、财付通分别依托自己的电子商务网站淘宝网、拍拍网以及其后强大的集团（阿里巴巴、腾讯公司）的资源和实力支持，在商户和用户资源的拓展方面都很迅速，直接拉动其市场交易额规模的快速增长。据艾瑞数据显示，2012年支付宝以49.2%的市场份额领军各支付企业，占据网上支付市场的半壁江山；财付通以20%的市场份额位居第二位；银联在线和快钱分别以9.3%和6.7%的市场份额位居第三和第四位。2012年中国第三方互联网支付市场竞争格局如图5-24所示（来源：艾瑞咨询集团《中国第三方支付行业发展研究报告简版（2012-2013年）》）。

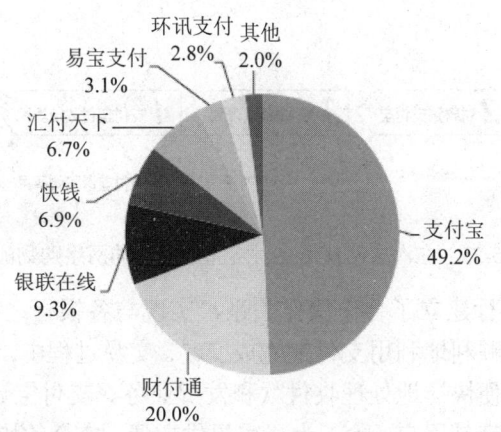

图 5-24　2012 年中国第三方互联网支付市场竞争格局

下面介绍几个典型的第三方支付产品。

（1）支付宝

2003 年 10 月阿里巴巴公司在其旗下淘宝网推出支付宝服务，该服务是阿里巴巴公司针对网上交易而特别推出的安全付款服务。2004 年 12 月支付宝公司正式成立，致力于为网络交易用户提供优质的安全支付服务，推动电子商务的发展。2011 年 5 月获得央行颁发的第三方支付牌照，准许经营内容包括：互联网支付、移动电话支付、预付卡发行与受理（仅限于线上实名支付账户充值）、银行卡收单。支付宝跟国内外 160 多家银行以及 VISA、MasterCard 国际组织等机构建立了深入的战略合作关系。目前有超过 46 万的商家和合作伙伴支持支付宝的在线支付和无线支付服务，范围涵盖了 B2C 购物、航旅机票、生活服务、理财、公益等众多方面。这些商家在享受支付宝服务的同时，也同时拥有了一个极具潜力的消费市场。

支付宝目前是中国最大的第三方支付平台，在我国第三方支付市场份额中占领了半壁江山。截至 2012 年 12 月，支付宝注册账户突破 8 亿，日交易额峰值超过 200 亿元人民币，日交易笔数峰值达到 1 亿零 580 万笔。

支付宝以其自身作为信用中介，在买家确认收到商品之前，由支付宝替买卖双方暂时保管货款，买家收货确认后，支付宝再将货款划转到商家账户，在流程上保证了交易过程的安全与可靠。支付宝遵循了"收货满意后卖家才能拿钱"的支付规则，这在很大程度上增强了那些对网络购物不信任的买家的信心，同时，货款暂时保存在支付宝账户中，卖家也不必担心买家拿货不给钱的问题。使用支付宝支付工具同时保障了买卖双方的利益,这种支付服务一经推出，就得到了买家和卖家的一致认可。如今支付宝不断创新服务，从最初的只是网络购物付款服务到现在担保交易、缴纳水电通讯费、信用卡还款等，支付宝的产品和服务在不断改进和完善。2010 年 4 月 12 日，支付宝宣布，阿里巴巴集团将在未来五年内，继续向支付宝投资 50 亿元人民币。阿里集团方面表示，50 亿投资是基于对中国电子商务、互联网发展以及线上消费市场潜力的充分信心和积极期望。阿里巴巴对支付宝的战略性投资，旨在打造一个全球化、高标准的支付体系。

使用支付宝进行网上支付时需要注册为支付宝会员，拥有支付宝账户。开通网上银行，并通过网上银行为支付宝账户充值。需要支付时在用户支付宝账户余额充足的情况下，就可以在支持支付宝在线支付的网站进行交易。在淘宝网使用支付宝完成支付的网络购物流程如图5-25所示。

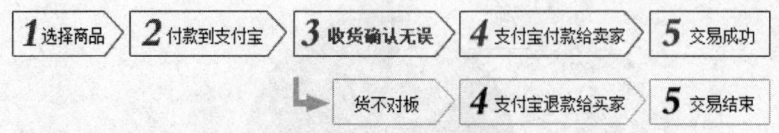

图 5-25　在淘宝网使用支付宝完成支付的网络购物流程

支付宝与国内各大银行建立了合作伙伴关系，实现与各银行之间的无缝对接，交易双方使用原有的银行账户就能顺利地利用支付宝完成交易。交易过程中，支付宝用户可以实时跟踪资金和物流进展情况，方便快捷地处理收付款和发货业务。支付宝还通过免费短信提醒业务，及时将资金变动情况告知交易用户。除了为买家提供方便、安全的快捷服务外，支付宝还为卖家提供了商家工具，卖家可以通过支付宝商家工具将商品信息发布到各个网站、论坛或即时沟通软件中，寻找更多买家。支付宝具有让卖家根据自己的需要将支付宝按钮嵌入到卖家的网站、邮件中等功能，帮助卖家为客户提供更加方便快捷的个性化服务。如果买家收到货物未及时确认，支付宝会在一定期限后自动将货款转入卖家账户，降低了卖家承担的风险，实现了交易双方利益的保障。

（2）财付通

财付通是腾讯公司于 2005 年 9 月推出的第三方在线支付平台，财付通与腾讯公司 2006 年 3 月正式运营的拍拍网密切相伴，是腾讯公司为用户在拍怕网购物时提供的第三方支付工具，目前可在拍拍网及 40 多万家购物网站上进行购物时使用。财付通支持全国各大银行的网银支付，用户也可以先充值到财付通，享受更加便捷的财付通余额支付体验。财付通的提现、收款、付款等配套账户功能，让资金使用更灵活。财付通还为广大用户提供了手机充值、游戏充值、信用卡还款、机票专区等特色便民服务，让生活更方便。

财付通首页如图 5-26 所示（https://www.tenpay.com）。目前财付通业务覆盖了 B2B、B2C 和 C2C 各领域，提供卓越的网上支付及清算服务。针对个人用户，财付通提供了包括在线充值、提现、支付、交易管理等丰富功能；针对企业用户，财付通提供了安全可靠的支付清算服务和极富特色的 QQ 营销资源支持。2007 年财付通首创获得"国家电子商务专项基金"资金支持。

财付通的交易流程和功能与支付宝大致相同，注册成为财付通会员，拥有财付通账户。开通网上银行，并通过网上银行为财付通账户充值。在财付通账户余额充足的情况下，就可以在支持财付通在线支付的网站进行交易。在拍拍网使用财付通完成支付的网络购物流程如图 5-27 所示。

财付通的优势体现在腾讯庞大的 QQ 用户群。QQ 用户开通财付通时有一个很便捷的方式：每个登录 QQ 都有钱包标志，单击会出现"我的钱包"窗口，在窗口的左上角单击"立即激活"按钮，输入自己的姓名、支付密码、身份证号就可以完成激活。

（3）快钱

快钱是由上海快钱信息服务有限公司于 2005 年创建的第三方支付平台，是国内首家基于 E-mail 和手机号码的网上收付费平台，属于独立的第三方支付平台。快钱致力于为电子商务服务提供商、互联网内容提供商、中小商户以及个人用户等提供安全、便捷的第三方交易平台。快钱提供的支付产品包括但不限于人民币支付、外卡支付、神州行卡支付、联通充值卡支付、VPOS 支付等众多支付产品，支持互联网、手机、电话和 POS 等多种终端，满足各类企业和个人的不同支付需求。快钱首页如图 5-28 所示（https://www.99bill.com）。

图 5-26　财付通首页

图 5-27　在拍拍网使用财付通完成支付的网络购物流程

图 5-28　快钱首页

学习情境 5　网上交易支付信息处理

以手机号码或电子邮件地址为支付手段,是快钱在国内电子支付领域的一大创新。电子支付平台一般都会要求用户在使用时提供姓名、地址、账号等个人隐私信息,使得一些担心隐私安全问题的用户望而却步。而通过快钱平台,用户不必透露任何信息,只需凭借简单易记、风险较低的手机号码或电子邮件地址就可以方便快捷地向交易方付款或收费。用户甚至不用注册成为快钱正式用户就可以使用快钱服务。快钱这种独树一帜的服务降低了用户使用网上支付的门槛,在点卡交易、小额支付、网上零售等领域拥有广泛的应用前景。

目前,快钱同中国工商银行、中国银行、中国建设银行、中国农业银行、交通银行、招商银行、中信银行、上海浦东发展银行、中国民生银行、兴业银行、中国光大银行、华夏银行、广东发展银行、深圳发展银行、上海银行、北京银行、北京农村商业银行、上海农村商业银行、渤海银行、南京银行、宁波银行、平安银行、厦门国际银行、广州市商业银行、中国邮政、全国农信社资金清算中心、全国城市商业银行资金清算中心、广州银行电子结算中心等金融机构结成了战略合作伙伴关系,并开通了 VISA、Master 等国际卡在线支付服务,服务覆盖国内外 30 亿张银行卡。

2011 年 5 月获得央行颁发的第三方支付牌照,准许经营内容包括互联网支付、移动电话支付、固定电话支付,预付卡受理、银行卡收单,并获得基金牌照。快钱的产品服务覆盖账户充值、提现、网上支付、账户管理、手机话费充值、信用卡还款等许多领域。生活缴费中心集合了日常生活中常用的缴费支付功能,水、电、煤、税等公共事业费、房贷、保险账单、转账等都能实现足不出户,一站式轻松缴费。快钱的快钱盾是保护用户账户安全的硬件产品,采用了国际上最先进的动态密码算法,是国内第一家提供该类产品的独立第三方支付企业。

快钱的主要发展方向是为企业打造流动资金管理解决方案,核心特点是线上线下业务结合紧密,保险、零售连锁、直销为其优势领域。

【知识扩展】

1. 电子支付

(1) 电子支付的概念

电子支付是指电子交易的当事人,包括消费者、厂商和金融机构,使用安全电子支付手段,通过网络进行的货币支付或资金流转。电子支付是电子商务系统的重要组成部分。在电子支付过程中,货币以电子数据(二进制数据)的形式存在和流通。按照电子支付指令发起方式,电子支付可分为网上支付、电话支付、移动支付、销售点终端交易、自动柜员机交易和其他电子支付等。

(2) 电子支付的特点

传统支付方式主要有现金支付和通过银行支付两种方式。现金支付方式的特点是"一手交钱,一手交货",支付活动发生在消费者和商家之间。通过银行支付,可以采用支票支付、邮政汇兑支付、自动清算所和电子资金汇兑等多种方式。随着计算机技术和网络技术的不断发展和进步,在传统的"现金流动"和"票据流动"的支付方式基础上,资金可以在计算机网络系统中以"数据流动"的电子支付方式进行划拨和转账,这种以电子数据形式存储通过计算机网络完成资金结算的方式,以其方便快捷的优势很快被广泛应用于商务活动中。

与传统支付方式相比,电子支付具有以下特点:

1) 电子支付采用先进的计算机和网络技术通过数字流转的信息传输方式完成款项支付;

传统支付通过现金的流转、票据的转让及银行的汇兑等物理实体来完成款项支付。

2）电子支付的工作环境基于一个开放的系统平台（即互联网）；传统支付则在较为封闭的系统中运作。

3）电子支付对软、硬件设施要求很高，一般要求有联网的微机、相关的软件及其他一些配套设施，而传统支付则没有这么高的要求。

4）电子支付具有方便、快捷、高效、经济的优势。用户只要拥有一台能联网的计算机设备，便可足不出户，在很短的时间内完成整个支付过程。支付费用仅相当于传统支付的几十分之一，甚至几百分之一。

在电子商务中，支付过程是整个商贸活动中非常重要的一个环节，而电子支付是实现电子商务活动方便快捷高效的有效方式之一，同时也是电子商务中准确性、安全性要求最高的业务之一。在进行电子支付活动的过程中会涉及到很多技术问题，尤其是安全技术问题。

（3）电子支付的发展阶段

按照银行采用信息技术实现电子支付的形式，电子支付的发展可分为五个阶段。

1）第一阶段

银行间采用安全的专用网络进行电子资金转账（EFT），即利用通讯网络进行账户交易信息的电子传输，办理结算。电子资金转账方式减少了管理费用，增加了效率，简化了簿记并且更加安全。

2）第二阶段

银行计算机与其他机构计算机之间实现资金结算阶段，如代发工资、代缴公共事业费，包括水费、电费、天然气费、电话费等业务。

3）第三阶段

银行利用网络终端向用户提供各项银行服务阶段，如自动柜员机（ATM）的存款、取款、更改密码、查询余额等业务。

4）第四阶段

利用银行销售点终端（POS）向用户提供自动扣款业务阶段。金融 POS 系统是由银行计算机与商业网点、收费网点、金融网点之间通过公用电话线或网络进行联机业务处理的银行计算机网络系统。

5）第五阶段

网上支付阶段，这一阶段电子支付实现了通过互联网随时随地进行转账结算。

（4）电子支付系统

电子支付系统是电子商务系统的重要组成部分，是集购物流程、支付工具、安全技术、认证体系、信用体系以及现有金融体系为一体的综合大系统。消费者、商家和金融机构之间使用安全的电子手段交换商品或服务，把新型的支付手段，包括电子现金、信用卡、借记卡、智能卡等的支付信息，通过网络安全地传送到银行或相应的处理机构，实现电子支付。

电子支付系统涉及的对象包括客户、商家、客户开户银行、商家开户银行、支付网关、CA 认证中心。

（5）电子货币

1）电子货币的概念。货币的职能是作为一般等价物的货币本质的具体表现。传统支付使用现金（纸币）和票据等实物工具，电子支付用到新型支付工具——电子货币。

电子货币与传统货币本质一样，是一般等价物的一种表现形式。电子货币是以 Internet 为基础，以计算机技术和通信技术为手段，以电子数据的形式存储在计算机中，通过计算机网络系统传递，实现其流通和支付功能的货币。大多数电子货币以既有的实体货币（现金或存款）为基础而存在，以现金、存款等实体货币的既有价值为前提，把现金货币或存款货币这些既有的支付手段，用电子化的方法实现，是替代现金货币或存款货币的一种新型支付方式。电子货币不是新形式的货币，而是支付方法的电子化。

2）电子货币的分类。按照支付方式，电子货币主要有以下几种类型。

- 储值卡型电子货币

储值卡型电子货币的原理是使用者先在储值卡中存入现金，支付时通过特殊的读卡器，将金额以电子化的形式传输，从卡上减去相应金额，收款方得到相应数量的金额。典型的储值卡型电子货币是 IC 卡，如 IC 电话卡、公交 IC 卡等。

- 信用卡型电子货币

信用卡型电子货币是最早实现能在 Internet 上进行支付结算的电子货币。这里的信用卡指广义信用卡，包括能透支和不能透支的银行卡。例如中国工商银行的牡丹卡系列、中国建设银行的龙卡系列、中国交通银行的太平洋信用卡系列等，目前广泛应用于电子商务支付中。

- 存款利用型电子货币

存款利用型电子货币通过包含 Internet 在内的计算机网络转移、划拨存款以完成支付。其支付结算原理是使用者先在银行开通账户并存款，支付时通过发送特殊的取款与支付结算指令，对其银行对应存款账户的金额进行转账支付结算。存款利用型电子货币的表现是网上支付指令的传递，其典型代表是电子支票。

- 现金模拟型电子货币

现金模拟型电子货币利用信息技术模拟纸币，用特殊的电子数据表示现金，是一种能够进行网上即时支付的电子货币，其典型代表是电子现金。

2. 移动支付

目前，在很多支付平台上，都提供了手机支付方式，这是近年来随着手机等移动设备和移动电子商务技术发展应运而生的一种新的支付方式——移动支付。移动支付除了具有通常网络支付不受时间和地点限制的优势外，更重要的是它不受物理设备的限制，用户只需一部手机或其他移动设备就可以方便地完成支付，因此受到越来越多的商家和消费者青睐。

（1）移动支付的概念

移动支付是利用手机、PDA 等移动终端设备，通过移动通信网络实现资金清偿的一种新型支付方式。目前使用最广泛的移动支付方式是手机支付方式。手机支付已经在行业有了应用，例如下载手机彩铃、订阅手机新闻、使用手机在商场购物、支付停车费等。

（2）移动支付的分类

根据交易结算的即时性，移动支付可分为本地移动支付（Local Payment）和远程移动支付（Remote Payment）。

1）本地移动支付。本地移动支付使用蓝牙、红外线、射频识别（RFID）、NFC（近距离非接触智能芯片）等近距离无线通信技术实现交易支付。由于以现场近距离为特征，所以也被称为现场移动支付。本地支付又分为接触性支付和非接触性支付。

2）远程移动支付。远程移动支付通过无线网络以短信、WAP、语音等无线方式进行接入服务，完成交易支付。它与现场移动支付对应，也被称为非现场移动支付。远程移动支付涉及 SMS、WAP、IVR、Kjava/BREW、USSD（Unstructured Supplementary Service Data，非结构化补充服务数据业务）等技术。

（3）移动支付实现方式

目前，移动支付的实现方式主要有两种：基于电话账单支付方式和基于电子钱包支付方式。

1）基于电话账单支付方式。基于电话账单支付方式不需要银行等金融机构的介入，由移动运营商为客户提供信用。移动运营商将用户交易结算所产生的费用和用户电话费合并成为一张账单。客户在支付手机账单时，完成支付，例如彩铃订制付费结算。这种支付方式步骤简单，支付环节少，交易成本低，但只适用于小额交易，且电话账单和支付账单难以区分。

2）基于电子钱包支付方式。基于电子钱包支付方式又分为两大类，一类是通过将用户手机号与其银行账户关联，支付时以手机为载体，利用建设好的支付系统进行支付，而后实时或非实时地从用户银行账户扣款；另一类是将智能芯片卡内置于手机中，通过手机支付时，直接向智能卡存储数据。例如，交通银行近期推出的一项手机无卡消费业务，客户通过开通手机银行服务，将银行账户（银行卡号）与手机号关联，结账时用户只需在商家 POS 机上输入手机号、预约码及银行卡消费密码即可完成支付。

（4）移动支付运营模式

目前，移动支付运营模式主要有：移动运营商为主体的经营模式、金融机构为主体的经营模式、第三方机构独立的经营模式。

1）移动运营商为主体的经营模式

移动运营商为主体的经营模式以移动运营商作为移动支付平台的运营主体，移动运营商以用户的手机话费账户或专门的小额账户作为移动支付账户，用户所发生的移动支付交易费用全部从用户的话费账户或小额账户中扣减。如中国移动与新浪、搜狐等网站联合推出的短信服务以及与中国少年儿童基金会等福利机构联合推出的募捐服务，都是由移动公司从用户的话费中扣除用户短信定制费来进行捐款。

在我国，移动运营商主推的"手机钱包"模式即是用户以预存的手机话费消费。移动运营商会先为用户提供支付账号，用户预先存入费用并从该账户中支付费用，或者运营商通过 SIM 卡和 STK 卡直接从用户的话费中扣除移动支付交易费用。"手机钱包"能方便地买车票、电影票、景点门票，但其消费额受限于用户"话费总额"，并不适用于支付大额消费。

移动运营商为主体的经营模式不需要银行参与，技术实现简单；移动运营商需要承担部分金融机构的责任，如果发生大额交易，将与国家金融政策发生抵触；话费与非话费业务难以区分，无法对非话费类业务出具发票，税务处理复杂，适于小额交易。

2）金融机构为主体的经营模式

金融机构为主体的经营模式通过银行专线与移动通信网络实现互联，将银行账户与手机账户绑定，用户通过银行卡账户实现资金支付。金融机构独立经营模式由银行为用户提供交易平台和付款途径，移动运营商不参与支付过程，只为银行和用户提供信息通道。例如我国的招商银行、交通银行等提供的手机银行都有自己运营的移动支付平台。

银行主推的"手机银行"模式实质是金融机构与移动运营商合作，将用户的手机号码和银行卡号等支付账号绑定，通过手机短信、手机 WAP 上网等移动通信技术来传递支付账号等交易信息。

3）第三方机构独立的经营模式

这里第三方机构是指独立于银行和移动运营商的第三方经济实体,利用移动通信网络资源和金融机构的各种支付卡,实现支付的身份认证和支付确认。第三方机构是连接移动运营商、银行和商家的桥梁和纽带。通过第三方交易平台,用户可以实现跨银行的移动支付服务。

例如瑞典的 PayBox 就是一家独立的第三方移动支付运营平台提供商,先后在德国、瑞典、奥地利和西班牙等几个国家成功推出了手机支付系统。使用其提供的手机支付服务的用户,在服务商处注册后,会收到一个验证密码,作为验证银行是否得到授权的保证。当客户购买商品需要付款时,只要把手机号告诉商家,商家将客户手机号码和支付金额发送给 PayBox,PayBox 系统自动拨打用户手机,并用语音提示用户进行支付确认,用户通过密码确认后,付款立即生效,PayBox 通知银行处理该笔支付业务,支付系统从远程账号上自动扣减账目,并以短信方式通知客户。

在我国,经常在网上购物的消费者对互联网上的第三方支付平台一定很熟悉,"第三方手机支付"可看作为在手机上使用第三方支付平台。例如支付宝推出的手机客户端软件,这种通过第三方构筑的转接平台具有查询、交费、消费、转账等主要业务项目。

第三方机构独立经营模式下的移动运营商、银行和第三方机构之间权责分明,简化了各利益群体之间的关系,提高了商务运作效率,但对平台运营商在市场推广能力、技术研发能力、资金运作能力等方面也提出了更高的要求。移动支付三种运营方式对比如图 5-29 所示。

运营模式	支付账户	主要特征
移动运营商主导	手机话费账户	无须银行参与,仅限小额支付
商业银行主导	商业银行账户	单个商业银行与移动运营商直接合作,银行提供支付服务,移动运营商仅提供信息服务
第三方运营商主导	商业银行账户	能充分发挥移动运营商和商业银行各自有优势,但需整合手机用户资源和商户资源

来源:金智恒信

图 5-29 移动支付三种运营方式对比

(5) 移动支付发展现状

近年来,全球移动支付市场呈现出高速发展的态势。移动支付的应用领域越来越广泛,如购买数字产品(铃声、新闻、音乐、游戏等)和实物产品、公共交通领域应用(公共汽车、地铁、出租车等)、票务(机票、电影、演出、展览等)、公共事业缴费(水、电、煤气、有线电视等)、现场消费(便利店、超市等)等。日本和韩国是移动支付业务开展最早、发展最成熟的国家之一,据统计,2009 年两国的移动支付业务市场规模(交易金额)占全球的一半以上。目前,几乎韩国所有的零售、银行都能提供手机银行业务,每个月有超过 30 万人在购买新手机时,会选择具备特殊记忆卡的插槽,用以存储银行交易资料,并进行交易时的信息加密。在韩国有几万家餐馆和商店拥有能从手机通过红外线读取信用卡信息的终端,使顾客能够通过手机进行消费。在日本,其三大移动运营商之一的 NTT DoCoMo 已经销售了几百万部集成有支付功能的手机,有一万多家日本商店安装了能够与手机通讯的读卡机。目前 NTT DoCoMo 的 3G 手机都配备了红外线装置,用于手机支付,DoCoMo 安装有 FeliCa 芯片的手机产品可以让乘客们使用手机支付车费。其他国家移动支付也在高速发展，艾瑞咨询根据 Aite Group 发布的数据发现，2010 年美国移动支付总成交金额预估值为 160 亿美元，预计 2015 年这一数字将攀升至 2140 亿美元，将是 2010 年的 13.4 倍，复合年增长率为 68%。图 5-30 显示了 2008～2015 年美国移动支付的总成交额。

图 5-30　2008～2015 年美国移动支付总成交额

目前，各国移动支付产业在技术、商业模式方面也不尽相同。如日本采用由本土公司索尼开放的 FeliCaIC 技术，韩国主要采用红外技术，非洲一些国家主要采用 SMS 技术等。在商业模式方面，日本主要是运营商主导模式；在欧洲，多数采用多国运营商联合运作方式；在美国，电子支付业务提供商 PayPal 推出了移动支付业务；非洲一些国家，如赞比亚、南非、肯尼亚、尼日利亚、刚果等国都推出了移动支付业务，有以移动运营商名义推出的，也有以银行名义推出的。

近年来，随着智能终端的普及、3G 用户规模的提升和三网融合的推进，我国移动电子商务也有了很大的发展。央行公布的《2013 年第二季度支付体系运行总体情况》显示，"电子支付业务量快速增长，其中移动支付业务继续保持高速增长。" 第二季度，移动支付 3.71 亿笔，金额 2.07 万亿元，同比分别增长 274.70%和 363.92%。

我国移动支付经历了以下发展历程：

① 2000 年，中国移动与中国银行、中国工商银行、招商银行等金融机构开展合作，推出了基于 STK 方式的手机银行服务，这是国内移动支付最早的发展形式。

② 2002 年 7 月，中国联通与中国银联签订战略合作协议，共同推出基于联通手机的移动支付业务。

③ 2003 年 8 月，中国移动专门和中国银联成立合资公司——联动优势科技公司，进一步推动了移动支付业务的市场拓展进程。

④ 2005 年，移动支付用户数达到 1560 万人，同比增长 134%，占移动通信用户总数的

4%，产业规模达到 3.4 亿元。

⑤ 2007 年，由于产业链的成熟、用户消费习惯的形成和基础设施的完备，移动支付业务进入产业规模快速增长的拐点。

⑥ 2008 年 1 月 29 日中国银联公布的数据显示，2007 年全国手机支付定制用户新增 495 万户，总量突破 1000 万户，全年交易额超过 108 亿元。

⑦ 2009 年 4 月底，中国移动开始在上海招募用户，开始大规模推动手机支付业务。

移动支付主要集中在手机支付上。与传统支付相比，手机支付具有非常明显的优势。首先是手机的普及性，我国手机用户已经突破 7.5 亿，就家庭渗透率而言，早已达到 95%以上，与用户对支付的需求性相当一致；其次是移动支付可与手机号码进行捆绑，如果配合适当的管理机制和技术管控，随身携带的资金安全会进一步得到提高；第三是移动支付操作便捷简单，如果建立共赢的商业模式，对于商户、服务提供商和消费者都具有非常重要的价值。正因为如此，近年来，我国手机支付及相关应用规模逐年增长。根据中国互联网络信息中心（CNNIC）发布的《第 32 次中国互联网络发展状况统计报告》显示，截至 2013 年 6 月底，手机作为上网终端的使用比例，较之台式电脑高出 9 个百分点，达到 78.5%。手机网民规模跃升至 4.64 亿，其中手机在线支付网民规模达到 7911 万，较 2012 年增长 43%。随着移动技术的发展，手机的使用率越来越高，未来移动支付的市场空间也将发展的越来越好。

【思考与实践】

一、简答题

1. 什么是网上支付？
2. 什么是网络银行？网络银行有哪些分类？简述网络银行的功能。
3. 什么是第三方支付？第三方支付有哪些分类？简述第三方支付流程。
4. 什么是电子支付？与传统支付相比，电子支付具有哪些特点？
5. 什么是电子货币？电子货币有哪些分类？
6. 什么是移动支付？移动支付有哪些分类和实现方式？简述移动支付的运营模式。

二、实践题

选择一家银行和一种第三方支付工具，开通网上银行服务，并利用该第三方支付工具完成一次网上购物。

学习情景 6 网上交易物流处理

【学习情境描述】

当我们单击鼠标在网上订购商品后，等待送货员到来的同时，你是否想过，我们订购的东西是怎么到我们手中的？当有人通过一个电子商务平台，将物流运作各方连接在一起，做电子物流的时候，我们将慢慢看到，没有一个高效的电子化物流管理，电子商务不过是一句空话。小雨在网上买了件漂亮的衣服，它只是点了几下鼠标，输入了自己的地址和联系电话，几天后衣服就送到了自己的眼前，他很想知道这一过程是怎样实现的。

【知识点及技能点】

1. 理解电子商务物流配送是电子商务发展的关键问题之一
2. 熟练掌握如何与配送公司签订送货合同
3. 能够做到根据不同产品选择不同的包装方式
4. 跟踪货物配送过程，实时监控配送流程
5. 能够掌握在物流配送过程中，注意到可能遇到的问题

【重点难点】

电子商务交易模式下的物流配送技术要求

【项目任务 6.1】 确定网络零售的物流配送模式

✓ 任务要求

掌握物流的概念、理解物流活动的基本要素，掌握电子商务物流模式，并能够根据实际情况有效地选择适应物流配送的模式。

✓ 完成结果

根据淘宝常见的物流模式，掌握快递公司和邮政邮寄这两种物流模式的特点。

【相关概念】

1. 物流的概念
（1）物流概念的发展

物流是什么？1927 年，美国的 R.Borsodid 在《配送时代》一书中首先使用 Logistic 来定义物流。1935 年，美国销售协会将物流定义为 Physical Distribution，即"包含于销售之中的物质资料和服务，与从生产地到消费地点流动过程中伴随的种种活动"。

在第二次世界大战期间，美国首先采用了后勤管理（Logistics Management）这一名词。战后，这种后勤管理方法被引入到商业部门，被人称之为商业后勤（Business Logistics），即为

"包括原材料的流通、产品分配、运输、购买与库存控制、储存、用户服务等业务活动"。1986年，美国物流管理协会（CLM）将 Physical Distribution 改为 Logistics，定义为"以适合于顾客的要求为目的，对原材料、在制品、制成品与其关联的信息，从产业地点到消费地点之间的流通与保管，为求有效率且最大的'对费用的相对效果'而进行计划、执行、控制"，并于 1992年、1998 年对 Logistics 进行新的拓展，一直沿用至今。1998 年又对物流进行了重新定义，目前最新定义是"物流是供应链流程的一部分，是为了满足客户需求而对商品、服务及相关信息从原产地到消费地的高效率、高效益的正向和反向流动及储存进行的计划、实施与控制过程"（Logistics is that part of the supply chain process that plans, implements, and controls the efficient, effective forward and reverse flow and storage of goods, services, and related in-formation between the point of origin and the point of consumption in order to meet customers' requirements.）。

日本对物流的定义：日通综合研究所出版的《物流手册》中这样解释："物流是将货物由供应者向需求者的物理性移动，是创造时间价值和场所价值的经济活动，包括包装、搬运、保管、库存管理、运输、配送等活动领域"。

欧洲对物流的定义：欧洲物流协会对物流的定义："物流是在一个系统内，对人员和商品的运输、安排及与此相关的支持活动进行计划、执行和控制，以达到特定的目的"。

（2）我国对物流的定义

在我国，物流是一个外来词，是在 20 世纪 70 年代末从日本引进的。1979 年 6 月，中国物资经济学会派代表团参加在日本举行的第三届国际物流会议，把物流的概念带回了国内。

2001 年 4 月，由中国物资流通协会牵头组织，中国物资流通技术开发协会、北方交通大学、北京工商大学、北京物资学院、华中科技大学、原国内贸易局物流技术研究所等单位的专家学者编写的中华人民共和国国家标准《物流术语》（以下简称《物流术语》标准）正式颁布。在充分吸收国内外物流研究成果的基础上，《物流术语》标准将物流定义为："物品从供应地向接收地的实体流动过程。根据实际需要，将运输、储存、装卸、搬运、包装、流通加工、配送、信息处理等基本功能实现有机结合"。物流与物流管理不是一个层面上的概念，所以在国标"物流"定义中，我们用了两句话来描述，第一句是汉语的物理概念，第二句则引入国际上对物流强调系统的含义，但用"有机结合"取代了"计划、实施、控制"等词，因为后者属管理范畴。在国标中单列出了"物流管理"一词并进行了界定，即"为了以最低的物流成本达到客户所满意的服务水平，对物流活动进行的计划、组织、协调与控制"。

综上所述，物流的内涵如下：①物流是物品物质实体的流动，强调实体流动；②物流的主体是供给者和需求者，强调是分销领域，亦即流通领域；③物流是物品从供应地向接收地的实体流动，是一种经济活动；④物流包括运输、搬运、储存、保管、包装、装卸、流通加工和物流信息处理等基本活动功能；⑤物流可以创造物品的空间价值、时间价值和附加加工价值。

2．物流经济活动价值

物流的经济价值主要有以下几个方面。

（1）物流创造时间价值

时间价值是"物"从供给者到需要者之间本来就存在有一段时间差，由于改变了这一时间差而创造的价值，称作"时间价值"。时间价值通过物流获得的形式有缩短时间创造价值、弥补时间差创造价值以及延长时间差创造价值等。

1）缩短时间创造价值

缩短物流时间，可获得多方面的好处，如减少物流损失、降低物流消耗、增加物流周转、节约资金等。从全社会物流的总体来看，加快物流速度、缩短物流时间是物流必须遵循的一条经济规律。

2) 弥补时间差创造价值

供给与需求之间存在时间差，可以说这是一种普遍的客观存在，正是有了这个时间差，商品才能取得自身最高价值，才能获得十分理想的效益。

（2）物流创造场所价值

场所价值指的是"物"从供给者到需求者之间有一段空间差，供给者和需求者之间往往处于不同的场所，由于改变"物"的不同场所存在位置，创造的价值称作"场所价值"。

物流创造场所价值是由现代社会产业结构、社会分工所决定的，主要原因是供给和需求之间的空间差，商品在不同地理位置有不同的价值，通过物流将商品由低价值区转到高价值区，便可获得价值差，即"场所价值"。它有以下几种具体形式。

1) 从集中生产场所流入分散需求场所创造价值。

2) 从分散生产场所流入集中需求场所创造价值。

3) 在低价值地生产场所流入高价值地需求场所创造价值。

在经济全球化的浪潮中，国际分工和全球供应链的构筑中一个基本选择是在成本最低的地区进行生产，通过有效的物流系统和全球供应链，在价值最高的地区销售，信息技术和现代物流技术为此创造了条件，使物流得以创造价值，得以增值。

（3）物流创造加工价值

"物"通过加工而增加附加价值，取得新的使用价值，这是生产过程的职能。在加工过程中，由于物化劳动和活劳动的不断注入，增加了"物"的成本，同时更增加了它的价值。

在流通过程中，可以通过流通加工的特殊生产形式，使处于流通过程中的"物"通过特定方式的加工而增加附加值，这就是物流创造加工价值的活动。物流创造加工价值是有局限性的，它不能取代正常的生产活动，而只能是生产过程在流通领域中的一种完善和补充。但是，物流过程的增值功能往往通过流通加工得到很大的体现，所以，根据物流对象的特性，按照用户的要求进行这一加工活动，可以对整个物流系统的完善起到重大作用。

【任务实现】

6.1.1　选择电子商务物流模式

6.1.1.1　电子商务物流现状

近年来，电子商务的发展改变了传统的销售方式及消费者的购物方式，使得送货上门等物流服务成为可能，这也促进了我国物流行业的兴起，物流信息化也成了电子商务的必然要求。物流是电子商务的要素之一。随着电子商务的进一步发展，物流对电子商务的作用日益突出。在欧美等经济发达国家，物流的发展经历了数十年。在美国，其物流发展自 1915 年至今已有近 100 年的历史。在以网络通信为基础的电子商务时代，其电子商务物流也应十分发达。在我国，物流起步晚、水平低。在电子商务时代的今天，能够支持电子商务活动的现代物流发展还存在诸多问题。

（1）物流企业的类型。根据我国现阶段物流企业的所有制性质和经营管理方式的不同，物流企业可被分为两大类：一类是受控型物流企业。这类企业是指受中央政府或地方政府行政控制的国有或集体企业，具有行业性、地域性和传统性等特点。例如，我国粮油仓储企业、各地物资储运公司和外运公司等。这类企业只进行传统的货物运输，是属于传统的、业务单一的物流企业或运输企业。另一类是非受控型物流企业。这类企业是指由市场培育出来，按市场规律运作的各类私营企业、合资企业、外资企业以及股份制形式直接创立的新型物流企业。它们具有专业性强、自动化和信息化程度高、规模较小等特点。这类企业不仅经营货物运输，同时进行物流的策划、配送中心的规划、仓储管理、信息交流等增值业务，并通过公路、铁路、海运、空运、互联网等方式将产品和服务配送到世界各地，是现代电子商务物流模式的企业。

（2）物流企业的规模。目前，我国电子商务物流企业在数量上已具有一定的规模。全国700余家连锁公司中，一些规模较大的连锁公司已经建立了自己的配送中心。国内介入物流业的上市公司也有近40家。与此同时，由于看好加入世贸组织后的中国物流市场，许多外国物流企业和运输业巨头也抢滩中国。日本独资的物流公司——日本邮船继在中国上海设分公司后，又相继在天津、青岛、广州、大连等地设立物流分公司。现在我国已经建有各类配送中心1000多家，它们和外资物流企业一起参与我国物流市场的激烈竞争。

6.1.1.2 物流活动基本要素

物流过程中的活动是由采购运输、储存、装卸搬运、物流配送等各环节所组成的，它们也可以称为物流的子系统，实现预期的物流功能，如图6-1所示。

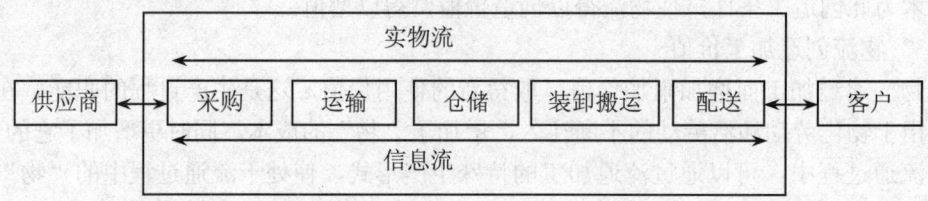

图6-1 物流系统的子系统构成

（1）物流活动（功能）基本要素

物流过程的活动要素指的是物流系统所具有的基本活动，这些基本活动有效地组合、联结在一起，便成了物流的总功能，便能合理、有效地实现物流系统的总目的。

物流系统的活动要素一般认为有运输、储存保管、包装、装卸、搬运、流通加工、物流配送、物流信息等，如果从物流活动的实际工作环节来考查，物流由上述七项具体活动构成。换句话说，物流系统的功能由以下七种活动来实现。

1）包装 包括产品的出厂包装、生产过程中在制品、半成品的包装以及在物流过程中换装、分装、再包装等活动，对包装活动的管理，根据物流方式和销售要求来确定。以商业包装为主。还是以工业包装为主，要全面考虑包装对产品的保护作用、促进销售作用、提高装运率的作用、包拆装的便利性以及废包装的回收及处理等因素。包装管理还要根据全物流过程的经济效果来具体决定包装材料、强度、尺寸及包装方式。

2）装卸。包括对输送、保管、包装、流通加工等物流活动进行衔接活动，以及在保管等活动中为进行检验、维护、保养所进行的装卸活动。对装卸活动的管理，主要是确定最恰当的装卸方式，力求减少装卸次数，合理配置及使用装卸机具，以做到节能、省力、减少损失、加快速度，以获得较好的经济效果。

3）运输。包括供应及销售物流中的车、船、飞机等方式的运输，生产物流中的管道、传送带等方式的运输。对运输活动的管理，要求选择技术经济效果最好的运输方式及联运方式，合理确定运输路线，以实现安全、迅速、准时、价廉的要求。

4）储存保管。包括堆存、保管、保养、维护等活动。对储存保管活动的管理，要求正确确定库存数量，明确仓库以流通为主还是以储备为主，合理确定保管的制度和流程，对库存物品采取有区别的管理方式，力求提高保管效率，降低损耗，加速物资和资金的周转。

5）流通加工。又称流通过程的辅助加工活动。这种加工活动不仅存在于社会流通过程，也存在于企业内部的流通过程中。所以，它实际上是在物流过程中进行的辅助加工活动。它能使企业、物资部门、商业部门弥补生产过程中加工程度的不足，更有效地满足用户或本企业的需求。

6）物流配送。是物流进入最终阶段，以物流配送、送货形式，最终完成社会物流并最终实现资源配置的活动。物流配送活动一直被看成是运输活动中的一个组成部分，是一种运输形式。但是，物流配送作为一种现代流通方式，集经营、服务、社会集中库存、分拣、装卸搬运于一身，已不是单单一种送货运输能包含的了。

7）物流信息服务。包括进行与上述各项活动有关的计划、预测、动态（运量、收、发、存数）的情报及有关的费用情报、生产情报、市场情报的活动。对物流情报活动的管理，要求建立情报系统和情报渠道，正确选定情报科目和情报的收集、汇总、统计、使用方式，以保证其可靠性和及时性。

（2）物流系统的物质基础要素

物流系统的建立和运行需要有大量技术装备手段，这些手段的有机联系对物流系统的运行有决定意义。这些要素对实现物流和某一方面的功能也是必不可少的。如表6-1所示是物流系统的基础要素。

表 6-1 物流系统的基础要素

物流设施	包括物流站、场，物流中心、仓库，物流线路，建筑、公路、铁路、港口等
物流装备	包括仓库货架、进出库设备、加工设备、运输设备、装卸机械等
物流工具	物流系统运行的物质条件，包括包装工具、维护保养工具、办公设备等
信息技术及网络	它是掌握和传递物流信息的手段，根据所需信息水平不同，包括通讯设备及线路、传真设备，计算机及网络设备等
组织管理	起着连结、调运、运筹、协调、指挥其他各要素以保障物流系统目的的实现

6.1.2 电子商务物流模式分析

物流是电子商务将所具优势正常发挥的基础。电子商务的开展能够有效地缩短供货时间和生产周期，简化订单程序，降低库存水平，同时使得客户关系管理（CRM）更加富有成效。但是，电子商务的任何一笔交易都离不开物流，没有现代化的物流运作模式的支持，没有一个高效、合法、通畅的物流系统，电子商务所具有的优势就难以得到正常发挥。

目前企业开展的物流活动主要有自营物流、物流联盟、第三物流及第四方物流等模式。

（1）自营物流模式

物流自营是指生产企业借助于自身的物质条件，自行组织的物流活动。在物流自营方式中，企业也会向运输公司购买运输服务或向仓储企业购买仓储服务，但这些服务都只限于一次或一系列分散的物流功能，而且是临时性、纯市场交易的服务。一般说来，如果物流对企业成功的影响程度很大，且企业对物流的管理能力很强，企业采用物流自营模式较适宜。

常见的物流自营经营方式有：①将分散在不同组织部门的物流活动整合为一个部门加以运作管理，实现跨业务单位的内部物流管理一体化。②开发内部的物流组织或跨职能物流组织。这种组织方式是按照业务过程或工作流程进行的，而不是按照任务或职能划分的，它以实现跨任务协作、以顾客为中心为主要作用。③建立物流服务部，组织内部的物流服务部门以市场为导向，并向内部的服务对象索取费用，且内部顾客不再享有免费或低价服务，物流部门可为外部顾客提供服务，同时组织内部顾客任选外部供应商提供服务。④成立物流子公司，代理企业专营物流业务管理，对物流业务统一指挥并实行独立核算、自负盈亏，多余的物流能力可参与社会经营，避免物流能力闲置和浪费。

（2）物流联盟模式

1）物流联盟概念

物流联盟是以物流为合作基础的企业战略联盟；它是指两个或多个企业之间，为了实现自己的物流战略目标，通过各种协议、契约而结成的优势互补、风险共担、利益共享的松散型网络组织。在我国，物流水平还处于初级阶段，组建联盟便显得尤为重要。物流联盟具有以下特点：相互依赖、核心专业化、强调合作等。

2）物流联盟的优势

企业通过物流联盟迅速开拓全球市场，如中国物流联盟网能完成其全球物流配送，从而使业务在全球范围内展开。

长期供应链关系发展成为联盟形式，有助于降低企业的风险。单个企业的力量是有限的，它对一个领域的探索失败了损失会很大。如果几个企业联合起来，在不同的领域分头行动，就会减少风险。而且联盟企业在行动上也有一定的协同性，因此对于突如其来的风险，能够共同分担，这样便减少了各个企业的风险，提高了抵抗风险的能力。

企业（尤其是中小企业）通过物流服务提供商，结成联盟，能有效地降低物流成本（通过联盟整合，可节约成本10~25%），提高企业竞争能力。由于我国物流业存在着诸多不利因素，让这些企业进行联盟能够在物流设备、技术、信息、管理、资金等各方面互通有无，优势互补，减少重复劳动、降低成本，达到共同提高、逐步完善的目的，从而使物流业朝着专业化、集约化的方向发展，提高整个行业的竞争能力。此外，物流联盟有助于物流合作伙伴之间在交易过程中减少相关交易成本。物流合作伙伴之间经常沟通与合作，互通信息，建立起来相互的信任和承诺，减少履约风险。

（3）物流联盟建立

1）物流联盟要给成员带来实实在在的利益。联盟采取的每一项措施都要考虑每个成员的利益，使联盟的每个成员都是受益者，并能协调处理成员间的摩擦，提高客户服务能力，减少成本和获得持久的竞争优势。

2）联盟战略目标与企业的物流战略一致或部分一致。联盟是一个独立的实体，是一个系统一体化的组织，联盟成员需采取共同目标和一致的努力，优化企业的外部行为，共同协调并实现联盟的目标。

3）联盟成员的企业文化的精神实质基本一致。企业文化往往决定着企业的行为，只有企业文化大体相同的企业才有可能在行为上取得一致，从而结盟。

4）联盟成员的领导层相对稳定。如果联盟成员经常更换领导层，后一任领导可能不认同前一任领导的决策，导致联盟不稳定性加大，因此领导层的相对稳定是联盟长期稳固发展的重要因素。

（4）第三方物流模式

1）第三方物流的概念

所谓第三方物流，是指生产经营企业为集中精力做好主业，把原来属于自己处理的物流活动，以合同方式委托给专业物流服务企业，同时通过信息系统与物流服务企业保持密切联系，以达到对物流全程的管理和控制的一种物流运作与管理方式。因此第三方物流又叫合同制物流。第三方物流（Third Party Logistics）的概念源自于管理学中的企业动态地配置自身和其他企业的功能和服务，利用外部的资源为企业内部的生产经营服务。提供第三方物流服务的企业，其前身一般是运输业、仓储业等从事物流活动及相关的行业。从事第三方物流的企业在委托方物流需求的推动下，从简单的存储、运输等单项活动转为提供全面的物流服务，其中包括物流活动的组织、协调和管理、设计建议最优物流方案、物流全程的信息搜集、管理等。目前在电子商务环境下第三方物流的概念已广泛地被流通行业所接受。

2）第三方物流的作用

第三方物流的作用体现在发挥企业管理优势、降低生产成本、提高服务质量、适应需求变化、不断更新技术五个方面。

① 发挥企业管理优势。第三方物流最大的优势是使企业能够集中精力于自身擅长的管理业务。由于受到人力、物力、财力等各方面的资源的限制，每个企业在管理方面均具有其擅长而独特的一面，同时也具有其欠缺和薄弱的一面。因此，面对着这种客观状况，企业必须充分利用现有资源，发挥管理优势，集中精力于内部管理的问题上，解决一些重点和难点，而将不擅长的或条件不足的物流管理部分转移至外部物流服务公司，即第三方物流。例如，移动通信产品公司将各子公司之间的运送事务委托给第三方物流公司，而公司自身可以集中精力于手机产品的制造管理方面，这样，可以把多余的精力用来加强产品质量的研究，不断地提高产品质量。

② 降低生产成本。人们所熟悉的生产成本的要素是原料成本、劳动力成本和制造费用成本。其中任何一个要素费用的降低，都会引起生产成本的下降。影响原料成本下降的因素之一是原料采购费用。例如，原料采购中的运输费用的下降就会影响生产成本。如果企业将采购原料工作交给第三方物流管理的话，第三方物流公司就可以根据客户的需要进行合理的选择，集中配送和发运，实现联合运输。这样做的话，原料采购的运输费用必然会低于单独客户的专门运输费用。

③ 提高企业服务质量。由于企业发挥了内部管理的优势，企业就有精力致力于生产管理，更好地关注产品质量以及服务质量。又由于降低了生产成本，企业有能力开发服务工作，就提高了服务工作的水平。例如：精益生产对于外购件在配送时间上要求较高，利用第三方物流高质量的服务功能，可以采用最佳方式，最快速度，及时将外购零部件配送到位，这样就保证了产品的生产时间，真正做到了及时生产，保证了企业准时交货的优质服务。

④ 适应需求变化。由于市场竞争的不断加剧，客户需求的不断变化，迫使企业不得不采取各种灵活手段来应付瞬息万变的局面，以适应周围环境，求得生存。企业在物流管理方面也

必须具有灵活性。主要表现在：当市场变化、订单增多、企业运输能力不足时，可以借助第三方物流的职能来补充或替代企业的运输工作；当实际需求加大时，要求在库存设置和空间上进行调整，此时，企业可以外购仓储保管能力，即借助第三方物流的保管功能来补充保管容量；当企业加工能力不足，希望减少流通加工的包装工序时，可以借助第三方物流的包装功能来实现；当企业没有精力进行配货时，也可以借助第三方物流的配送功能。总之，利用第三方物流的各项功能，可以使企业具有各种较好的服务能力，以应付瞬息万变的环境。例如：美国联合包裹运送服务公司 UPS 为了迅速、可靠且安全地将信函、文件及物品快递至收件人手中，保证服务质量，采取了在各国就地建立区域性仓库的方法，UPS 借用上海浦东国际机场快件中心的大仓库，建立了一条包裹自动流水线来满足快递的质量要求。

⑤ 不断更新技术。物流技术是物品运输、保管、配送、装卸、包装、信息管理过程中所应用的技术。物流技术是随着物流业务的发展及科学技术的进步而不断更新的。现代物流高速发展的今天，物流技术更是快速地变化。主要表现在运输工具的专业化和多样化、保管技术的自动化、物流配送活动的高速度、装卸技术的自动化和机械化、包装技术的新材料和流水线、信息管理的网络化等。物流技术日新月异的变化，代表着现代物流发展的需要，而一般企业要跟上物流技术变化的潮流，在时间、财力和技术各个方面均显得有些力不从心，但是第三方物流是专门从事物流工作的专职机构，不断追寻物流技术的发展，更新物流设备，应用高技术手段是它们生存的需要，它们也有能力以最快的速度更新物流技术。

3）第三方物流与物流一体化

所谓物流一体化，就是以物流系统为核心的由生产企业、物流企业、销售企业，直至消费者的供应链的整合化和系统化，它是物流业发展的成熟阶段。

物流一体化的发展可进一步分为三个层次：物流自身一体化、微观物流一体化和宏观物流一体化。物流自身一体化是指物流系统的观念逐渐确立，运输、仓储和其他物流要素趋向完备，子系统协调运作发展。微观物流一体化是指市场主体企业将物流提高到企业战略并作为纽带的企业联盟。宏观物流一体化是指物流业发展到物流业占到国家国民总产值的一定比例，处于社会经济生活的主导地位，它使跨国公司从内部职能专业化和国际分工程度的提高中获得规模经济效益。

物流一体化是物流产业的发展形式，它必须以第三方物流的充分发育和完善为基础。物流一体化的实质是一个物流管理的问题，即专业化物流管理人员和技术人员充分利用专业化物流设备、设施，发挥专业化物流运作的管理经验，以求取得整体最优的效果。同时，物流一体化的趋势为第三方物流的发展提供了良好的发展环境和巨大的市场需求。从物流业的发展看，第三方物流是在物流一体化的第一个层次上出现萌芽的，但是这时只有数量有限的功能性物流企业。第三方物流在物流一体化的第二个层次得到迅速发展，如专业化的功能性物流企业和综合性物流企业的出现及快速发展。这些企业发展到一定水平，物流一体化就进入了第三个层次。西方发达国家在发展第三方物流，实现物流一体化方面积累了较为丰富的经验。德国、美国、日本等先进国家认为，实现物流一体化、发展第三方物流的关键是具备一支优秀的物流管理队伍。要求管理者必须具备较高的经济学和物流学专业知识和技能，精通物流供应链中的每一门学科，具备很强的整体规划水平和现代管理能力。第三方面物流和物流一体化的理论为中国的国有大中型企业带来一次难得的发展机遇和契机，即探索适合中国国情的第三方物流运作模式，即实现降低生产成本，提高效益，加强竞争力。

4）第三方物流成为电子商务物流的主要形式

第三方物流将在电子商务环境下得到极大发展的原因如下：

① 跨区域物流。电子商务的跨时域性和跨区域性，要求其物流活动也具有跨区域或国际化的特征。电子商务按其交易对象的不同可分为 B2C 和 B2B。在 B2C 形式下，如 A 国的消费者在 B 国的网上商店用国际通用的信用卡购买商品，若要将商品送到消费者手里，对于小件商品可以邮购；对于大件商品，则是通过快递公司完成交货。目前，这些流通费用一般由消费者承担，对于零散用户而言，流通费用显然过高。如在各国成立境外分公司和配送中心，利用第三方物流，由用户所在国配送中心将货物送到用户手里，可大大降低流通费用，提高流通速度。在 B2B 形式下，大宗物品的跨国运输是极为复杂的，如果第三方物流公司能提供一票到底、门到门的服务，则可大大简化交易，减少货物周转环节，降低物流费用。并且，网上一般都是新建的企业，不可能投资建立自己的全球配送网络，甚至全国配送网络都无法建成，所以他们对第三方物流的迫切要求是很容易理解的。

② 电子商务时代的物流重组需要第三方物流的发展。电子商务时代，物流业的地位大大提高，而未来物流业的形式就是以现在的第三方物流公司为雏型，第三方物流将会发展成为将来整个社会生产企业和消费者的"第三方"。

（5）电子商务下物流模式决策

电子商务下的物流模式选择：

1）综合物流代理模式。综合性物流代理的第三方物流模式，即由一家在物流综合管理经验、人才、技术、理念上均有一定优势的物流企业对电子商务交易中供求双方所有物流业务活动进行全权代理，由它全权调配物流资源、制定物流方案、协调调度各方运作。

综合性物流代理的物流企业，在电子商务的平台上将运输、仓储等运作层面的业务委托给其他专门性物流作业公司，这样可以避免对场地、设施等固定资产的重复投资。另一方面，综合物流代理企业利用自己的专业管理经验，可以通过电子商务整合供应链流程。既能为生产商提供产品代理、管理服务和原材料供应等物流服务，又能对销售商全权代理配货送货物流业务，同时还能完成商流、信息流、资金流、物流的传递。这种模式比较适合 B2B 电子商务，也适合 B2C 电子商务的同城业务。

2）电子商务企业和第三方物流企业互相参股。电子商务企业将物流外包，主要有两个目的：一是争取成本最低，二是得到可靠的服务。为了对物流过程有所控制，获得有保证的服务，减少顾虑，电子商务企业可选择参股第三方物流公司。反过来，第三方物流企业为了有稳定的客户，或者为了实现多元化经营，也可以参股电子商务企业。这种方式更能保证电子商务企业获得可靠的物流服务。但在具体操作中，企业要明确自己的优势所在，突出核心业务。这种模式比较适合生产制造企业，尤其是对原材料、能源、产品运输要求量大的企业。这种模式特点是电子商务企业与第三方物流企业关系紧密，二者是战略合作关系，利益有相关性。

3）邮政物流模式。电子商务物流的特点是地域广、随机性、批量小，要满足这种要求，物流配送必须有一个全国性的配送网络，服务覆盖几乎所有地区。目前，在我国能满足这一点的物流企业只有中国邮政。中国邮政的物流网络遍布全国每一个城镇乡村，营业网点地理位置十分有利，分布在每个居民区中，历史悠久，有一定品牌效应，且中国邮政长期从事包裹投递业务，在开展物流配送等业务方面有着丰富的经验。对于众多个人商务营业者来说，中国邮政是较为合适的选择。

4）第三方物流与第三方支付平台的结合模式。由第三方物流或第三方支付平台牵头，整合两种资源，由交易双方选择指定的物流公司取货、验货、发货。如阿里巴巴旗下的支付宝网络科技有限公司已与天津大田集团和宅急送两大国内物流巨头结盟，成立我国第一个电子商务第三方物流联盟。其中与中国邮政快递公司的谈判也正在进行中。电子商务与第三方物流联盟，一方面能够较好地杜绝网络欺诈的发生，降低交易风险，使网上交易更健康、更贴近现实；另一方面能代表交易者与物流公司进行协商，为用户降低物流成本，有助于电子商务的推广。

5）建立信息共享平台模式。在物流过程中，客户需要随时了解货物的配送情况，物流企业也要在第一时间掌握市场需求信息，随时准备为客户提供定制服务。在传统模式下。很难及时进行信息沟通，一方面是客户一旦将货物交给物流企业后面临服务"黑箱"，引起客户的顾虑，不利于客户有计划安排生产和销售；另一方面，物流企业不能及时获得需求信息，物流方案难以与客户衔接，造成服务不到位，导致客户流失。物流企业可以建立自己的物流管理信息系统，这个系统通过互联网或专用网络与主要客户的管理信息系统无缝对接，双方信息实时交流，委托企业对物流过程了如指掌，物流企业对客户的服务需求也在第一时间获得，双方可以在最大限度范围内展开合作，实现双赢。

（6）第四方物流模式

信息技术以及电子商务的飞速发展，带来了物流模式的不断变革，当第三方物流（3PL）刚刚被世界物流界普遍认同时，一种全新的物流理念——第四方物流（4PL）又在物流界倍受瞩目。

1）第四方物流的定义及特点

第四方物流（4PL）的概念首先是由安德森咨询公司提出的，并定义为"一个调配和管理组织自身的及具有互补性的服务提供商的资源、能力与技术，来提供全面的供应链解决方案的供应链集成商"。从概念上来看，第四方物流是有领导力量的物流提供商，它可以通过整个供应链的影响力，提供综合的供应链解决方案，也为其顾客带来更大的价值。它不仅控制和管理特定的物流服务，而且对整个物流过程提出解决方案，并通过电子商务将这个过程集成起来。第四方物流正日益成为一种帮助企业实现降低持续运作成本和区别于传统的外包业务的真正的资产转移。它实际上是一种虚拟物流，是依靠业内最优秀的第三方物流供应商、技术供应商、管理咨询顾问和其他增值服务商，整合社会资源，为用户提供独特的和广泛的供应链解决方案。这是任何一家公司都不能单独提供的。

从上可以看到第四方物流的特点：一是其提供了一整套完善的供应链解决方案，以有效地适应需方多样化和复杂的需求，集中所有的资源为客户完善地解决问题；二是通过其对整个供应链产生影响的能力来增加价值，即能够为整条供应链的客户带来利益。

2）第四方物流应用模式

① 知识密集型模式，也称"协助提高者"，即第四方物流为第三方物流工作，并提供第三方物流缺少的技术和战略技能；

② 方案定制模式，也称"方案集成商"，即第四方物流为货主服务，是和所有第三方物流提供商及其他提供商联系的中心；

③ 整合模式，也称"产业革新者"，即第四方物流通过对同步与协作的关注，为众多的产业成员运作供应链。

事实上，第四方物流无论采取哪一种模式，它都是在解决企业物流的基础上，整合社会资源，解决物流信息充分共享、社会物流资源充分利用的问题。所以，第四方物流是中国物流业发展和提升的助力器。

3）我国第四方物流的发展

由于第四方物流能解决整个社会物流的资源效率问题，且对物流服务有更深层次、更全面的要求。目前，我国第四方物流的发展可从以下4方面考虑：

① 发展第三方物流，为第四方物流提供基础。只有大力发展第三方物流企业，第四方物流才有发展的基础。我国还处在发展第三方物流的初始期。因此，大力发展第三方物流是当前提高我国物流产业发展水平最重要的措施，也是发展第四方物流的必要前提。

② 整合物流资源，由竞争走向合作。国内物流业资源较为庞大，但传统意义上的物流各个环节（如仓储、运输、包装等）之间缺乏有效的整合，需要提供一个全面的管理方式。因此，通过现有物流资源的整合，由竞争走向合作是加速我国第四方物流进程的捷径。

③ 发展电子商务物流，建立全国物流公共信息平台。我国目前正在推进信息化进程，同时物流业在我国经济中的地位越来越突出，把当前蓬勃发展的电子商务和现代物流产业结合起来的最佳途径就是发展电子商务物流、培育第四方物流、建立全国物流行业的公共平台，通过国际互联网形式整合物流企业的资源，这样可以使我国物流产业真正有质的提高。

④ 革新物流企业，适应现代物流发展新趋势。第四方物流具有突破现行供应链模式的潜能，它不仅能通过优异的运营计划、技能及其实施，与制造商建立一种长期进步、互惠互利的伙伴关系，而且可以整合全社会的资源，从根本上解决当前电子商务中物流瓶颈问题，是促进我国电子商务进一步发展的关键。

6.1.3 分析电子商务与物流关系

6.1.3.1 物流对电子商务的影响

（1）物流是电子商务的重要组成部分。电子商务的本质是商务，商务的核心内容是商品的交易，而商品交易会涉及到四方面：商品所有权的转移、货币的支付、有关信息的获取与应用、商品本身的转交，即商流、资金流、信息流、物流。其中信息流既包括商品信息的提供、促销行销、技术支持、售后服务等内容，也包括诸如询价单、报价单、付款通知单、转账通知单等商业贸易单证，还包括交易方的支付能力、支付信誉等。商流是指商品在购、销之间进行交易和商品所有权转移的运动过程，具体是指商品交易的一系列活动。资金流主要是指资金的转移过程，包括付款、转账等过程。在电子商务环境下，这四个部分都与传统情况有所不同。商流、资金流与信息流这三种流的处理都可以通过计算机和网络通信设备实现。物流作为四流中最为特殊的一种，是指物质实体的流动过程，具体指运输、储存、物流配送、装卸、保管、物流信息管理等各种活动。对于少数商品和服务来说，可以直接通过网络传输的方式进行物流配送，如各种电子出版物、信息咨询服务等。而对于大多数商品和服务来说，物流仍要经由物理方式传输。过去，人们对物流在电子商务中的重要性认识不够，对于物流在电子商务环境下应发生的变化也认识不足，认为对于大多数商品和服务来说，物流仍然可以经由传统的经销渠道。但随着电子商务的进一步推广与应用，物流能力的滞后对其发展的制约越来越明显。物流的重要性对电子商务活动的影响被越来越多的人所注意。

（2）物流是实现"以顾客为中心"理念的根本保证。从原始买卖到如今的电子商务，其中最大改变就是电子商务不受时间、地点的限制。电子商务可以把所有的商品买卖虚拟成一个大的商场,在任何时间、地点都可以买到世界上任何一种商品。电子商务的出现,在最大程度上方便了最终消费者。他们不必再跑到拥挤的商业街,一家又一家地挑选自己所需的商品,而只要坐在家里,在Internet上搜索、查看、挑选,就可以完成他们的购物过程。但试想,他们所购的商品迟迟不能送到,或商家所送并非自己所购,那消费者还会选择网上购物吗?网上购物的不安全性一直是电子商务难以推广的重要原因。不管是B2B还是B2C,作为消费者、顾客,买了商品,是不是商品能安全迅速地送到我的手中,这才是消费者最关心的问题,这当中就需要解决物流及物流配送等问题。一句话:电子商务的发展需要物流做基础,物流是实现"以顾客为中心"理念的根本保证。

(3) 物流保证生产的顺利进行。无论在传统的贸易方式下,还是在电子商务下,生产都是商品流通之本,而生产的顺利进行需要各类物流活动的支持。生产的全过程从原料的采购开始,便要求有相应的供应物流活动将所采购的材料送到位,否则,生产就难以进行;在生产的各工艺流程之间,也需要有原材料、半成品的物流过程,即所谓的生产物流,以实现生产的流动性;部分余料、可重复利用的物资的回收,也需要所谓的回收物流;废弃物的处理需要废弃物物流。可见,整个生产过程实际上包含了系列化的物流活动。合理化、现代化的物流,通过降低费用从而降低成本、优化库存结构、减少资金占压、缩短生产周期,保障了现代化生产的高效运行。相反,缺少了现代化的物流,生产将难以顺利进行,无论电子商务是多么便捷的贸易形式,仍将是无米之炊。

(4) 物流服务于商流。在商业活动中,商品所有权在购销合同签订的同时,便由供方转移到了需方,而商品实体并没有因此而到达需方。在电子商务条件下,顾客通过网络购物,完成了商品所有权的交割过程,但电子商务活动并未结束,只有商品和服务真正到达顾客手中,商务活动才告终结。在整个电子商务中,物流实际上是以商流的后续者和服务者的姿态出现的。没有现代化的物流,轻松的商务活动只会退化为一纸空文。

6.1.3.2 电子商务对物流的影响

(1) 电子商务为物流创造了一个虚拟性的运动空间

在电子商务状态下,人们在进行物流活动时,物流的各项职能及功能可以通过虚拟化的方式表现出来,在这种虚拟化的过程当中,人们通过各种的组合方式,寻求物流的合理化,使商品实体在实际的运动过程中,达到效率最高、费用最省、距离最短、时间最少的目的。

电子商务可以对物流网络进行实时控制。在电子商务下,物流的运作是以信息为中心的,信息不仅决定了物流的运动方向,而且决定着物流的运作方式。物流信息化表现为物流信息的商品化、物流信息收集的数据化和代码化、物流信息处理的电子化和计算机化、物流信息传递的标准化和实时化、物流信息存储的数字化等。随着电子商务的发展,物流在我国将得到普遍的应用。

(2) 电子商务改变物流企业的经营管理

1) 物流业的地位大大提高

电子商务是一次高科技和信息化的革命,这必然导致产业大重组。重组的结果可能使得社会上的产业只剩下两类行业:一类是实业,包括制造业和物流业;一类是信息业,包括服务、金融、信息处理业等。在实业中,物流企业会越来越强化,是因为在电子商务环境里必须承担更重要的任务:既要把虚拟商店的货物送到用户手中,而且还要从生产企业及时进货入库。物流公司既是生产企业的仓库,又是用户的实物供应者。可见电子商务把物流业提升到了前所未有的高度，为其提供了空前的发展机遇。

2）供应链管理的变化

① 供应链短路化。企业可以通过自己的网站绕过传统的经销商与客户直接沟通。不需要设置多层实体分销网络（包括人员与店铺设施），也不需要存货，因此降低了流通成本，缩短了流通时间，使物流径路短路化。

② 供应链中货物流动方向由"推动式"变成"拉动式"。

传统的供应链由于供销之间的脱节，供应商难以得到及时而准确的销售信息，因此只能对存货管理采用计划方法，存货的流动是"推动式"的。在电子商务环境下，供应链实现了一体化，供应商与零售商、消费者通过 Internet 连在了一起，通过 POS、EOS 等供应商可以及时且准确地掌握产品销售信息与顾客信息。此时存货管理采用反应方法，按所获信息组织产品生产和对零售商供货，存货的流动变成"拉动式"，完全可以消除上述两个缺点，并实现销售方面的"零库存"。

③ 第三方物流成为物流业的主要组织形式，第三方物流将在电子商务环境下得到极大发展，原因是：首先跨区域物流需要第三方物流；其次电子商务时代的物流重组需要第三方物流的发展。

（3）电子商务对物流各作业环节的影响

1）采购，在电子商务环境下，企业的采购过程会变得简单、顺畅。通过网络采购，可以接触到更大范围的供应厂商，因而也就产生了更为激烈的竞争，又从另一方面降低了采购成本。

2）物流配送：物流配送业地位强化，在电子商务时代，B2C 的物流支持都要靠物流配送来提供，B2B 的物流业务会逐渐外包给第三方物流，其供货方式也是物流配送制。没有物流配送，电子商务物流就无法实现，电子商务也就无法实现，电子商务的命运与物流配送业联在了一起。同时，电子商务使制造业与零售业实现"零库存"，实际上是把库存转移给了物流配送中心，因此物流配送中心成为整个社会的仓库。由此可见物流配送业的地位大大提高了。

物流配送中心成为商流、信息流和物流的汇集中心，传统方式上，物流、商流和信息流是"三流分立"的，而电子商务的物流配送中心把三者有机地结合在一起。

（4）电子商务促进物流基础设施的改善

由于电子商务高效率和全球性的特点，要求物流也必须达到这一目标。而物流要达到这一目标，良好的交通运输网络、通信网络等基础设施则是最基本的保证。除此之外，相关的法律条文、政策、观念等都要不断地得到提高。

6.1.3.3 电子商务推动物流业的发展趋势

电子商务时代，由于企业销售范围的扩大，企业和商业销售方式及最终消费者购买方式的转变，使得送货上门等业务成为一项极为重要的服务业务，促使了物流行业的兴起。物流行业即能完整提供物流功能服务，以及运输配送、仓储保管、分装包装、流通加工等服务的以获利为目的的行业。信息化、全球化、多功能化和一流的服务水平，已成为电子商务下的物流企业所追求的目标。

（1）多功能化——物流业发展的方向。在电子商务时代，物流发展到集约化阶段，一体化的配送中心不单单提供仓储和运输服务，还必须开展配货、配送和各种提高附加值的流通加工服务项目，也可按客户的需要提供其他服务。现代供应链管理即通过从供应者到消费者供应链的综合运作，使物流达到最优化。企业追求全面的系统的综合效果。

（2）一流的服务——物流企业的追求。在电子商务下，物流业是介于供货方和购货方之间的第三方，它以服务作为第一宗旨。从目前物流的现状来看，物流企业不仅要为本地区服务，而且还要进行长距离的服务。优质和系统的服务使物流企业与货主企业结成战略伙伴关系（或称策略联盟），一方面有助于货主企业的产品迅速进入市场，提高竞争力；另一方面则使物流企业有稳定的资源，对物流企业而言，服务质量和服务水平正逐渐成为比价格更为重要的选择因素。

（3）信息化——现代物流业的必由之路。在电子商务时代，要提供最佳的服务，物流系统必须要有良好的信息处理和传输系统。在大型的配送公司里，仓库商品的周转次数一般每年达 20 次左右，若利用客户信息反馈这种有效手段，可增加到 24 次。通过 JIT 系统，可从零售商店很快地得到销售反馈信息。配送不仅实现了内部的信息网络化，而且增加了配送货物的跟踪信息，从而大大提高了物流企业的服务水平，降低了成本。

（4）全球化——物流企业竞争的趋势。20 世纪 90 年代初，由于电子商务的出现，加速了全球经济的一体化，致使物流企业的发展达到了多国化。它从许多不同的国家收集所需要的资源，再加工后向各国出口。由于全球化战略的趋势，使生产厂商集中精力制造产品、降低成本、创造价值；物流企业则集中精力从事物流服务。

6.1.4　选择电子商务物流配送

6.1.4.1　物流配送的概述

（1）物流配送概念

从物流配送活动的实施过程上看，物流配送包括两个方面的活动："配"是对货物进行集中、分拣和组配，"送"是以各种不同的方式将货物送达至指定地点或用户手中。

可以对物流配送归纳出以下几个特点：

第一，物流配送不是一般概念的送货，也不是生产企业推销产品时直接从事的销售性送货，而是从物流结点至用户的一种特殊送货形式。

第二，物流配送不是一般的运输和输送，而是运输与其他活动共同构成的结合体。

第三，物流配送不是供应和供给，它不是广义概念的组织资源订货、签约、进货、结算及对物资处理分配的供应，而是以供应者送货到用户的形式进行供应。

第四，物流配送不是消极的送货发货，而是在全面配货的基础上，充分按照用户的要求进行服务，它是将"配"和"送"有机地结合起来，完全按照用户要求的数量、种类、时间等进行分货、配货、配装等工作。

第五，物流配送是一项有计划的活动。物流配送需要根据客户的需要及从事物流配送的企业的能力，有计划地进行送货活动，以满足客户预定的需要。

（2）物流配送的分类

1）按实施物流配送的结点不同进行分类

① 配送中心物流配送。这种物流配送的组织者是物流配送中心，其规模大，有一套配套的实施物流配送的设施、设备和装备等。

优点：能力强、物流配送品种多、数量大等。

缺点：灵活机动性较差，投资较高。

② 仓库物流配送。它一般是以仓库为据点进行的物流配送，也可以是以原仓库在保持储

存保管功能前提下，增加一部分物流配送职能，或经对原仓库的改造，使其成为专业的物流配送中心。

③ 商店物流配送。这种物流配送的组织者是商业或物资的门市网点。商店物流配送形式是除自身日常的零售业务外，按用户的要求将商店经营的品种配齐，或代用户外订外购一部分本店平时不经营的商品，和本店经营的品种配齐后送达用户。

④ 生产企业物流配送。物流配送业务的组织者是生产企业。一般认为这类生产企业具有生产地方性较强的产品的特点，如食品、饮料、百货等。

2）按物流配送货物的种类和数量的多少进行分类

① 单（少）品种大批量物流配送。这种物流配送适应于那些需求量大、品种单一或少品种的生产企业。

② 多品种少批量物流配送。由于这种物流配送的特点是用户所需的物品数量不大、品种多，因此在物流配送时，要按用户的要求，将所需的各种货物配备齐全，凑整装车后送达用户。

③ 配套成套物流配送。这种物流配送的特点是用户所需的物品是成套性的。

3）按物流配送时间和数量的多少进行分类

① 定时物流配送。这种物流配送是按规定的时间间隔进行物流配送，每次物流配送的品种、数量可按计划执行，也可以在物流配送之前以商定的联络方式通知物流配送时间和数量。它可以区分为日常物流配送和准时——看板方式物流配送。

② 定量物流配送。它是指按规定的批量在一个指定的时间范围内进行物流配送。这种物流配送方式由于物流配送数量固定，备货较为简单，可以通过与用户的协商，按托盘、集装箱及车辆的装载能力确定物流配送数量，这样可以提高物流配送效率。

③ 定时定量物流配送。这种方式是按照规定的物流配送时间和物流配送数量进行物流配送，兼有定时物流配送和定量物流配送的特点，要求物流配送管理水平较高。

④ 定时定路线物流配送。它是在规定的运行路线上制定到达时间表，按运行时间表进行物流配送，用户可按规定路线和规定时间接货，或提出其他物流配送要求。

⑤ 即时物流配送。这种物流配送完全按用户提出的物流配送时间和数量进行物流配送，它是一种灵活性很高的应急物流配送方式。采用这种方式配送物品，用户可以实现保险储备为零的零库存，即以即时物流配送代替了保险储备。

（3）物流配送的作用

1）推行物流配送有利于物流运动实现合理化。物流配送不仅能够把流通推上专业化、社会化，更重要的是，它能以其特有的运动形态和优势调整流通结构，使物流运动达到规模经济，并以规模优势取得较低的运输成本，通过物流配送减少了车辆的空行，提高了运输效率和经济效益，并能减少对空气的污染。

2）完善了运输和整个物流系统。采用物流配送方式，将支线运输和小搬运活动统一起来，发挥灵活性、适应性和服务性的特点，使运输过程得以优化和完善。

3）提高了末端物流的效益。采用物流配送方式，通过增大经济批量来达到经济地进货，又通过将各种商品的用户集中在一起统一进行发货，代替分别向不同用户小批量发货来达到经济地发货，使末端物流经济效益得到提高。

4）通过集中库存使企业实现低库存或零库存。在采用准时化物流配送方式之后，生产企业可以依靠物流配送中心的准时化物流配送进行准时化生产而不需保持自己的库存或较小地保持库存。

5) 简化事务，方便用户。采用物流配送方式，用户只需向一处提出订货就能达到向多处采购的目的，因而极大地减轻了用户的工作量和负担，也节省了订货等一系列事务开支。

6) 提高供应保证程度。生产企业自己保持库存来维持生产，由于受库存费用的制约，提高供应的保证程度很难，保证供应和降低库存成本存在二律背反问题。采取物流配送方式，由于物流配送中心的集中存货可以调节企业间供需关系，同时库存量更大，降低了企业断货、缺货、影响生产的风险。

7) 物流配送为电子商务的发展提供了基础和支持。从商务角度来看，电子商务的发展需要具备两个重要的条件：一是货款的支付，二是货物的物流配送。网上购物无论如何方便快捷，如何减少流通环节，唯一不能减少的就是货物配送，物流配送服务如不能相匹配，则网上购物就不能发挥其方便快捷的优势。

6.1.4.2 物流配送的基本环节

物流配送是根据客户的订货要求，在物流配送中心或物流节点进行货物的集结与组配，以最适合的方式将货物送达客户的全过程。物流配送的基本环节如图6-2所示。

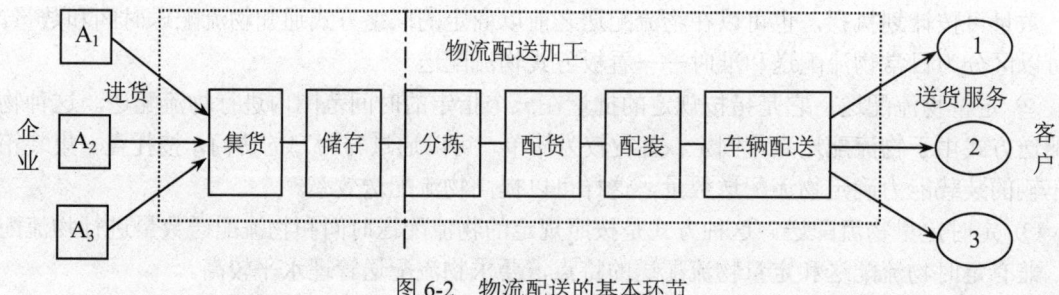

图6-2 物流配送的基本环节

（1）集货。集货是将分散的或小批量的货物集中起来，以便进行运输、物流配送的作业。集货是物流配送的准备工作或基础工作，它通常包括制定进货计划、组织货源、储存保管等基本业务。

（2）分拣。它是将货物按品名、规格、出入库先后顺序进行分门别类的作业。分拣是物流配送不同于一般形式的送货以及其他物流形式的重要功能要素，也是关系到物流配送成败的一项重要支持性工作。

（3）配货。配货是指使用各种拣选设备和传输装置，将存放的货物按客户的要求分拣出来，配备齐全，送入指定发货区（地点）。它与分拣作业不可分割，二者一起构成了一项完整的作业。

（4）配装。物流配送有别于一般性的送货还在于，其通过配装可以大大提高送货水平及降低送货成本，同时能缓解交通流量过大造成的交通堵塞，减少运次，降低空气污染。

（5）物流配送运输。物流配送运输属于运输中的末端运输、支线运输。它和一般运输形态的主要区别在于：物流配送运输是较短距离、较小规模、较高频度的运输形式，一般使用汽车作为运输工具。

（6）送货服务。要圆满地实现运到货物的移交，并有效地、方便地处理相关手续并完成结算，还应当讲究卸货地点、卸货方式等。送达服务也是物流配送独具的特色。

（7）物流配送加工。物流配送加工是流通加工的一种，是按照客户的要求所进行的流通加工。

6.1.4.3 电子商务物流配送中心

（1）物流配送中心是组织物流配送性销售或供应，专门从事实物配送工作的物流结点

具体来讲，物流配送中心的含义可描述为，以高水平实现销售或供应的现代流通设施。

物流配送中心中的"货物配备"，即物流配送中心按照生产企业的要求，对货物的数量、品种、规格、质量等进行的配备。这是物流配送中心最主要、最独特的工作，全部由其自身完成。物流配送中心的"组织送货"，即物流配送中心按照生产企业的要求，组织货物定时、定点、定量地送抵用户。物流配送中心强调了物流配送活动和销售供应等经营活动的结合，物流配送成为企业经营的一种手段，以此排除了这是单纯物流活动的看法。物流配送中心强调其为"现代流通设施"，与以前的流通设施诸（如商场、贸易中心、仓库等）相区别。这个流通设施以现代装备和工艺为基础，不但处理商流，而且处理物流、信息流，是集商流、物流、信息流于一身的全功能流通设施。

（2）物流配送中心的功能

存储功能：为了顺利有序地完成向用户配送货物的任务，更好地发挥保障生产和消费需要的作用。通常，物流配送中心都建有现代化的仓储设施，如仓库、堆场等，存储一定量的商品，形成对配送资源的保证。

分拣功能：作为物流节点的物流配送中心，其客户是为数众多的企业或零售商，在这些众多的客户中，彼此之间存在着很大的差别，它们不仅各自的经营性质、产业性质不同，而且经营规模和经营管理水平也不一样。面对这样一个复杂的用户群，为满足不同用户的不同需求，有效的组织物流配送活动，物流配送中心必须采取适当的方式对组织来的货物进行分拣，然后按照配送计划组织配货和分装，强大的分拣能力是物流配送中心实现按客户要求组织送货的基础，也是物流配送中心发挥其分拣中心作用的保证，分拣功能是配送中心的重要功能之一。

集散功能：在一个大的物流系统中，物流配送中心凭借其特殊的地位、拥有的各种先进设备、完善的物流管理信息系统，能够实现将分散在各个生产企业的产品集中在一起，通过分拣、配货、配装等环节向多家用户进行发送。同时，物流配送中心也可以把各个用户所需要的多种货物有效的组合或配装在一起，形成经济、合理的批量，来实现高效率、低成本的物流。物流配送中心集散功能如下图6-3所示。

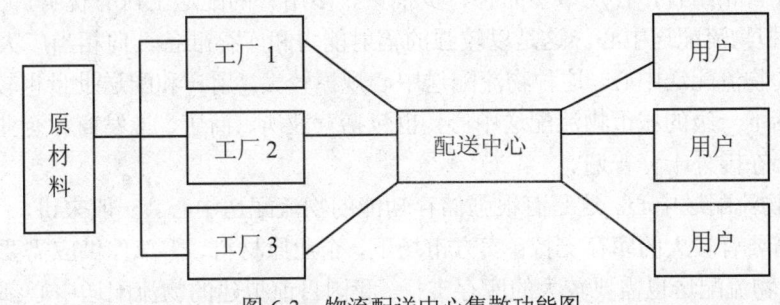

图6-3 物流配送中心集散功能图

衔接功能：通过开展货物配送活动，物流配送中心能把各种生产资料和生活资料直接送到用户手中，可以起到连接生产的作用。另外，通过发货和储存，物流配送中心又起到了调节

市场需求，平衡供求关系的作用。

流通加工功能：物流配送加工虽不是普遍的，但往往是有着重要作用的功能要素，主要是通过物流配送加工可以大大提高客户的满意程度。

信息处理功能：物流配送中心连接着物流干线和配送，直接面对着产品的供需双方，因而不仅是实物的连接，更重要的是信息的传递和处理，包括在配送中心的信息生成和交换。

（3）物流配送中心的选址与布局

物流配送中心的布点原则：适应性原则、协调性原则、经济性原则、前瞻性原则。

物流配送中心布点的影响因素：自然环境因素：①气象条件；②地质条件；③水文条件；④地形条件。经营环境因素：①产业政策；②主要商品特性；③物流费用；④服务水平。基础设施状况：①道路、交通条件；②公共设施状况。还有其他方面，如国土资源利用和环境保护要求等。

（4）电子商务下物流配送中心模式

按照不同标准，物流配送中心可以分为以下几种模式：

1）专业物流配送中心。专业物流配送中心配送对象、物流配送技术属于某一专业范畴，综合这一专业的多种物资进行物流配送，如多数制造业的销售物流配送中心。

2）柔性物流配送中心。这是在某种程度上与专业物流配送中心对立的物流配送中心。这种物流配送中心不向固定化、专业化方向发展，能够随时变化，对用户要求有很强的适应性，不固定供需关系，不断发展物流配送用户和改变物流配送用户。

3）供应物流配送中心。这是专门为某个或某些用户（例如联营商店、联合公司）组织供应的物流配送中心，如为大型联营超级市场组织供应的物流配送中心、代替零件加工厂送货的零件物流配送中心。典型案例有丰田汽车公司及其物流配送中心JIT、沃尔玛物流配送中心等。

4）销售物流配送中心。这是以销售经营为目的、以物流配送为手段的物流配送中心。销售物流配送中心大体有三种类型：第一种是生产企业将本身产品直接销售给消费者的物流配送中心，在国外这种物流配送中心很多。第二种是流通企业作为本身经营的一种方式，建立物流配送中心以扩大销售，我国目前拟建的物流配送中心大多属于这种类型。第三种是流通企业和生产企业联合的协作性物流配送中心，例如海尔物流配送中心。

5）城市物流配送中心。这是以城市范围为配送范围的物流配送中心。城市范围一般处于汽车运输的经济里程，汽车可直接送抵最终用户。由于运距短、反应能力强，这种物流配送中心往往和零售经营相结合，在从事多品种、少批量、多用户的配送上占有优势。

6）大区域型物流配送中心。这是以较强的辐射能力和库存准备，向相当广大的一个区域进行物流配送的物流配送中心。这种物流配送中心规模较大，用户和配送批量也较大，物流配送目的地既包括下一级的城市物流配送中心，也包括营业所、商店、批发商和企业用户。该类型物流配送中心在国外十分普遍。

7）储存型物流配送中心。这是有很强储存功能的物流配送中心。一般来讲，买方市场下，企业产品销售需要有较大的库存支持；卖方市场下，企业原材料、零部件供应需要有较大的库存支持；大范围物流配送也需要较大的库存支持。我国目前拟建的物流配送中心都采用集中库存形式，库存量较大，多为储存型。

8）流通型物流配送中心。这是基本上没有长期储存功能，仅以暂存或随进随出方式进行配货、送货的物流配送中心。这种物流配送中心的典型方式是大量货物整进并按一定批量零出；

采用大型分货机，进货时直接进入分货机传送带，分送到各用户货位或直接分送到物流配送汽车上，货物在物流配送中心里仅做少许停滞。

【项目任务 6.2】 以网上某项交易业务为例，完成物流配送方案的实施

✓ **任务要求**

掌握物流的概念，理解物流活动的基本要素，掌握电子商务物流模式并能够根据实际情况有效地选择适应物流配送的模式。

✓ **完成结果**

根据淘宝常见物流模式，选择快递公司和邮政邮寄这两种物流模式。

【任务实现】

6.2.1 收集物流基本作业信息

6.2.1.1 利用多种物流信息技术采集物流作业基本信息

（1）零售业物流作业基本信息收集和跟踪

1）销售作业。利用销售信息系统（POS 系统），在商品上贴条码就能快速、准确地利用计算机进行销售和配送管理。其过程为：对销售商品进行结算时，通过光电扫描读取信息，并将信息输入计算机，然后输进收款机，收款后开出收据，同时通过计算机掌握进、销、存的数据。

2）订货作业。在零售商店的货架上，每种商品陈列处都贴有价格卡，其用途有二：一是向顾客告知商品价格；二是可按要求所订的订货点，计算商品所剩的陈列量是否低于设定的订货点，若需订货，即以手持式条形码扫描器读取价格卡上的商品条形码，就可自动输入商品货号。

3）配送中心的进货验收作业。对整箱进货的商品，其包装箱上有条形码，放在输送带上经过固定式条形码扫描器的自动识别，可按接收指令传送到存放位置附近。对整个托盘进货的商品，叉车驾驶员用手持式条形码扫描器扫描外包装箱上的条形码标签，利用计算机与射频通信系统，可将存入指令下载到叉车的终端机上。

4）补货作业。商品进货验收后，移到保管区，适时、适量地补货到拣货区。当商品移动到位时，以手持式条形码扫描器读取商品条形码和储位条形码，由计算机核对是否正确，从而保证补货作业的正确操作。

5）拣货作业。拣货有两种方式：一种是按客户需求进行摘取式拣货；另一种是先将所有客户对各商品的订货汇总，一次拣出，再按客户需求分配各商品量，即整批拣取，二次分拣，又称为播种式拣货。对于摘取式拣货作业，在拣取店用条形码扫描器读取刚拣取商品上的条形码，即确认拣货的正确性；对于播种式拣货作业，当商品在输送带上移动时，由固定式条形码扫描器判别商品货号，并指示移动路线和位置。

6）仓储配送作业。商品的自动辨识方法可以采用磁卡、IC 卡等方式实现，但对于物流仓储配送作业而言，由于大多数的储存货品都备有条码，所以用条码做自动识别与资料收集是最便宜、最方便的方式。商品条形码上的资料经条码读取设备读取后，可迅速、准确、简单地将

商品资料自动输入,从而达到自动化登录、控制、传递、沟通信息的目的。

(2) 制造业物流作业基本信息的收集和跟踪

1) 生产线上的产品跟踪。首先由商务中心下达生产任务单,任务单跟随相应的产品进行流动。然后在每一生产环节开始时,用生产线终端扫描任务单上的条码,更改数据库中的产品状态。最后在产品下线包装时,打印并粘贴产品的客户信息条码。

2) 产品标签管理。在产品下线时,产品标签由制造商打印并粘贴在产品包装的明显位置,产品标签将成为跟踪产品流转的重要标志。

3) 产品入库管理。入库时识读商品上的条码标签,同时录入商品的存放信息,将商品的特性信息及存放信息一同存入数据库,存储时进行检查,看是否重复录入。通过条码传递信息,有效地避免了人工录入的失误,实现了数据的无损传递和快速录入。

4) 产品出库管理。根据商务中心产生的提货单或配送单,选择相应的产品出库。为了方便出库备货,可根据产品的特征进行组合查询,可打印查询结果或生成可用于移动终端的数据文件。产品出库时,要扫描商品上的条码,对出库商品的信息进行确认,同时更改其库存状态。

5) 仓库内部管理。在库存管理中,一方面,条码可用于存货盘点,通过手持无线终端,收集盘点商品信息,然后将收集到的信息由计算机进行集中处理,从而形成盘点报告;另一方面,条码可用于出库备货。

6) 货物配送。配送前将配送商品资料和客户订单资料下载到移动终端中,到达配送客户后,打开移动终端,调出客户相应的订单,然后根据定单情况挑选货物并验证其条码标签,确认配送完一个客户后,移动终端会自动校验配送情况,并做出相应的提示。

7) 保修维护。维修人员使用条码识读器识读客户信息条码标签,确认商品的资料。维修结束后,录入维修情况及相关信息。

(3) 运输业物流作业基本信息的收集和跟踪

汽车运输、铁路运输、航空运输等行业存在着货物的分拣搬运问题,应用物流条码技术可使包裹或货物自动分拣到不同的运输机上,只需将预先打印好的条码标签贴在发送的物品上,并在每个分拣点装一台条码扫描器即可。

1) 收货。典型的分拣搬运作业从收货开始。送货卡车到达后,叉车司机在卸车的时候用手持式扫描器识别所卸的货物,条码信息通过无线数据通信技术传给计算机,计算机向叉车司机发出作业指令,显示在叉车的移动式终端上。

2) 入库。在收货站台和仓库之间一般都有运输系统,叉车把货物放到输送机上后,输送机上的固定式扫描器识别到货物上的条码,计算机确定该货物的存放位置,输送机沿线的转载装置根据计算机的指令把货物转载到指定的巷道内。然后由巷道堆垛机把货物送到指定的库位。

3) 出库。巷道堆垛机取出指定购托盘,由运输机系统送到出库台,再由叉车到出库台取货。首先用手持式扫描器识别货物上的条码,计算机随即向叉车司机发出作业指令,或者把货物直接送到出库台,或者为拣货区补充货源。

拣货员用手持式扫描器识别货物上的条码,计算机确认无误后,交货架上显示出拣选的数量。拣出的货物被放入货盘内,连同订单一起运到包装区。包装工人进行拣验和包装后,将实时打印的包含发运信息的条码贴在包装箱上。包装箱在通过分拣机后,根据扫描器识别的条码信息被自动拨到相应的发运线上。

6.2.1.2 利用 RF 技术收集和跟踪物流作业基本信息

（1）使用 RDF 与电子标签

1）入库。各个货物都附有进货卡，入库作业员用连接于掌上型终端（RDF）的读码枪读取进货卡上的条码，透过无线通信即时向现场控制计算机发出信息，计算机按照货品类别指示可存放的货架区域。上架后，作业员通过读取架上的电子标签向计算机登记存放的格位。

2）出库。由现场控制计算机根据进度将所需供给的货物，通过货架格位上的电子标签指示出库作业员拿取。

（2）使用定位系统

无论货物在订购或运输途中，还是存储在某个仓库中，通过订货系统，各级管理人员都可以掌握所有的信息。

为了更好地使用定位系统，应在全部集装箱的货物上贴上射频识别标签（电子标签），在运输线的一些检查点上（如门柱、桥墩等），以及仓库、车站、码头、机场等关键地点安装 RF 读写转发装置。当读写装置收到 RF 标签信息后，将位置信息上传至通信卫星，再由卫星传送给运输调度中心，然后再由运输调度中心将其送入中心信息数据库中。

6.2.1.3 利用 GPRS 技术收集和跟踪物流作业基本信息

GPRS 是利用卫星星座、地面控制部分和信号接收机对对象进行动态定位的系统。

（1）在交通系统中应用 GPS 技术收集和跟踪信息

1）交通工具跟踪。利用 GPS 和电子地图可以实时显示交通工具的实际位置，可对重要交通工具和货物进行跟踪运输。

2）提供出行路线规划的导航。提供出行线路规划，包括自动线路规划和人工线路设计。

3）信息查询。查询的资料可以以文字、语言及图像的形式显示，并在电子地图上显示其位置。

4）交通指挥。指挥中心可以监测区域内交通工具的运行情况，对被监控交通工具进行合理管理。

5）紧急援助。通过 GPS 定位和监控管理系统 DJ 以对遇到险情或发生事故的交通工具进行紧急援助。

（2）在物流系统中应用 GPS 技术收集和跟踪信息

1）实时监控。在任意时刻，通过发出指令查询运输工具所在的地理位置（经度、纬度、速度等信息），并在电子地图上直观地显示出来。物流作业中心通过系统的信息交换，可进一步了解并控制整个运输作业的准确性（发车时间、到货时间、卸货时间、返回时间等）。

2）动态调度。物流企业调度人员利用 GPS 系统可在任意时刻通过调度中心发出文字调度指令，并得到确认信息。可进行运输工具待命计划管理，操作人员通过在途信息的反馈，在运输工具未返回前即做好待命计划，可提前下达运输任务，减少等待时间，加快运输工具的周转速度。

3）运能管理。可将运输工具的运能信息、维修记录信息、运行状况信息、驾驶人员信息、运输工具的在造信息等多种信息提供给调度部门决策，以提高装车率，减少空载时间和空载距离，充分利用运输工具的运能。

4）服务客户。可进行服务质量跟踪，在中心设立服务器，上传运输工具的有关信息（运行状况、在途信息、运能信息、位置信息等用户关心的信息），让有该权限的用户能异地方便地获取自己需要的信息。同时,还可对客户索取的信息中的位置信息用相对应的地图传送过去,并将运输的历史轨迹印在上面,使该信息更加形象化。

6.2.2 制定配送方案

选择配送方案主要包括三个方面的内容:确定配货作业方法、确定车辆配装方法和确定配送路线。

(1) 确定配货作业方法

配货是配送工作的第一步,根据各个用户的需求情况,首先确定需要配送货物的种类和数量,然后在配送中心将所需货物挑选出来,即所谓的分拣。分拣工作可采用自动化的分拣设备,也可采用手工方法,这主要取决于配送中心的规模及其现代化的程度。配货作业有两种基本形式。

1) 分货方式(又称播种方式)。分货方式是将需配送的同一种货物从配送中心集中搬运到发货场地,然后再根据各用户对该种货物的需求进行二次分配。这种方式适用于货物易于集中移动,且对同一种货物需求量较大的情况。

2) 拣选方式(又称摘取方式)。拣选方式是用分拣车在配送中心分别为每个用户拣选其所需货物,此方法的特点是配送中心每种货物的位置是固定的。对于货物类型多、数量少的情况,这种配货方式便于管理和实现现代化。

(2) 确定车辆配装方法

由于配送作业本身的特点,配送工作所需车辆一般为汽车,由于需配送货物的重量、体积及包装形式各异,在配装货物时,既要考虑车辆的载重量,又要考虑车辆的容积,使车辆的载重和容积都得到有效的利用,这样就可以节省运费,从而降低配送费用。

具体车辆配装时,则要根据需配送货物的具体情况以及车辆情况,主要是依靠经验或简单的计算公式来选择最佳方案。

(3) 确定配送路线

配送路线合理与否对配送速度、成本、效益影响很大,采用科学合理的方法来确定配送路线是配送活动中非常重要的一项工作。

1) 确定目标。目标的选择是根据配送的具体要求、配送中心的实力及客观条件来定的。可以有多种选择方法:

① 以效益最高为目标的选择。指计算时以利润的数值最大为目标值。

② 以成本最低为目标的选择。实际上也是选择了以效益为目标。

③ 以路程最短为目标的选择。指如果成本与路程相关性较强,而和其他因素是微相关时,可以选它。

④ 以 t.km 最小为目标的选样。在"节约里程法"的计算中是采用这个目标的。当然,还可以选择运力利用最合理、劳动消耗最低作为目标。

2) 确定配送路线的约束条件。

① 满足所有收货人对货物品种、规格、数量的要求。

② 满足收货人对货物发到时间范围的要求。

③ 在允许通行的时间内进行配送。

④ 各配送路线的货物量不得超过车辆容积和载重的限制。

⑤ 在配送中心现有运力允许的范围内。

（4）制定配送作业流程

制定总的配送作业流程，配送的总体流程的程序如下：

1）接受并汇总订单。无论从事何种货物配送活动，配送中心都有明确的服务对象。

因此，在未曾进行实质性的配送活动之前，都有专门的机构以各种方式收取客户的订货通知单并加以汇总。按照惯例，接受配送服务的各个客户一般都要在规定的时间点以前将订货单通知给配送中心，以此来确定所要配送货物的种类、规格、数量和配送时间。

收取和汇总客户的订单是配送中心组织和调度诸如进货、理货、送货等活动的重要依据，是配送中心作业流程的开端。

2）进货。

配送中心的进货流程包括以下几种作业：

① 订货。配送中心收到和汇总客户的订货单后，首先要确定配送货物的种类和数量，然后要查询本系统现有库存商品中有无所需的现货。如有现货，则转入拣选流程；如果没有，或虽有现货但数量不足，则要及时向供应商发出订单，进行订货。

② 验收。采取一定的手段对接收的货物进行检验。若与订货合同要求相符，则转入下一道工序；若不符合合同要求，配送中心将详细记载差错情况，并且拒收货物。

③ 分拣。对于生产商送来的商品，经过有关部门验收之后，配送中心的工作人员随即要按照类别、品种将其分门别类地存放到指定的场地，或直接进行下一步操作——加工和选拣。

④ 存储。为了保证配送活动正常进行，也为了享受价格上的优惠待遇，有些配送中心常常大批量进货，继而将货物暂时存储起来。因此，在进货流程中就增加了一项存储作业。

3）理货和配货。配送中心要对组织进来的各种货物进行整理，并依据顾客要求进行组织。理货和配货是整个企业流程的关键环节，同时它也是配送的实质性内容。

① 加工作业：在配送中心进行的加工作业中，有的属于初级加工活动，有的属于辅助性加工，有的属于深加工活动。加工作业属于增值性经济活动，它完善了配送中心的服务功能。

② 拣选作业：拣选作业就是配送中心的工作人员根据要货通知单，从储存的货物中拣出客户所要商品的一种活动。

③ 包装作业：配送中心将客户所需要的货物拣选出来以后，为了便于运输和识别各个客户的货物，有时要对配备好的货物重新进行包装，并在包装物上印上标签。

④ 配装作业：为了充分利用载货车辆的容积和提高运输效率，配送中心常常把同一条路线上不同客户的货物组织起来，配装在同一辆载货车上。

4）出货流程：这是配送中心的末端作业，也是整个配送流程中的一个重要环节，包括装车和送货两项活动。

① 装车。配送中心的装车作业有两种表现形式：一种是使用机械装卸货物；另一种是利用人力装车。通常，批量较大的较重商品都被放在托盘上来进行装车。有些散装货物，或用吊车装车，或用传送设备装车。

② 送货。在一般情况下，配送中心都使用自备的车辆进行送货作业。有时，它也借助于社会上专业运输组织的力量，联合进行送货作业。此外，为适应不同客户的需要，配送中心在进行送货作业时，常常做出多种安排，有时是按照固定时间、固定路线为固定客户送货；有时

是不受时间、路线的限制，机动灵活地进行送货作业。

企业应依据配送作业的总流程，结合自身的特点，在配送方案中制定科学、合理的总体配送作业流程，以指导实际的配送作业。

【知识扩展】

1. 电子商务物流的特点

电子商务的出现和兴起对现代物流业的发展和物流企业的运作产生了深远的影响。电子商务与物流的紧密结合；电子商务物流是物流、信息流、资金流和人才流的统一；电子商务物流是信息化、自动化、网络化、智能化、柔性化的结合；物流设施的标准化、商品包装的标准化、物流的社会化、共同化都是电子商务下物流模式的新特点。

（1）信息化。电子商务时代，物流信息化是电子商务的必然要求。物流信息化表现为物流信息的商品化、物流信息收集的数据库化和代码化、物流信息处理的电子化和计算机化、物流信息传递的标准化和实时化、物流信息存储的数字化等。因此，条码技术（BarCode）、数据库技术（Database）、电子定货系统（Electronic Ordering System，EOS）、电子数据交换（Electronic Data Interchange，EDI）、快速反应（Quick Response，QR）及有效的客户反映（Effective Customer Response，ECR）、企业资源计划（Enterprise Resource Planning，ERP）等先进技术与管理策略在我国的物流中将会得到普遍的应用。

（2）自动化。自动化的基础是信息化，自动化的核心是机电一体化，自动化的外在表现是无人化，自动化的效果是省力化，另外还可以扩大物流作业能力、提高劳动生产力、减少物流作业的差错等。物流自动化的设施非常多，如条码/语音/射频自动识别系统、自动分拣系统、自动存取系统、自动导向车、货物自动跟踪系统等。这些设施在发达国家已普遍用于物流作业流程中，而在我国由于物流业起步晚，发展水平低，自动化技术的普及还需要相当长的时间。

（3）网络化。物流领域的网络化有两层含义：一是物流配送系统的计算机通信网络，包括物流配送中心与供应商或制造商的联系要通过计算机网络，另外与下游顾客之间的联系也要通过计算机网络通信，比如物流配送中心向供应商提出定单的过程，就可以使用计算机通信方式，借助于增值网（Value-Added Network，VAN）上的电子定货系统（EOS）和电子数据交换技术（EDI）来自动实现，物流配送中心通过计算机网络收集下游客户的定货过程也可以自动完成；二是组织的网络化，即所谓的组织内部网（Intranet）。比如，中国台湾的计算机业在20世纪90年代创造出了"全球运筹式产销模式"，这种模式基本是按照客户定单组织生产，生产采取分散形式，即将全世界的计算机资源都利用起来，采取外包的形式将一台计算机的所有零部件、元器件、芯片外包给世界各地的制造商去生产，然后通过全球的物流网络将这些零部件、元器件和芯片发往同一个物流配送中心进行组装，由该物流配送中心将组装的电脑迅速发给订户。可见，物流的网络化成为电子商务下物流活动的主要特征。

（4）智能化。这是物流自动化、信息化的一种高层次应用，物流作业过程大量的运筹和决策，如库存水平的确定、运输（搬运）路径的选择、自动导向车的运行轨迹和作业控制、自动分拣机的运行、物流配送中心经营管理的决策支持等问题，都需要借助于大量的知识才能解决。在物流自动化的进程中，物流智能化是不可回避的技术难题。好在专家系统、机器人等相关技术在国际上已经有比较成熟的研究成果。为了提高物流现代化的水平，物流的智能化已成为电子商务下物流发展的一个新趋势。

(5) 柔性化。柔性化本来是为实现"以顾客为中心"理念而在生产领域提出的,但要真正做到柔性化,即真正地能根据消费者需求的变化来灵活调节生产工艺,没有配套的柔性化的物流系统是不可能达到目的的。国际生产领域纷纷推出弹性制造系统(Flexible Manufacturing System,FMS)、计算机集成制造系统(Computer Integrated Manufacturing System,CIMS)、制造资源系统(Manufacturing Requirement Planning,MRP Ⅱ)、企业资源计划(Enterprise Resource Planning,ERP)以及供应链管理的概念和技术,这些概念和技术的实质是要将生产、流通进行集成,根据需求端的需求组织生产,安排物流活动。因此,柔性化的物流正是适应生产、流通与消费的需求而发展起来的一种新型物流模式。这就要求物流配送中心要根据消费需求的"多品种、小批量、多批次、短周期"的特色,灵活组织和实施物流作业。

另外,物流设施、商品包装的标准化,物流的社会化、共同化也都是电子商务物流模式的新特点。

2. 电子商务物流的分类

社会经济领域中物流活动无处不在,对于各领域的物流,由于物流对象不同,物流目的不同,物流范围、范畴不同,形成了不同的物流类型。物流的分类方法主要有以下几种。

(1) 按物流研究范围的大小分类。可分为宏观物流、中观物流和微观物流。

1) 宏观物流。宏观物流是社会再生产总体的物流,是从经济社会整体上认识和研究物流。宏观物流如果从空间位置来讲,一般是指大的空间范围。

2) 中观物流。中观物流是区域性社会再生产过程中的区域性物流,它是从区域上的经济社会来认识和研究物流。从空间位置来看,一般是较大的空间。

3) 微观物流。微观物流带有局部性,一个生产者企业、物流的某一具体职能、某一具体物流实务、某一种物质资料的物流问题等,都属于微观物流。微观物流的最大特点表现为具体性、实务性和局部性的特征。例如企业物流、生产物流、销售物流、供应物流、回收物流等。

(2) 按物流业务活动的性质分类。可分为社会物流、行业物流和企业物流三大类,如图6-4所示。

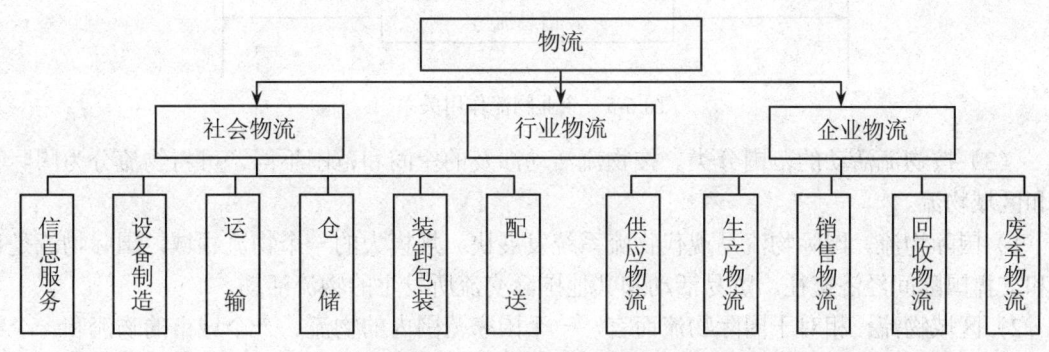

图6-4 社会物流与企业物流

1) 社会物流。社会物流是指超越一家一户的以一个社会为范畴面向社会为目的的物流。

2) 行业物流。顾名思义,在一个行业内部发生的物流活动被称为是行业物流。

3) 企业物流。企业物流是从企业角度研究与之有关的物流活动,是微观的物流。可细分为企业生产物流、企业供应物流、企业销售物流、企业回收物流、企业废弃物物流。在这一部分重点对企业物流详细解释说明。

① 供应物流。供应物流是指企业（包括生产企业和流通企业）的物质资料从生产者或中间商的供应开始，到购进来投入生产前的物流活动。

② 生产物流。生产物流是指物质资料从投入生产的第一道工序开始，到半成品、成品或可出售制品入库整个生产过程中的物流活动，也包括流通过程中带有生产性的劳务所产生的物流活动，如包装、流通加工等的物流活动。

③ 销售物流。销售物流是指从企业成品库、流通仓库，或工厂分发销售过程中所产生的物流活动，包括生产厂商的直接销售和流通企业的销售。

④ 回收物流。回收物流是指生产消费过程和生活消费过程的可再利用物品在回收过程中所产生的物流活动。例如，货物运输和搬运中所使用的包装容器、废旧装载工具、工业生产中产生的边角余料、废旧钢材等在回收中所发生的物流活动。

⑤ 废弃物物流。在生产消费和生活消费过程中所产生的废旧物，一部分是可再利用的，通过回收形成一种新的资源；而把另一部分不可再利用的废旧物，称之为废弃物。对这些废弃物处理过程所发生的物流活动，当属废弃物物流之范围。

企业物流关系如图 6-5 所示。

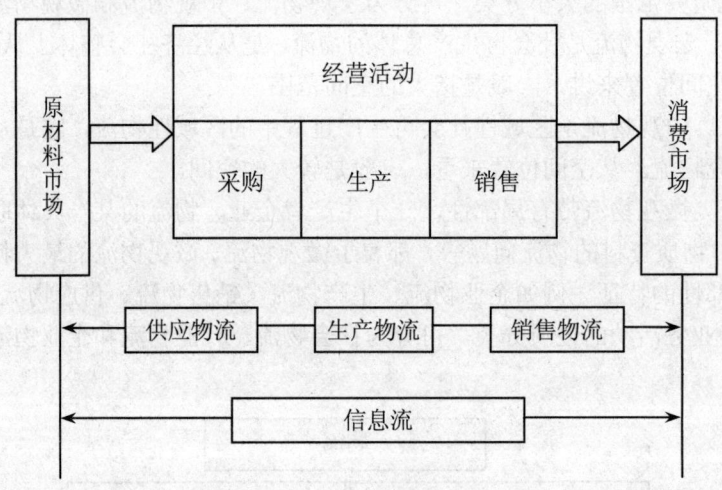

图 6-5　企业物流作用关系

（3）按物流活动的范围分类。按物流活动涉及的空间和范围不同，可将物流分为国际物流和区域物流。

1）国际物流。国际物流是现代物流系统发展快、规模大的一个物流领域，国际物流是伴随和支撑国际间经济交往、贸易活动和其他国际交流所发生的物流活动。

2）区域物流。相对于国际物流而言，一个国家范围内的物流、一个城市的物流和一个经济区域的物流称为区域物流。

（4）按物流活动的主体分。按物流活动的主体分企业自营物流、专业子公司物流、第三方物流。企业自营物流是指即为企业自身经营物流。专业子公司物流是指部分电子商务企业采取把自己的一部分职工分离出来，成立物流子公司的物流经营方式。第三方物流（Third-Party Logistics，简称 3PL）是指由供方与需方以外的物流企业提供物流服务的业务模式。

3. 电子商务物流信息技术

（1）物流信息技术概念

物流信息技术（IT）泛指凡是能拓展人的物流信息处理能力的技术。从目前来看，物流信息技术主要包括传感技术、计算机技术、通信技术、控制技术等，它替代或辅助人们完成了对信息的检测、识别、变换、存储、传递、计算、提取、控制和利用。

1）条形码技术。条形码技术是20世纪在计算机应用中产生和发展起来的一种自动识别技术，是集条形码理论、光电技术、计算机技术、通信技术、条形码印制技术于一体的综合性技术。

2）多媒体技术。多媒体技术通常被解释为通过计算机将文字、图像、声音和影视集成为一个具有人机交互功能和可编程环境的技术，其中图像包括图形、图像、动画、视频等，声音包括语音、音乐、音像效果等。目前，多媒体技术在各个领域发挥着引人注目的作用。

3）地理信息系统。地理信息系统（GIS）是人类在生产实践活动中，为描述和处理相关地理信息而逐渐产生的软件系统。它以计算机为工具，对具有地理特征的空间数据进行处理，能以一个空间信息为主线，将其他各种与其有关的空间位置信息结合起来。它的诞生改变了传统的数据处理方式，使信息处理由数值领域步入空间领域。GIS用途十分广泛，例如交通、能源、农林、水利、测绘、地矿、环境、航空、国土资源综合利用等。

4）全球定位系统。全球定位系统（GPS）的原始思维理念是将参考的定位坐标系搬到天际上去，可在任何时候、任何地方提供全球范围内三维位置、三维速度和时间信息的服务。

5）电子数据交换。电子数据交换（EDI）按照协议的标准结构格式，将标准的经济信息通过电子数据通信网络，在商业伙伴的电子计算机系统之间进行交换和自动处理。

6）数据管理技术。数据库技术将信息系统中大量的数据按一定的模型组织起来，提供存储、维护、检索数据的功能，使信息系统可方便地、及时地、准确地从数据库中获得所需的信息，并依此作为行为和决策的依据。

7）数据挖掘技术。信息技术的迅速发展使数据资源日益丰富。但是，"数据丰富而知识贫乏"的问题至今还很严重。数据挖掘（DM）也随之产生。DM是一个从大型数据库浩瀚的数据中抽取隐含的、从前未知的、潜在有用的信息或关系的过程。

8）Web技术。Web技术是网络社会中具有突破性变革的技术，是Internet上最受欢迎、最为流行的技术。采用超文本、超媒体的方式进行信息的存储与传递，能把各种信息资源有机地结合起来。

9）自动识别技术。自动识别技术是以计算机技术和通信技术为基础的数据自动识读、自动输入的综合科学技术。自动识别技术种类主要有：①条形码技术；②射频识别技术（BF/ID）；③磁条（卡）技术；④声音识别技术；⑤视觉识别技术；⑥指纹识别技术等。

（2）物流信息系统的构成

1）硬件。硬件包括计算机、必要的通信设施等，如计算机主机、外存、打印机、服务器、通信电缆、通信设施，它是物流信息系统的物理设备、硬件资源，是实现物流信息系统的基础，它构成系统运行的硬件平台。

2）软件。在物流信息系统中，软件一般包括系统软件、实用软件和应用软件。

系统软件主要有操作系统（DOS）、网络操作系统等（NOS），它控制、协调硬件资源，是物流信息系统必不可少的软件。

实用软件的种类很多，对于物流信息系统，主要有数据库管理系统（DBMS）、计算机语言、各种开发工具、浏览器等。

应用软件是面向问题的软件，与物流企业业务运作相关，实现辅助企业管理的功能。不同的企业可以根据应用的要求，来开发或购买软件。

3）数据库与数据仓库。数据库与数据仓库用来存放与应用相关的数据，是实现辅助企业管理和支持决策的数据基础，目前大量的数据存放在数据库中。随着物流信息系统应用的深入，采用数据挖掘技术的数据仓库也应运而生。

4）相关人员。系统的开发涉及多方面的人员，有专业人员、领导，还有终端用户，例如企业高层的领导、信息主管、中层管理人员、业务主管、业务人员、系统分析员、系统设计员、程序设计员、系统维护人员等，都是从事企业物流信息资源管理的专业人员。不同的人员在物流信息系统开发过程中起着不同的作用。

5）物流企业管理思想和理念、管理制度与规范流程、岗位制度。它是物流信息系统成功开发和运行的管理基础和保障，是构造物流信息系统模型的主要参考依据，制约着系统硬件平台的结构、系统计算模式、应用软件的功能。

4. 条形码技术

（1）条形码基本理论

条形码技术是物流自动跟踪最有力的工具，被广泛应用。条形码技术具有制作简单、信息收集速度快、准确率高、信息量大、成本低和条形码设备方便易用等优点，所以从生产到销售的流通转移过程中，条形码技术起到了准确识别物品信息和快速跟踪物品历程的重要作用，它是整个物流信息管理工作的基础。条形码技术在物流的数据采集、快速响应、运输的应用中极大地促进了物流的发展。

1）条形码的概念

条形码是一种信息代码，用特殊的图形来表示数字、字母信息和某些符号。条形码由一组宽度不同、反射率不同的条和空按规定的编码规则组合起来，用以表示一组数据的符号。

2）基本术语

条码元素：表示条形码的条和空。

条码字符：表示一个数字、字母及特殊符号的若干条和空。

条：反射率较低的条码元素。

空：反射率较高的条码元素。

校验码：用于检验录入信息的准确性和有效性。

模块：组成条码的最基本的单位，即最窄条或空。

3）基本结构（如图 6-6 所示为标准版商品一维条码）

静区（左、右侧空白区）：位于条码符号的两侧。

起始符：位于条码起始位置的若干条与空。

数字符：左侧和右侧数字符。

中间分隔符：如用于 EAN 码。

条码检验符：表示校验码的条码字符。

终止符：位于条码终止位置的若干条与空。

图 6-6　标准版商品一维条码（EAN-13 条码）

(2) 条码的分类

按照码制分：

1) EAN 码（如图 6-6 所示）：EAN 码是国际物品编码协会制定的一种商品用条码，通用于全世界。EAN 码符号有标准版（EAN-13）和缩短版（EAN-8）两种标准版。标准版表示 13 位数字，又称为 EAN13 码，缩短版表示 8 位数字，又称 EAN8 码。两种条码的最后一位为校验位，由前面的 12 位或 7 位数字计算得出。两种版本的编码方式可参考国标 GB-12094-1998。

2) UPC 码：UPC 码（Universal Product Code）是美国统一代码委员会 UCC 制定的商品条码，它是世界上最早出现并投入应用的商品条码，在北美地区得以广泛应用。UPC 码在技术上与 EAN 码完全一致，它的编码方法也是模块组合法，也是定长、纯数字型条码。UPC 码有 5 种版本，常用的商品条码版本为 UPC-A 码和 UPC-E 码。UPC-A 码是标准的 UPC 通用商品条码版本，UPC-E 码为 UPC-A 的压缩版。

3) ITF-14 条码：ITF-14 条码由矩形保护框、左侧空白区、条码字符、右侧空白区组成，如图 6-7 所示。

图 6-7　ITF-14 条码

ITF-14 条码对印刷精度要求不高，比较适合直接印制（热转换或喷墨）于表面不够光滑、受力后尺寸易变形的包装材料，如纸或纤维板上。

4) Code 128 码。Code 128 码可表示从 ASCII 0 到 ASCII 127 共 128 个字符，故称 128

码,广泛运用在企业内部管理、生产流程、物流控制系统方面。

5）39 码。39 码是一种可表示数字、字母等信息的条码,主要用于工业、图书及票证的自动化管理,目前使用极为广泛。

6）ISBN 码。图书号 ISBN 用 978 为前缀,我国被分配使用 7 开头的 ISBN 号,因此我国出版社出版的图书上的条码全部为 9787 开头。

7）ISSN 码。前缀 977 用于期刊号。

按照维数分:

1）一维条码

条码是用某种按一定规律在平面分布的黑白相间的用来记录数据符号信息的几何图形。条码还需通过数据库建立条码与商品信息的对应关系。应用较普通的是一维条形码。图 6-6 和 6-7 为一维条码。

2）二维条码

二维条码能够在横向和纵向两个方位同时表达信息,二维条码能在很小的面积内表达大量的信息。图 6-8 为二维条码。

图 6-8 二维条码

与一维条码一样,二维条码也有许多不同的编码方法,或称码制。就这些码制的编码原理而言,通常可分为以下两种类型。

① 堆叠式/行排式二维条码（又称堆积式二维条码或层排式二维条码）,其编码原理建立在一维条码基础之上,按需要堆积成二行或多行。它在编码设计、校验原理、识读方式等方面继承了一维条码的一些特点,识读设备与条码印刷与一维条码技术兼容。但由于行数的增加,需要对行进行判定,其译码算法与软件也不完全相同于一维条码。有代表性的行排式二维条码有 Code 16K、Code 49、PDF417 等。

② 矩阵式二维条码（又称棋盘式二维条码）它是在一个矩形空间通过黑、白像素在矩阵中的不同分布进行编码的。在矩阵相应元素位置上,用点（方点、圆点或其他形状）的出现表示二进制"1",点的不出现表示二进制的"0",点的排列组合确定了矩阵式二维条码所代表的意义。矩阵式二维条码是建立在计算机图像处理技术、组合编码原理等基础上的一种新型图形符号自动识读处理码制。具有代表性的矩阵式二维条码有 Code One、Maxi Code、QR Code、Data Matrix 等。

二维条码具有储存量大、保密性高、追踪性高、抗损性强、备援性大、成本便宜等特性,这些特性特别适用于表单、安全保密、追踪、证照、存货盘点、资料备援等方面。

（3）条码识别系统

1）条码识别系统的组成

① 扫描系统：主要包括光学系统和光电转换器（探测器）两个部分。

② 信号整形系统：信号放大、滤波、整形，把模拟信号转换为规则的脉冲信号。

③ 译码系统：将脉冲信号（矩形波信号）转换成计算机可直接采集的数字信号。

④ 计算机系统：对条码对应的信息进行相应处理和分析。

2）工作过程和原理如图6-9和图6-10所示

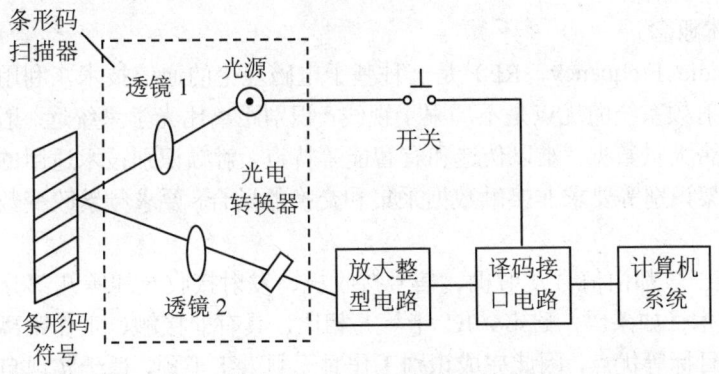

图6-9 条码识别系统组成图

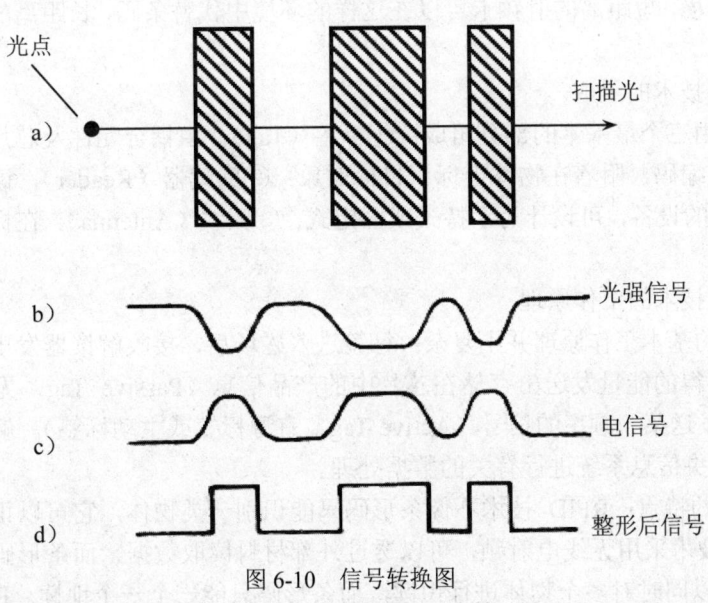

图6-10 信号转换图

（4）物流条码应用

利用条码技术可对生产制造业的物流信息进行采集跟踪。通过对生产制造业的物流跟踪，满足企业针对物料准备、生产制造、仓储运输、市场销售、售后服务、质量控制等方面的管理需求。

1）物料管理。物料跟踪管理、建立完整的产品档案。

2）生产管理。建立产品识别码（PIN）。

3）仓库管理。物库存管理仓库管理系统根据货物的品名、型号、规格、产地、牌名、包装等划分货物品种，并且分配唯一的编码，也就是"货号"，分货号管理货物库存和管理货号的单件集合，并且应用于仓库的各种操作。

4）市场销售链管理。销售链管理控制，跟踪产品销售过程。

5）产品售后跟踪服务。客户购买回寄或零售商回寄，建立用户信息。

6）产品质量管理及分析。物料质量管理，根据物料准备、生产制造、维修服务过程中采集的物料质量信息，统计物料的合格率、质量缺陷分布，产生物料质量分析报告。

5. 射频技术

（1）射频技术概念

射频技术（Radio Frequency，RF）是一种基于电磁理论的通信技术，利用无线电波对记录媒体进行读写。射频系统的优点是不局限于视线，识别距离比光学系统远。射频识别卡具有可读写能力、可携带大量数据、难以伪造和有智能等特点。射频识别技术适用的领域为物料跟踪、运载工具和货架识别等要求非接触数据采集和交换的场合，要求频繁改变数据内容的场合尤为适用。

射频识别系统一般都由信号发射机、信号接收机、发射接收天线等几部分组成。射频卡和其他自动识别技术（如条码、磁卡、IC 卡等）相比，具有非接触、工作距离长、适于恶劣环境、可识别运动目标等优点，因此完成识别工作时无须人工干预，适于实现自动化且不易损坏，可以识别高速运动物体并可同时识别多个射频卡，操作快捷方便。射频卡不怕油渍、灰尘污染等恶劣的环境，短距离的射频卡可以在这样的环境中代替条码，长距离的射频卡多用于交通上。

（2）RFID 技术的组成

RFID 系统由三个最基本的部分组成：①标签（Tag），由耦合元件及芯片组成，每个标签具有唯一的电子编码，附着在物体上标识目标对象；②阅读器（Reader），读取（有时还可以写入）标签信息的设备，可设计为手持式或固定式；③天线（Antenna），在标签和读取器间传递射频信号。

（3）RFID 技术的工作原理

RFID 技术的基本工作原理并不复杂：标签进入磁场后，接收解读器发出的射频信号，凭借感应电流所获得的能量发送出存储在芯片中的产品信息（Passive Tag，无源标签或被动标签），或者主动发送某一频率的信号（Active Tag，有源标签或主动标签），解读器读取信息并解码后，送至中央信息系统进行有关的数据处理。

RFID 技术的特点：RFID 技术不像条形码只能识别一类物体，它可以识别一个非常具体的物体。RFID 技术采用无线电射频，可以透过外部材料读取数据，而条形码必须靠激光读取数据。RFID 可以同时对多个物体进行识读，而条形码只能一个一个地读。RFID 技术还可识别高速运动物体。

（4）RFID 技术的应用

RFID 技术的典型应用是物流和供应管理、生产制造和装配、航空行李处理、邮件/快运包裹处理、文档追踪/图书馆管理、动物身份标识、运动计时、门禁控制/电子门票、道路自动收费等。典型应用说明如下。

1）在零售业中，RFID 技术的运用使得数以万计的商品种类、价格、产地、批次、货架、库存、销售等各环节被管理得井然有序；

2）采用车辆自动 RFID 技术，使得路桥、停车场等收费场所避免了车辆排队通关现象，减少了时间浪费，从而极大地提高了交通运输效率及交通运输设施的通行能力；

3）在自动化的生产流水线上，RFID 技术使整个产品生产流程的各个环节均被置于严密的监控和管理之下；

4）在粉尘、污染、寒冷、炎热等恶劣环境中，远距离射频识别技术的运用改善了卡车司机必须下车办理手续的不便；

5）在公交车的运行管理中，自动识别系统准确地记录着车辆在沿线各站点的到发站时刻，为车辆调度及全程运行管理提供实时可靠的信息。

（5）射频技术与条形码比较

射频技术与条形码是两种不同的技术，有不同的适用范围，有时会有重叠。两者之间最大的区别是条形码是"可视技术"，扫描仪在人的指导下工作，只能接收它视野范围内的条形码。相比之下，射频识别不要求看见目标。射频标签只要在接受器的作用范围内就可以被读取。条形码本身还具有其他缺点，如果标签被划破，污染或是脱落，扫描仪就无法辨认目标。条形码只能识别生产者和产品，并不能辨认具体的商品，贴在所有同一种产品包装上的条形码都一样，无法辨认是哪些产品。两者之间的比较如表 6-2 示。

表 6-2 射频技术与条形码比较

	信息载体	信息量	读/写性	读取方式	保密性	智能化	抗干扰能力	寿命	成本
条形码	纸、塑料薄膜、金属表面	小	只读	CCD 或激光束扫描	差	无	差	较短	最低
RFID 卡	EEPROM	大	读/写	无线通信	最好	有	很好	最长	较高

（6）RFID 技术在家电行业中的应用实例

家电生产企业在建立和不断完善质量体系的过程中，要求产品生产线有一套清晰、完整、便于存取和检索的质量记录。目前基于条码的生产管理系统，使各种质量分析和控制得以方便地实现。

充分发挥 RFID 的技术优势，在洗衣机生产线上采用 RFID 技术，并不是完全新建一套基于 RFID 的生产管理系统，而是将 RFID 信息与现有基于条码的生产管理系统进行信息整合，将 RFID 应用有机地纳入到企业信息化整体架构中。

利用 RFID、条码、传感器采集生产线现场的实时数据，把读取到的数据通过网络（有线或无线）传给上位设备（控制器、计算机）。要管理松散的传感器需要一种全新的、可以自动发现并组织网络的管理机制，部署 RFID 读写器，同时建立读写器网络连接，解决读写器网络的规划、优化和控制问题。物品上的 RFID 标签，配合联成网络的 RFID 阅读器，每一次识别就意味着对物品的追踪。

6. 电子数据交换系统

（1）EDI 概述

EDI（Electronic Data Interchange，电子数据交换）的基础是信息，这些信息可以由人工输入计算机，但更好的方法是通过扫描条形码获取数据，其速度快、准确性高。物流技术中的条形码包含了物流过程所需的多种信息，与 EDI 相结合方能确保物流信息的及时获得。

1）EDI 的含义。EDI 是指商业贸易伙伴之间，按标准、协议规范化和格式化的经济信息通过电子数据网络，在单位的计算机系统之间进行自动交换和处理。EDI 的定义至今没有一个统一的规范。但有三个方面的内容是认同的，即资料用统一标准、利用电信号传递信息和计算机系统之间的连接。

2）EDI 与传真或电子邮件的区别见表 6-3。

表 6-3　EDI 与传真或电子邮件的区别

	EDI	传真或电子邮件
传输内容	格式化的标准文件	自由格式的文件
使用过程	计算机系统自动处理，不需人工干预	需人工干预
安全保密	安全保密性高	安全保密性低
通信网络	增值网、互联网	互联网

（2）EDI 标准

EDI 的核心是被处理业务数据格式的国际统一标准，EDI 传递的都是电子单证。EDI 的标准应该遵循以下两条基本原则：

1）提供一种发送数据及接收数据的各方都可以使用的语言，这种语言所使用的语句是无二义性的。

2）这种标准不受计算机型的影响，既适用于计算机间的数据交流，又独立于计算机之外。

目前国际上存在两大标准体系：流行于欧洲、亚洲的，由联合国欧洲经济委员会（UN/ECE）制定和流行于北美的，由美国国家标准化委员会 ANSI 制定。表 6-4 为二者的比较。

表 6-4　UN/EDIFACT 与 ANSI X.12 比较

	UNEDI/FACT	ANSI X.12
默认控制符	有	无
指定控制符	UNA	ISA
数据段终止符	单引号	<LF>或<NL>
数据元素分隔符	+	*
成分数据元素分隔符	:	无
小数点	，或&	&

EDI 标准三要素：标准报文、数据元、数据段称为 EDI 标准的三要素。一份报文可分成三个部分：首部、详情部分和摘要部分，报文以 UNH 数据开始，以 UNT 数据段结束。

EDI 标准报文的转换：一份公司格式的商业单据必须转换成一份 EDI 标准报文才能进行信息交换。其转换步骤为：①将公司格式的商业单据转换成平面文件；②将平面文件翻译成 EDI 标准报文。

（3）EDI 系统的组成

1）EDI 系统的组成

EDI 系统中，从系统功能的角度可分成三个层次：EDI 交换层、EDI 代理服务层、EDI 应用层。

2) EDI 系统的主要组成

数据标准化：

①行业标准；②国家标准；③国际标准。

EDI 软件及硬件：

① EDI 软件。

转换软件：计算机系统的文件↔平面文件。

翻译软件：平面文件↔EDI 标准格式文件。

通信软件：网络操作系统等。

② EDI 硬件。

计算机硬件，调制解调器等。

EDI 通信网络：

①DDN；②ISDN；③互联网（Internet）。

（4）EDI 贸易的工作步骤

1）买方标明要购买的货物的名称、规格、数量、价格、时间等，这些数据被输入采购应用系统，该系统的翻译软件制作出相应的 EDI 电子订单，这份订单被电子化传到卖方。

2）卖方的计算机接到订单后，EDI 软件把订单翻译成卖方的格式，同时自动生成一份表明订单已经收到的功能性回执。这份回执被电子化传递到买方。

3）卖方也许还会产生并传递一份接收订单通知给买方，表示供货的可能性。

4）买方的计算机收到卖方的功能性回执及接收订单通知后，翻译软件将它们翻译成买方的格式，这时订单被更新了一次。

5）买方根据订单的数据，产生一份电子的"了解情况"文件，并电子化传递到卖方。

6）卖方的计算机收到了买方的"了解情况"文件，把它翻译成卖方的格式，并核查进展情况。

（5）EDI 的应用

1）EDI 用于金融、保险和商检。可以实现对外经贸的快速循环和可靠的支付，降低银行间转账所需的时间，增加可用资金的比例，加快资金的流动，简化手续，降低作业成本。

2）EDI 用于外贸、通关和报关。EDI 用于外贸业，可提高用户的竞争能力。EDI 用于通关和报关，可加速货物通关，提高对外服务能力，减轻海关业务的压力，防止人为弊端，实现货物通关自动化和国际贸易的无纸化。

3）EDI 用于税务。税务部门可利用 EDI 开发电子报税系统，实现纳税申报的自动化，即方便快捷、又节省人力物力。

4）EDI 用于制造业、运输业和仓储业。制造业利用 EDI 能充分理解并满足客户的需要，制订出供应计划，达到降低库存，加快资金流动的目的。运输业采用 EDI 能实现货运单证的电子数据传输，充分利用运输设备、仓位，为客户提供高层次和快速的服务。对仓储业，可加速货物的提取及周转，减缓仓储空间紧张的矛盾，从而提高利用率。

7. 全球定位系统

（1）全球定位系统的概念

全球定位系统（Global Positioning System，GPS）是美国从 20 世纪 60 年代开始研制，历

时 20 年，耗资 200 亿美元，于 1994 年全面建成，具有在海、陆、空进行全方位实时三维导航与定位能力的新一代卫星导航定位系统，且具有全天候、高精度、自动化、高效益等显著特点。

GPS 的基本功能包括：定位功能、遇劫报警功能、跟踪功能、遥控熄火功能、超速报警功能、授权监听功能、电子围栏功能、行使轨迹记录功能、手机查询车辆位置功能等，见图 6-11 所示。

图 6-11 全球定位系统（GPS）

（2）全球定位系统的基本原理

GPS 系统包括三大部分：①空间部分 GPS 卫星星座；②地面控制部分地面监控系统；③用户设备部分 GPS 信号接收机，如图 6-12 所示。

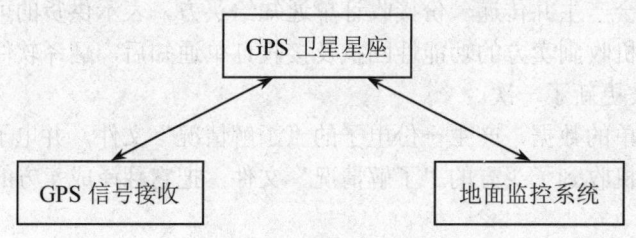

图 6-12 GPS 的组成

1）空间部分。GPS 的空间部分是由 24 颗工作卫星组成，它位于距地表 200km 的高空，均匀分布在 6 个轨道面上（每个轨道面 4 颗），轨道倾角为 55°。此外，还有 4 颗有源备份卫星在轨运行。卫星的分布使得在全球任何地方、任何时间都可观测到 4 颗以上的卫星，并能保持良好定位解算精度的几何图象。这就提供了在时间上连续的全球导航能力。GPS 卫星产生两组电码，一组称为 C/A 码（Coarse/ Acquisition Code11023MHz）；一组称为 P 码（Procise Code 10123MHz），P 码因频率较高，不易受干扰，定位精度高，因此受美国军方管制，并设有密码，一般民间无法解读，主要为美国军方服务。C/A 码人为采取措施而刻意降低精度后，主要开放给民间使用。

2）地面控制部分。地面控制部分由一个主控站，5 个全球监测站和 3 个地面控制站组成。监测站均配装有精密的铯钟和能够连续测量到所有可见卫星的接受机。监测站将取得的卫星观测数据，包括电离层和气象数据，经过初步处理后，传送到主控站。主控站从各监测站收集跟踪数据，计算出卫星的轨道和时钟参数，然后将结果送到 3 个地面控制站。地面控制站在每颗卫星运行至上空时，把这些导航数据及主控站指令注入到卫星。每天对每颗 GPS 卫星注入一次,并在卫星离开注入站作用范围之前进行最后的注入。如果某地面站发生故障,那么在卫星中预存的导航信息还可用一段时间,但导航精度会逐渐降低。

3）用户设备部分。用户设备部分即 GPS 信号接收机。其主要功能是能够捕获到按一定卫星截止角所选择的待测卫星,并跟踪这些卫星的运行。当接收机捕获到跟踪的卫星信号后,即可测量出接收天线至卫星的伪距离和距离的变化率,解调出卫星轨道参数等数据。根据这些数据,接收机中的微处理计算机就可按定位解算方法进行定位计算,计算出用户所在地理位置的经纬度、高度、速度、时间等信息。

接收机硬件和机内软件以及 GPS 数据的后处理软件包构成完整的 GPS 用户设备。GPS 接收机的结构分为天线单元和接收单元两部分。接收机一般采用机内和机外两种直流电源。设置机内电源的目的在于更换外电源时不中断连续观测。在用机外电源时机内电池自动充电。关机后,机内电池为 RAM 存储器供电,以防止数据丢失。目前各种类型的接受机体积越来越小,重量越来越轻,便于野外观测使用。

（3）全球定位系统的应用

使用 GPS,可以利用卫星对物流及车辆运行情况进行实时监控。可以实现物流调度的即时接单和即时排单,以及车辆动态实时调度管理。同时,客户经授权后,也可以通过互联网随时监控运送自己货物车辆的具体位置。如果货物运输需要临时变化线路,也可以随时指挥调动,大大降低货物的空载率,做到资源的最佳配置。

1）陆地应用：主要包括车辆导航、应急反应、大气物理观测、地球物理资源勘探、工程测量、变形监测、地壳运动监测、市政规划控制等。

2）海洋应用：包括远洋船最佳航程航线测定、船只实时调度与导航、海洋救援、海洋探宝、水文地质测量以及海洋平台定位、海平面升降监测等。

3）航空航天应用：包括飞机导航、航空遥感姿态控制、低轨卫星定轨、导弹制导、航空救援和载人航天器防护探测等。

（4）GPS 的典型应用实例

1）GPS 在道路工程中的应用。GPS 在道路工程中的应用,目前主要是用于建立各种道路工程控制网及测定航测外控点等。随着高等级公路的迅速发展,对勘测技术提出了更高的要求,由于线路长、已知点少,因此,用常规测量手段不仅布网困难,而且难以满足高精度的要求。目前,国内已逐步采用 GPS 技术建立线路首级高精度控制网,然后用常规方法布设导线加密。实践证明,在几十公里范围内的点位误差只有 2 厘米左右,达到了常规方法难以实现的精度,同时也大大提前了工期。GPS 技术也同样应用于特大桥梁的控制测量中。GPS 测量速度快、精度高,具有明显的经济和社会效益,GPS 技术在隧道测量中也具有广泛的应用前景。

2）GPS 在汽车导航和交通管理中的应用。三维导航是 GPS 的首要功能,飞机、轮船、地面车辆以及步行者都可以利用 GPS 导航器进行导航。汽车导航系统是在全球定位系统 GPS 基础上发展起来的一门新型技术。汽车导航系统由 GPS 导航、自律导航、微处理机、车速传感器、陀螺传感器、CD-ROM 驱动器、LCD 显示器组成。GPS 导航系统与电子地图、无线电通信网络、计算机车辆管理信息系统相结合,可以实现车辆跟踪、提供出行路线规划和导航、信息查询和交通管理等许多功能。

8. 自动化立体仓库

自动化立体仓库（Automatic Stereoscopic Warehouse,ASW）是指利用电子计算机管理和控制，不需要人工搬运工作而实现收发作业的，采用高层货架配以货箱或托盘存储货物，用巷道堆垛起重机及其他机械进行作业的仓库。在此类仓库中，货架的高度一般大于单层库房高度，且经常会采用机械手臂与更复杂的机器人参与作业。

（1）自动化立体库的组成

自动化立体仓库（AS/RS）是由立体货架、有轨巷道堆垛机、出入库托盘输送机系统、尺寸检测条码阅读系统、通讯系统、自动控制系统、计算机监控系统、计算机管理系统以及其他如电线电缆桥架配电柜、托盘、调节平台、钢结构平台等辅助设备组成的复杂的自动化系统。它运用一流的集成化物流理念，采用先进的控制、总线、通讯和信息技术，通过以上设备的协调动作，按照用户的需要完成指定货物的自动有序、快速准确、高效的入库出库作业。以下是自动化立体仓库的主要组成。

高层货架：用于存储货物的钢结构。目前主要有焊接式货架和组合式货架两种基本形式。

托盘（货箱）：用于承载货物的器具，亦称工位器具。

巷道堆垛机：用于自动存取货物的设备。按结构形式分为单立柱和双立柱两种基本形式；按服务方式分为直道、弯道和转移车三种基本形式。

输送机系统：立体库的主要外围设备，负责将货物运送到堆垛机或从堆垛机将货物移走。输送机种类非常多，常见的有辊道输送机、链条输送机、升降台、分配车、提升机、皮带机等。

AGV系统：即自动导向小车。根据其导向方式分为感应式导向小车和激光导向小车。

自动控制系统：驱动自动化立体库系统各设备的自动控制系统。目前以采用现场总线方式的控制模式为主。

库存信息管理系统：亦称中央计算机管理系统。是全自动化立体库系统的核心。目前典型的自动化立体库系统均采用大型的数据库系统（如 Oracle、Sybase 等）构筑典型的客户机/服务器体系，可以与其他系统（如 ERP 系统等）联网或集成。

（2）自动化立体仓库的优点

自动化立体仓库其优越性是多方面的，对于企业来说，可从以下几个方面得到体现：

1）提高空间利用率。早期立体仓库的构想，其基本出发点就是提高空间利用率，充分节约有限且宝贵的土地。在西方某些发达国家，提高空间利用率的观点已有更广泛深刻的含义，节约土地，已与节约能源、环境保护等更多的方面联系起来。有些甚至把空间的利用率作为系统合理性和先进性考核的重要指标来对待。立体库的空间利用率与其规划紧密相连。一般来说，自动化高架仓库的空间利用率为普通平库的2～5倍，这是相当可观的。

2）便于形成先进的物流系统，提高企业生产管理水平。传统仓库只是货物储存的场所，保存货物是其唯一的功能，是一种"静态储存"。自动化立体仓库采用先进的自动化物料搬运设备，不仅能使货物在仓库内按需要自动存取，而且可以与仓库以外的生产环节进行有机的连接，并通过计算机管理系统和自动化物料搬运设备使仓库成为企业生产物流中的一个重要环节。企业外购件和自制生产件进入自动化仓库储存是整个生产的一个环节，短时储存是为了在指定的时间自动输出到下一道工序进行生产，从而形成一个自动化的物流系统，这是一种"动态储存"，也是当今自动化仓库发展的一个明显的技术趋势。

9．POS系统

（1）POS系统概述

POS（Point Of Sales，销售点终端系统）是利用计算机网络技术对商品、客户、交易信息等进行综合管理的信息系统。POS 系统可为零售商管理商品登记、销售单据以及大量交易提供必要的工具。从 POS 交易收集的数据可以帮助企业为客户提供更好的服务、建立客户忠诚度和制定更好的采购决策，同时跟踪库存以保持对库存的控制。另外，POS 系统可用于采集销售数据，它具备价格管理和集中付款处理的功能。这些系统可以处理结算和对账作业以及提高收银员绩效，还能与现有的商品销售和其他企业资源计划（ERP）系统模块完全集成。

POS 系统的特点有：

1）分门别类管理：单品管理、员工管理、顾客管理；

2）自动读取销售点信息：POS 系统最重要的特征；

3）信息集中管理；

4）连接供应链的有力工具。

（2）POS 系统的组成

前台 POS 系统是由应用于销售现场、实现前台销售业务的自动化系统和实时将销售信息传送至后台的信息系统组成的。

后台 MIS 系统是由应用于商场管理中心，对商场的进、销、存、调进行全面管理以及财务管理和考勤管理的系统组成的。

（3）POS 系统的结构

1）硬件结构：硬件结构由收款机（POS 机）、扫描器、显示器（操作员显示器、顾客显示器）、打印机、网络服务器以及其他相关网络设备组成。

2）软件结构：软件系统主要由前台 POS 销售系统和后台综合管理信息系统组成。

（4）POS 系统的功能

1）前台 POS 系统功能：主要实现日常销售、结算、退货、支持各种支付方式、即时纠错等。

2）后台 MIS 系统功能：主要功能包括商品入库验收、商品销售管理、商品调价管理、单据票证管理、报表打印管理、统计分析功能、销售预测功能、数据维护管理、员工信息管理和考勤管理等。

10. 电子自动订货系统

（1）EOS（电子自动订货系统）是企业间利用通信网络和终端设备以在线联结方式进行订货作业和订货信息交换的系统。

（2）EOS 系统在企业物流管理中的作用。

① 缩短订货商品交货期，减少出错率；

② 分析零售商的订货信息，适时调整生产和销售计划；

③ 有利于减少企业库存；

④ 有利于提高效率。

（3）企业应用 EOS 系统的基础条件。

① 订货业务作业的标准化；

② 商品代码的设计；

③ 订货商品目录账册的设计和运用；

④ 计算机以及订货信息输入和输出终端设备的添置。

11. 地理信息系统

地理信息系统（Geographical Information System，GIS）是以地理空间数据为基础，采用地理模型分析方法，适时地提供多种动态的空间地理信息的计算机技术系统，其基本功能是将表格型数据转换为地理图形显示，以地理模型方法为手段，具有区域空间分析、多要素综合分析和动态预测能力。由计算机系统支持进行空间地理数据管理，并由计算机程序模拟常规的或专门的地理分析方法，作用于空间数据，产生有用信息。

GIS 应用于物流分析，主要是指利用 GIS 强大的地理数据功能来完善物流分析技术。国际上已经开发出利用 GIS 为物流提供专门分析的分析工具软件。完整的 GIS 物流分析软件集成了车辆路线模型、最短路径模型、网络物流模型、分配集合模型和设施定位模型等。

【思考与实践】

一、思考题

1. 简述电子商务物流的作用和特点。
2. 简述电子商务物流活动要素。
3. 什么是物流配送中心？它起什么作用？
4. 射频技术在零售业中有哪些作用？
5. 请简述配送与物流的区别。

二、实践题

1. 上网了解中国海尔集团的物流配送情况，分析物流配送中心在传统企业实施电子商务中的作用。

2. 假如你所在公司有一批内存条共 100 万条，要从上海运送到日本（要求快递），你会采用哪家公司进行托运？为什么（至少选五家公司进行比较）？每一家公司经营特色是什么？（其中物流公司可从互联网中调查选择）。

学习情境 7 网络商店策划与设计

【学习情境描述】

为了更加灵活地经营自己的网络生意，小雨想为自己设计一个个性的网络商店，在这个商店上能够为顾客提供各种商品的浏览方式，具有基本的商务网站的功能，包括查看商品、在线购物、商品评价以及货物管理等基本功能。

【知识点及技能点】

1. 了解各种商务网站所使用的编写语言
2. 掌握电子商务网站的类型与功能
3. 理解电子商务网站的策划过程

【重点难点】

2）重点
策划电子商务网站的模块
使用网站设计工具制作页面
3）难点
网站模块分析设计
数据库分析设计

【项目任务 7.1】 认识电子商务网站

✓ 任务要求
分析常见的商务网站，独立策划一个完整的电子商务网站。
✓ 完成结果
完成网站功能、网站模块、数据库设计。

7.1.1 商务网站需求分析

7.1.1.1 电子商务网站的特点
相对于一般的网站，电子商务网站主要体现出以下几个方面的特点：

（1）结构性特点。电子商务涉及电子数据处理、网络数据传输、数据交换和资金汇兑等技术；在企业的电子商务系统内部，有导购、定货、付款、交易与安全等有机地联系在一起的各个子系统；在交易进行过程中，经历商品浏览和订货、销售处理和发货、资金支付和售后服务等环节；电子商务业务的开展由消费者、厂商、运输、报关、保险、商检和银行等不同参与者，通过计算机网络组成一个复杂的网络结构，相互作用，相互依赖，协同处理，形成一个相互密切联系的连接全社会的信息处理大环境。

（2）动态性特点。电子商务交易网络没有时间和空间的限制，是一个不断更新的系统，每时每刻都在进行运转。网络上的供求信息在不停地更换，网上的商品和资金在不停地流动，交易和买卖的双方也不停地变更，商机不断地出现，竞争不停的展开。

（3）社会性特点。电子商务的最终目标是实现商品的网上交易，但这是一个相当复杂的过程，除了要应用各种有关技术来保证交易过程的顺利完成，还涉及许多社会性的问题。例如商品和资金流转的方式变革；法律的认可和保障；政府部门的支持和统一管理，公众对网上电子购物的热情和认可等。

（4）功能特点。利用基于 Internet 的 Web 技术提供信息发布平台，包括企业形象、经营状况、产品介绍、产品价格等内容，提供信息分类智能搜索功能。利用其智能的排序、分类、分区搜索功能，使供求商家能迅速在所求信息区找到兴趣点，也可以引导到欲了解商家的相应站点，详细查询相关信息。提供商业销售及服务管理。连通各企业的所有销售、供应站点，将各企业的供求信息进行分类管理，然后进行智能配对，实现电子交易过程。客户通过访问网站中的企业网页，在"购买登记"中输入对某产品的购买意向，计算机可以自动地把客户的需求结果（商品和价格）展现在客户面前，客户利用文本语言或 Internet 电话与网站接触，交互过程个性化，进而客户可通过 Internet 提交定货单，网站将定货单自动转给相应部门核实与处理，并且为正建立合作关系的每个客户进行编码（授权密码），颁发客户许可证书。

7.1.1.2 电子商务网站的需求分析

（1）商务网站策划内容。对于不同类型的电子商务网站，策划时会有一些不同，但基本上都遵循以下要素。

1）网站服务对象需求调查。要建立电子商务网站，需要明确网站服务对象，这将成为整个网站所有设计思想的基础。为此，必须对访问者有清晰的了解。电子商务网站的访问者可以分为外部和内部两类。外部访问者主要包括现实或潜在客户、供应商、政府、其他组织和个人，内部访问者主要指企业内部的组织和员工。在确定访问者的范围时，设计人员要着眼于企业整个大的经营环境，同时又不能仅仅向外看而忽略了内部访问者，内部访问者同样将通过网站获取所需信息。

2）网站目标与内容需求调查。目标是网站构建的出发点，企业能够在网上开展的业务是以自身的商务需求和产品特色及行业特点作为选择的标准。商务网站的设立，在很大程度上就是让现实和潜在的消费者在线获得企业产品和服务的相关信息，以便为其消费决策提供依据。相关信息越丰富、越详细，访问者在线购物的体验越接近真实状态，访问者就更愿意购买。因此，企业在建设商务网站时，必须根据提供的产品和服务为访问者提供尽可能详细的资料，并在成本与效益的平衡中做出决定，确立网站建设的目标。

3）网站功能与导航需求调查。网站的功能可以分为主要和辅助两类。主要功能是电子商务网站的关键所在，提供诸如信息发布、在线交易等设立商务网站本意的功能。辅助功能是为实现主要功能而设置的，例如交易网站通常要求访问者在线交易前，进行用户注册，以保证交易的严肃性和真实性，辅助的功能虽然不是建立网站的初衷，却是必不可少的。因此，必须在内容和功能的完善与技术可行之间进行权衡，放弃复杂且华而不实的功能。确定网站的导航系统，就是在对网站内容和功能的确立和分类的基础上，将内容、功能之间的逻辑联系通过导航工具链接起来。同时使用网站图标，作为访问者返回网站首页的链接，使他们无论在哪个页面上都可以迅速返回首页。

（2）潮流服装店网上商店策划。潮流服装店主要以时尚流行的服装为主，辅以年轻人喜欢的鞋子及其他配饰。消费群体主要面向17～30岁年轻人。

潮流服装店网店有以下基本功能：

1）**商品管理**：能够进行商品目录设置、商品管理、促销商品设定的功能。

2）**订单管理**：能够进行商品订单的查看和基本订单处理功能。

3）**报表统计**：能够进行销售报表的生成。

4）**会员管理**：能够进行会员基本管理、会员来源登记、会员分类、业务员管理、会员积分管理、会员礼品赠送登记等功能。

5）**网站管理**：能够进行网站信息管理、友情链接设置、网站留言管理、网站参数设置等功能。

6）**系统管理**：能够进行用户管理、支付管理、数据清理等功能。

7）**其他管理**：能够进行修改密码、退出系统等功能。

7.1.2 网站前台页面制作与实现

7.1.2.1 网站前台设计

在搭建网站和设计网站页面之前首先应先建立网站模板。网站模板设计布局网格是描述网页的模板，内容是最重要的因素。根据不同的内容，确定两三种一般的页面类型，并把它们作为所有其他页面类型的基础。所有页面主要部分的形式应该很相似。其他元素包括商标、广告和赞助、页标题、顶端图形、脚标（包括版权）也应认真考虑：商标能告诉用户是否还在网站上，一般放在页的左上角；广告和赞助可以以多种方式结合在一起；页标题、顶端图形、脚标（包括版权）可以根据内容有所变化，但尽可能保持一致。设计网站的框架就是建立网站的统一的整体结构和外观，比如网站的功能布局、网站的图形尺寸和风格。设计合理的网站框架可以保证网站中所有页面风格的统一。网站框架不必单独设计，通常与其他信息结构设计同时进行，以节省时间。

设计好网站模板后就应进行具体的页面设计。不同类型页面包括不同的内容，各有相应的设计开发方法，但仍然具有共同之处，主要有五方面的原则：即网站页面的设计和开发要与内容相匹配；使用的模板和风格确保网站整体形象的统一，并简化开发和以后的维护工作；尽量使用成熟的技术，并使用多种浏览器进行检验，确保使用不同的浏览器浏览时没有太大反差；精简页面，提高访问速度；尽量为访问者和在线购物者提供方便。企业电子商务网站的组成一般分为主页、信息/新闻页面、产品/服务页面、帮助页面及虚拟社区等。

整个制作过程是一个复杂而细致的过程，要按照先大后小、先简单后复杂的原则来进行制作。同时也应该遵循如下原则：①总体设计主题鲜明；②版式设计要和谐；③形式与内容相统一；④多媒体素材使用要合理；⑤导航要清晰。

7.1.2.2 潮流服装店网站设计

1. 商品展示页面

商品展示页面由 index.asp 及 show.asp 页面组成。其中 index.asp 页面包含 top.asp 及 bottom.asp 两个页面文件，如图 7-1 所示。

top.asp 实现页面头部的导航功能，如图 7-2 所示。

图 7-1 index.asp 页面构成文件

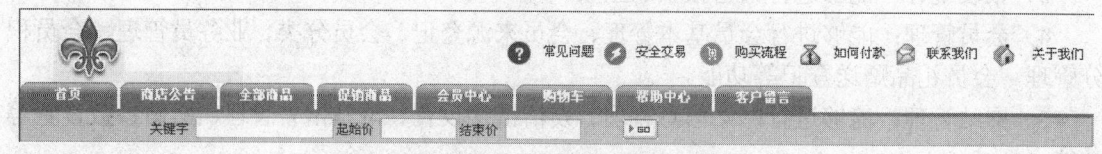

图 7-2 页面头部的导航功能界面

bottom.asp 实现页面底部的站点信息，如图 7-3 所示。

图 7-3 页面底部站点信息界面

index.asp 负责实现首页中的其他部分。这样做的目的是方便其他页面调用 top.asp、bottom.asp，减少代码的工作量。在 index.asp 中实现产品的显示、图片轮显及注册功能。图片轮显是由后台传递，并配合前台页面的 JavaScipt 程序，实现轮显效果。

2. 购物车

购物车主要完成在线购物功能，通过 buycar.asp、login1.asp 及 delcar.asp 三个页面文件来实现。购物车的界面如图 7-4 所示。

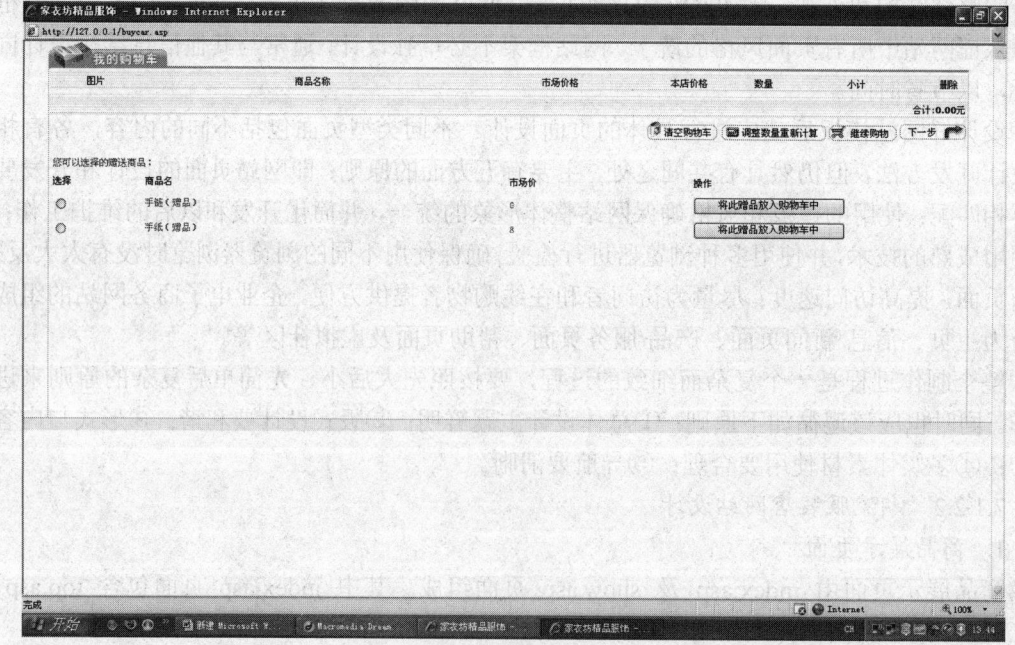

图 7-4 购物车界面

由于购物车是用户和网站实现数据交互及支付的平台,从安全性的角度考虑,在网站中进行了 SQL 防注入的考虑,以实现数据安全。具体代码如下:

```asp
<%
'************** ASPSecurity SQL 防注入**************
' Copyright 2006
' Create:2006-4-06
' Update:2006-4-14
'***************************************************
If Request.Form<>"" Then StopInjection(Request.Form)
If Request.QueryString<>"" Then StopInjection(Request.QueryString)
If Request.Cookies<>"" Then StopInjection(Request.Cookies)
Function StopInjection(values)
    For Each N_Get In values
        Dim L_Get, L_Get2
        For Each L_Get In values
            L_Get2 = values(L_Get)
            Set regEx = New RegExp
            regEx.IgnoreCase = True
            regEx.Global = True
            regEx.Pattern = "(\bselect\b|\sand\s|'|;|\sdeclare\s)"
            If regEx.Test(L_Get2) Then
                Alert()
                response.End()
            End If
            Set regEx = Nothing
        Next
    Next
End Function
Sub Alert()
    Dim str
    str = "<"&"Script Language=JavaScript"&">"
    str = str & "alert('==安全助手检测到了危险字符,已经禁止本次提交  ==\n');window.close();"
    str = str & "<"&"/Script"&">"
    response.write    str
End Sub
%>
<%
    connstrweb="Provider=Microsoft.Jet.OLEDB.4.0; Data Source="&server.mappath("db/webparam.asp")
%>
<%
                '读取网站配置信息
        set connweb=server.CreateObject("adodb.connection")
        on error resume next
        connweb.Open connstrweb
        if err.number<>0 then
            response.write "数据库连接出错,请与管理员联系"&err.description
```

```
                        response.end
            end if
%>
<%
     Set webrs = Server.CreateObject( "ADODB.Recordset" )
     sql="select * from web where ID=1"
     set webrs =connweb.execute(sql)
     if webrs.eof then
            response.write "系统配置出错,请与管理员联系"
            response.end
     end if
'网站标题
site_name=webrs("param1")
'网站简称
site_name1=webrs("param2")
'网站URL
site_url=webrs("param3")
 '定义列表分页的大小
pagesize=cint(webrs("param4"))
'网上座席员工号
 webman=webrs("param5")
'会员来源来自网站
 membersource=webrs("param6")
'默认会员的类型
 membertype=webrs("param7")
'默认会的业务员
 salesman=webrs("param8")
'非会员预订卡号
nomemberid=webrs("param9")
'smtp 地址
smtp=webrs("param10")
'smtp 用户账号
smtpuser=webrs("param11")
'smtp 用户邮件地址
smtpusermail=webrs("param12")
'smtp 用户密码
smtpuserpass=webrs("param13")
'发送者姓名
mailfromname =webrs("param14")
'网站描述
webdescription=webrs("param15")
'网站关键字
webkeywords=webrs("param16")
'网站备案号
webisp=webrs("param17")
```

```
'网站订单提醒邮件地址
weborderemail=webrs("param18")
'给用户发邮件
weborderusereamil=webrs("param19")
connweb.close
set connweb=nothing
%>
```

为了防止用户在交易中输入的格式和数据库中的数据类型不符合,在脚本中加入了相关的格式转换脚本。

```
<%
            '将字符串以 Html 文本字符输出
            function strtohtml(str)
                    strtohtml=replace(server.HTMLEncode(str),vbcr,"<br>")
                    strtohtml=replace(strtohtml," "," ")
            end function
            '将搜索的关键字中的特殊字符转化成标准 SQL 中可以正常使用的
            function strtosearch(str)
                    str=replace(str,"[","[[]")
                    str=replace(str,"%","[%]")
                    str=replace(str,"_","[_]")
                    str=replace(str,"'","''")
                    str="%"&str&"%"
                    strtosearch=str
            end function
            '字串替换
            function strtostr(str)
                    str=replace(str,"'","''")
                    strtostr=str
            end function
            '转换货币格式转化
            function strcurrency(str)
                    str=mid(cstr(formatcurrency(str,2)),2)
                    strcurrency=str
            end function
%>
<%
'传真 txt 文件空格转换
function transpace(str,totallen)
    len1=cint(lenstr(str))
    if len1<cint(totallen) then
        for i=len1 to cint(totallen)
            str=str&chr(32)
        next
    end if
    transpace=str
```

```
end function
'select 元素显示中加上空格
function transpace1(str,totallen)
    len1=cint(lenstr(str))
    if len1<cint(totallen) then
        for i=len1 to cint(totallen)
            str=str&" "
        next
    end if
    transpace1=str
end function
%>
<%
function lenstr(str)
    n=0
    for ii=1 to len(str)
        c=asc(mid(str,ii,1))
        if c>0 and c<128 then
            '英文
            n=n+1
        else
            '中文
            n=n+2
        end if
    next
    lenstr=n
end function
%>
```

同时，为了将用户数据和购物相关联，在购物车中绑定了 **connectdb.asp** 页面。当用户未登录时，购物页面会提示用户登录，并跳转到登录页面，页面如图7-5所示。

图7-5　跳转后的登录界面

当用户登录成功后，就进入显示个人购物清单的个人购物车界面，保存在 order.asp 文件中，如图 7-6 所示。

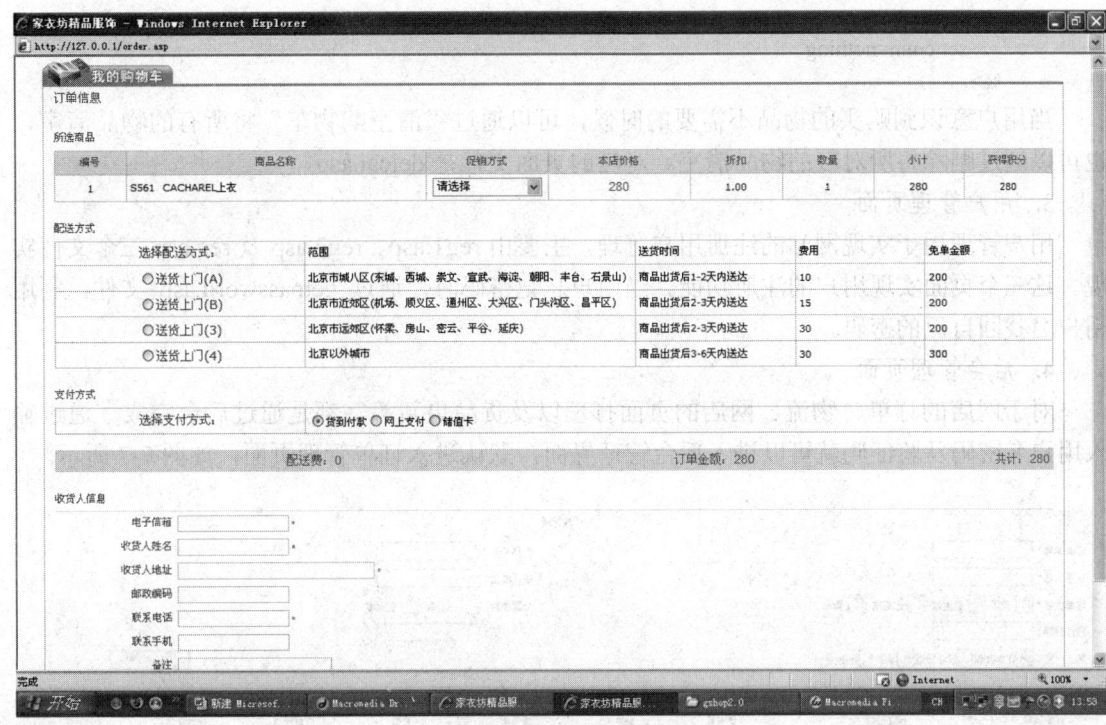

图 7-6　个人购物清单界面

实现代码如下：

```
<%
dologin=request("dologin")    '登录标志

        if request("request_method")="POST" and dologin="yes" then    '处理 POST 请求
                loginflag=false
                userid=strtostr(request("userid"))
                userpass=strtostr(request("userpass"))
                set rs=server.CreateObject("ADODB.RecordSet")
                sql="select * from YZ_Consume_Member where (MemberID='"&userid&"' and MemberPass='"&userpass&"')"
                set rs=conn.execute(sql)
                if rs.eof then
                        loginflag=true
                else
                        session("webuserid")=rs("MemberID")
                        rs.close
                        set rs=nothing
                        conn.close
                        set conn=nothing
                        response.redirect("order.asp")
                        response.end
```

end if
                    end if

           conn.close
           set conn=nothing
       %>

当用户意识到购买的物品不需要的时候，可以通过"清空购物车"将所有的物品清空，也可以通过删除将所对应的物品清空。对应的页面文件是 delcar.asp。

3．用户管理页面

用户管理用于实现网站的注册用户管理，主要由 reg1.asp、reg2.asp 及 reg.asp 三个文件实现。这三个页面实现用户的注册功能。当用户忘记密码时，通过 getpassword.asp 文件，利用用户名找回自己的密码。

4．后台管理页面

对于网店的订单、物流、网店的页面打理以及货品更新等，都是通过后台完成。通过输入用户名密码及验证码就可以进入后台管理界面，默认进入订单管理页面，如图 7-7 所示。

[图 7-7 订单管理页面]

图 7-7　订单管理页面

后台主要包括商品管理、定单管理、报表管理、会员管理、网站管理、系统管理及修改密码 7 个功能模块。

（1）商品管理。商品管理主要是对店内所售商品进行管理。主要通过层次树和右侧的详细列表来完成此功能，如图 7-8 所示。

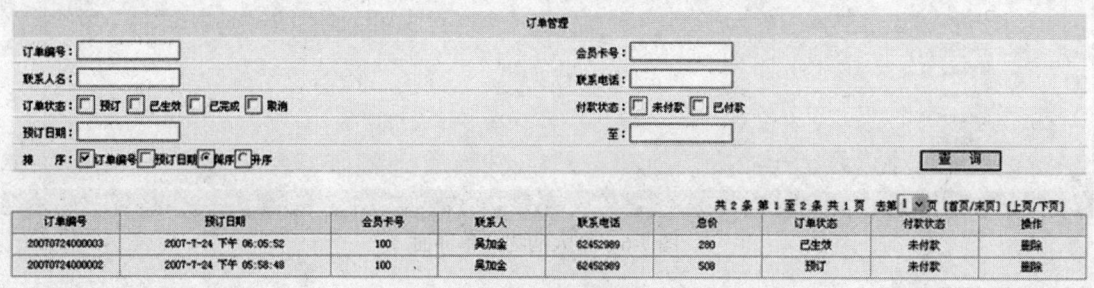

图 7-8　商品管理页面

（2）订单管理。订单管理主要完成用户通过购物车对所采购的商品的管理，可以实现对所订购的商品订单进行详细查看和删除订单等操作，页面如图 7-9 和 7-10 所示。

图 7-9　订单管理页面 1

图 7-10　订单管理页面 2

（3）报表管理。报表管理能够产生当前销售的报表状况，并且通过报表也可以查询到每件订单的详细状况，页面如图 7-11 所示。

图 7-11　报表管理界面

（4）会员管理。会员管理模块，实现对目前注册会员的全面管理，包括对会员的来源、类别、所属业务员、积分、礼品信息等综合维护，页面如图 7-12 所示。

（5）网站管理网站管理主要进行网站首页信息、动态公告、促销信息等的综合维护，页面如图 7-13 所示。

（6）修改密码。修改密码则是对当前超级管理员的密码进行更新的，页面如图 7-14 所示。

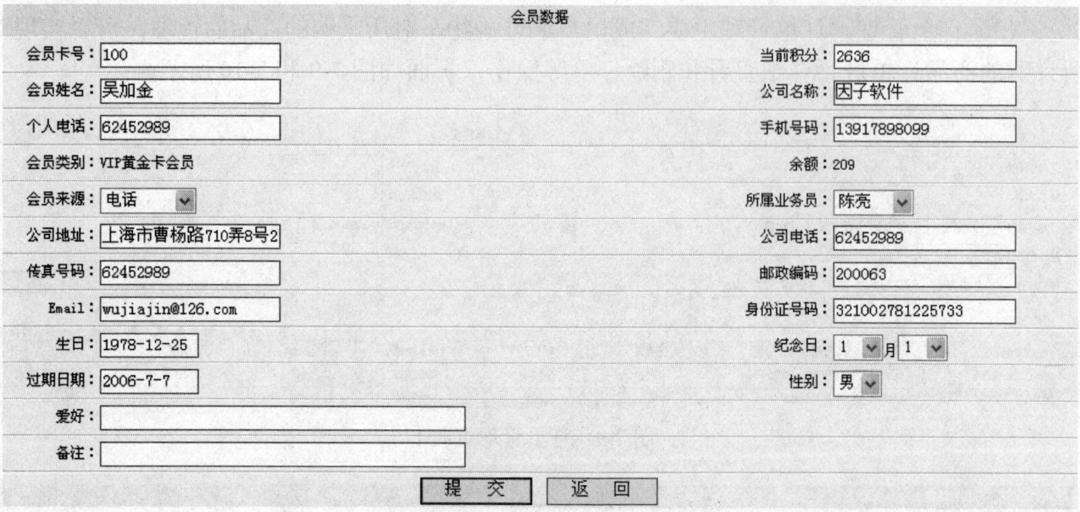

图 7-12 会员管理界面

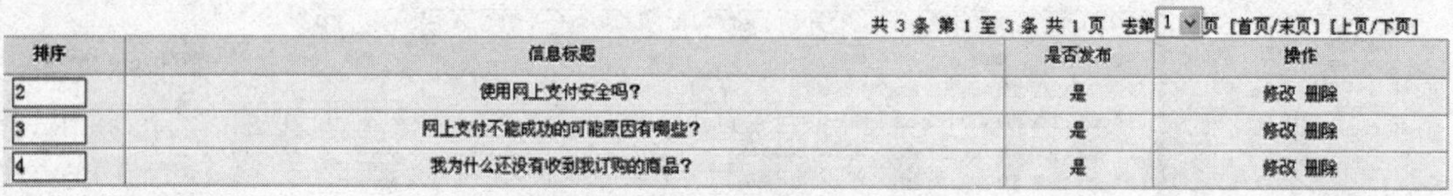

图 7-13 首页信息管理界面

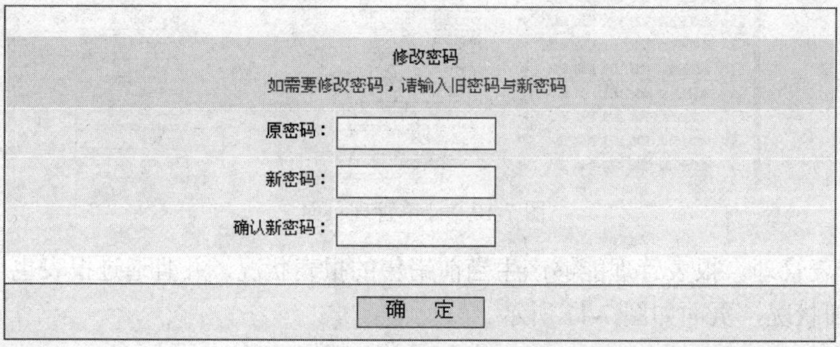

图 7-14 密码管理页面

7.1.3 网站数据库设计

在潮流服装店的设计过程中，为了实现数据的安全，将后台数据库.mdb 文件修改后缀名为.asp，通过 connectdb.asp 实现数据库连接。通过"connstr="Provider=Microsoft.Jet.OLEDB.4.0;Data Source="&server.mappath("db/YZ_Consume.asp")"语句实现以 MDB 的驱动方式实现对 YZ_Consume.asp 的读取，实现了简单的数据库安全操作。

本网站采用 Access 数据库作为后台数据库。总共由 30 张数据表组成。其中一部分用于存储网站中的结构元素，对比如 Banner 中的图片、动画等元素；另外一部分存储商品信息、用户信息、管理员信息。本网站对数据库文件进行了加密隐藏。现将网站中使用到的主要数据表介绍如下。

YZ_Consume_GoodsInfo，商品信息表：存储了网店中各种商品的信息。该表所具有的字段如图 7-15 所示。

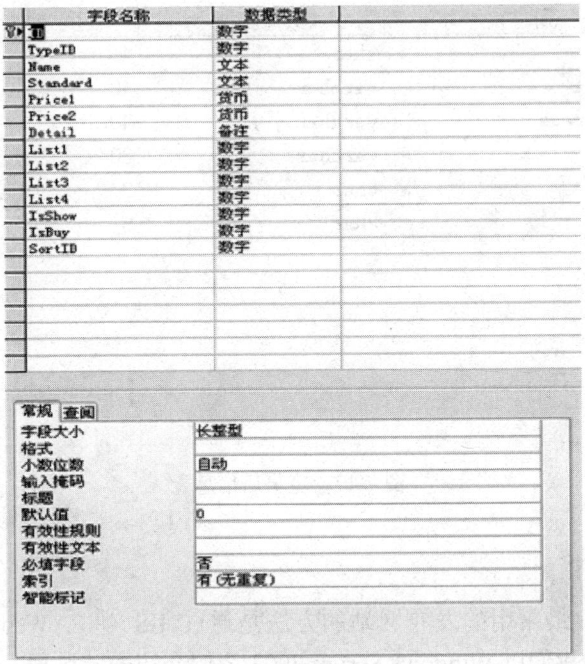

字段名称	数据类型
ID	数字
TypeID	数字
Name	文本
Standard	文本
Price1	货币
Price2	货币
Detail	备注
List1	数字
List2	数字
List3	数字
List4	数字
IsShow	数字
IsBuy	数字
SortID	数字

常规 查阅

字段大小	长整型
格式	
小数位数	自动
输入掩码	
标题	
默认值	0
有效性规则	
有效性文本	
必填字段	否
索引	有(无重复)
智能标记	

图 7-15　商品信息表

YZ_Consume_Member，注册用户表：存储了本站中的注册用户。该表所具有的字段如图 7-16 所示。

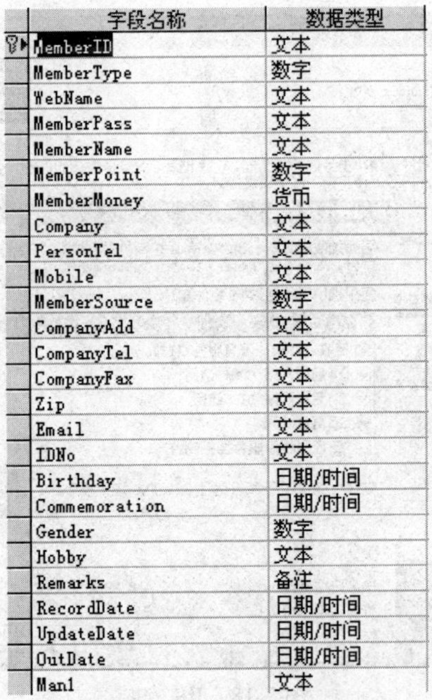

字段名称	数据类型
MemberID	文本
MemberType	数字
WebName	文本
MemberPass	文本
MemberName	文本
MemberPoint	数字
MemberMoney	货币
Company	文本
PersonTel	文本
Mobile	文本
MemberSource	数字
CompanyAdd	文本
CompanyTel	文本
CompanyFax	文本
Zip	文本
Email	文本
IDNo	文本
Birthday	日期/时间
Commemoration	日期/时间
Gender	数字
Hobby	文本
Remarks	备注
RecordDate	日期/时间
UpdateDate	日期/时间
OutDate	日期/时间
Man1	文本

图 7-16　注册用户表

YZ_Consume_Shop，零售店信息表：用来存储实体店面的详细信息。该表所具有的字段如图 7-17 所示。

列名	数据类型	长度	允许空
stor_id	char	4	
stor_name	varchar	40	✓
stor_address	varchar	40	✓
city	varchar	20	✓
state	char	2	✓
zip	char	5	✓

图 7-17　零售店信息表

7.1.4　网站发布

在 Windows 中，最常用的发布网站的方法是通过 IIS 建立 Web 站点来实现。首先在 Windows 中安装 IIS。我们以 Windows Server 2003 为例介绍安装过程。

Windows Server 2003 系统安装时，默认不安装 IIS 6.0。所以，我们需要手动安装 IIS 6.0。安装的方法是在"控制面板"→"添加/删除程序"→"添加/删除 Windows 组建"的选项中添加 IIS 组件，如图 7-18 所示。

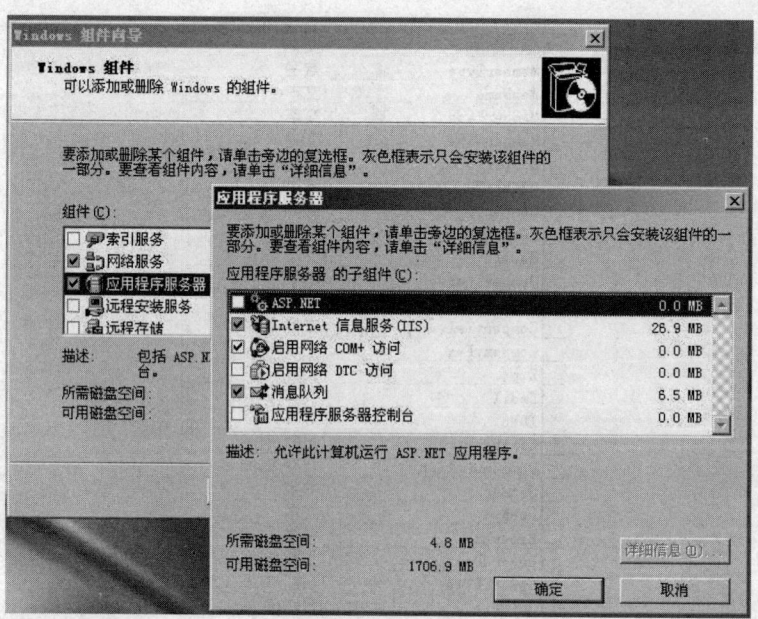

图 7-18　IIS 安装

选择完成后，单击"确定"按钮进行安装。当然，在安装的过程中，我们需要将 Windows Server 2003 的安装光盘放进光驱。

在 IIS6.0 安装完毕后，会默认的添加几个目录，这几个目录有：C：\InetPub、C：\Windows\System32\InterSrv、C：\Windows\Help\IISHelp 三个，这三个目录中，分别存放不同的内容。C：\InetPub 目录中一般存放用户所创建的 Web 站点、FTP 服务器、新闻组等内容；C：\Windows\System32\InterSrv 目录中存放 IIS 的一些程序文件，配置文件，如动态链接库、可执行文件等；C：\Windows\Help\IISHelp 目录中一般存放 IIS 的帮助文件。

安装完 IIS6.0 后，IIS 提供了以下几种服务：FTP Publishing Service、IIS Admin Service、SMTP Service、NNTP Service 和 World Wide Web Publishing 四个服务，其中 IIS Admin Service 这个服务是相当重要的服务，如果将 IIS Admin Service 停掉的话，以上所述的其他服务将会同时停止，所以，这个服务不能够停掉。

在 IIS6.0 安装完成后，会在 Web 站点中建立两个站点，分别是"默认网站"和"Administration"两个。如果我们需要建立新的 Web 站点，可以将其删除或停止。这里我们将其删除。如果系统没有安装网站服务，可以在"控制面板"中的"添加/删除组程序"的"添加/删除 Windows 组件"中来进行添加，添加的方法如下所述。

首先，右键单击 IIS 树下的"网站"，在弹出的快捷菜单中选择"新建"→"网站"。会弹出如图 7-19 所示的窗口。

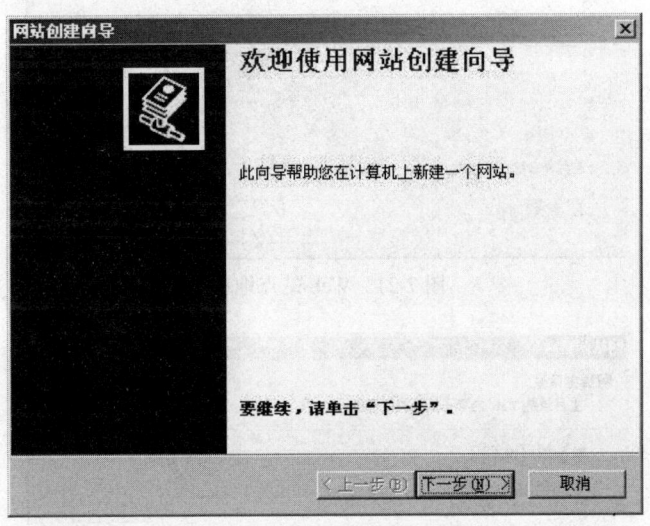

图 7-19 新建 Web 站点向导

直接单击"下一步"按钮进入图 7-20 所示界面。

在如图 7-20 所示的对话框的文本框中输入你所要建立站点的描述，该描述会在"网站"树中用来标识所建立的站点。完成后单击"下一步"按钮，进入如图 7-21 所示的界面。

在如图 7-21 所示的对话框中输入你所建立的 Web 站点的 IP 地址，网站的 TCP 端口号默认为 80，这个端口号是系统默认提供给 HTTP 服务所使用的端口号，一般不做修改。完成后，单击"下一步"按钮，进入图 7-22 所示的界面。

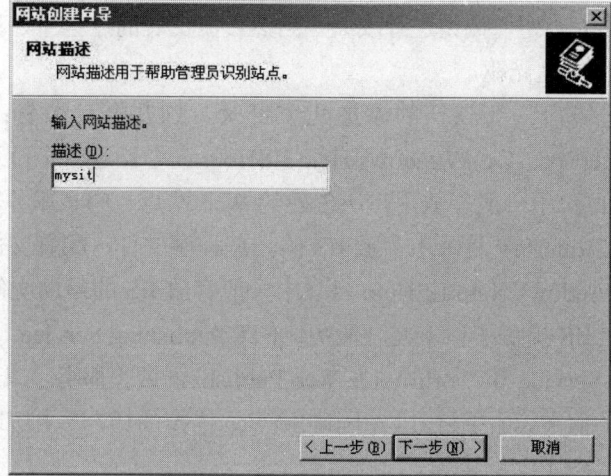

图 7-20　Web 站点描述

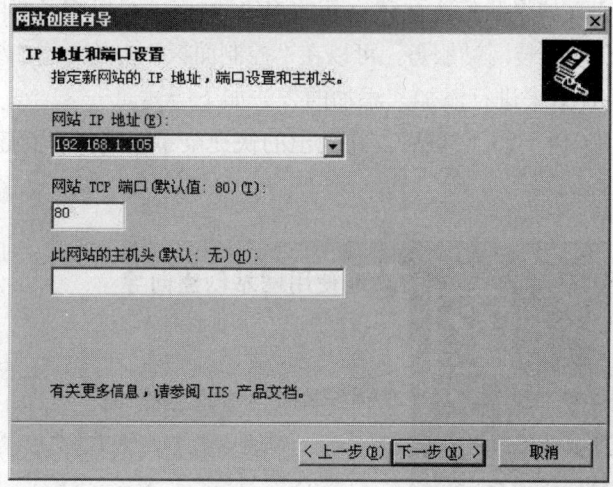

图 7-21　Web 站点地址

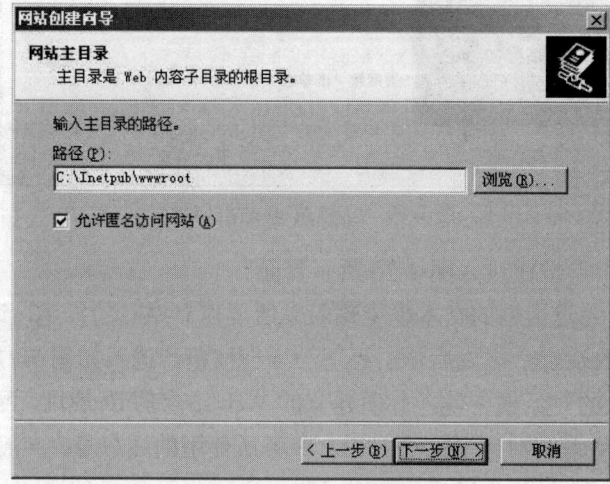

图 7-22　Web 站点目录

在图 7-22 所示的对话框中输入或者选择你所建立的 Web 站点的目录，这里我们选择 Windows Server 2003 所提供的默认目录：C:\Inetput\wwwroot，同时允许匿名访问站点。为了能够在测试时看到比较明显的结果，我们在该目录下建立一个内容为"建立成功！"的文件 default.htm，正确登录后，我们能够看到"建立成功！"内容。完成后，单击"下一步"按钮，进入图 7-23 所示的界面设置 Web 访问权限。

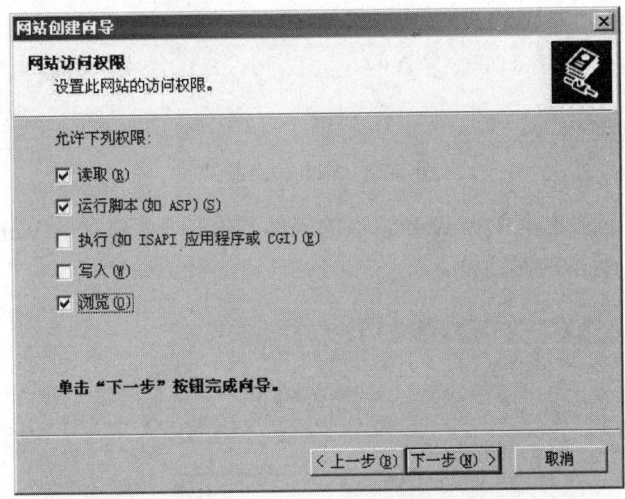

图 7-23　Web 访问权限

在图 7-23 所示的对话框中选择用户访问 Web 站点的权限，这里我们将"读取"、"运行脚本"、"浏览"三个复选框选中。完成后，单击"下一步"按钮，完成建立过程，如图 7-24 所示。

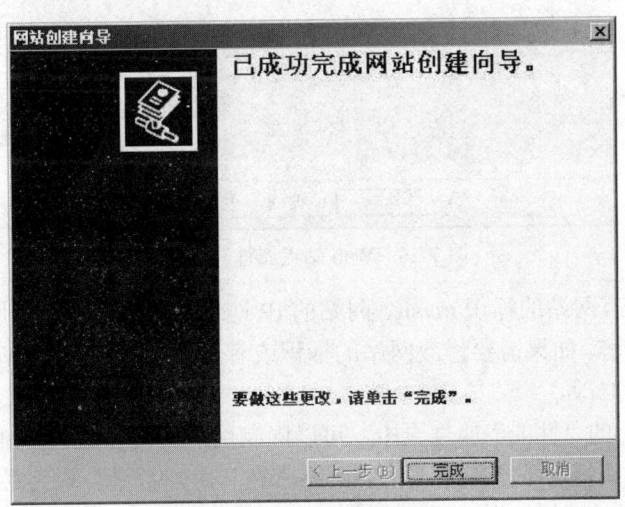

图 7-24　Web 站点建立完成

在图 7-24 所示的对话框中单击"完成"按钮，完成 Web 站点的建立。

Web 站点的测试方法是，在浏览器的地址栏中输入刚才我们建立 Web 站点时的 IP 地址，若建立成功，则会出现如图 7-25 所示的窗口。

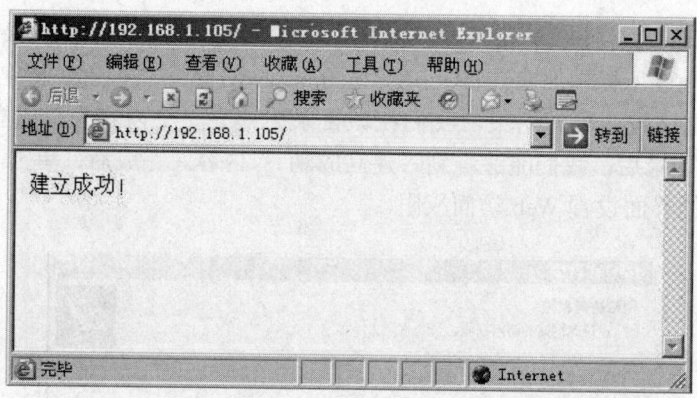

图 7-25　Web 站点测试

现在我们来看一下刚才建立的 Web 站点的属性。右击刚才建立的 Web 站点，选择"属性"命令会弹出如图 7-26 所示的对话框。

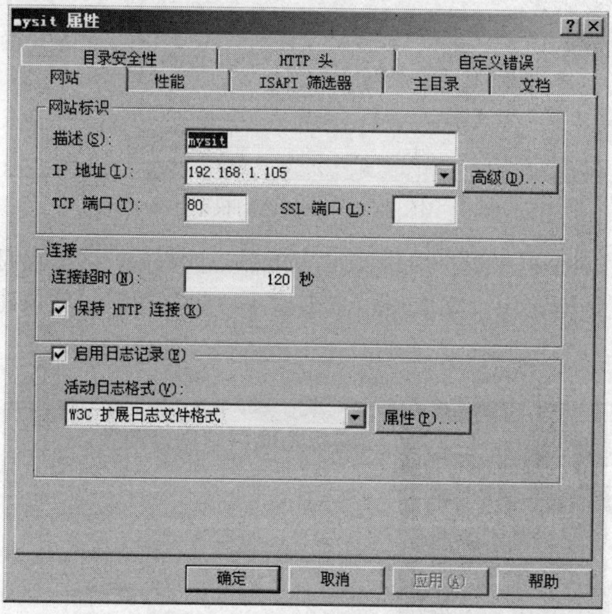

图 7-26　Web 站点属性－网站

在该属性页中，有网站的标识 mysit、网站的 IP 地址、Web 站点所使用的端口号以及连接超时和日志记录等内容。如果需要修改网站的标识或者 IP 地址，可以在 Web 站点建立成功后，在这个属性页中进行修改。

在如图 7-27 所示的"性能"属性页中，可以限制用户访问 Web 站点时的最大网络带宽和网络的链接数量。默认情况下不限制使用的网络带宽和用户数量，均为最大。

在如图 7-28 所示的"属性"对话框中，显示的是该 Web 站点的目录，目录可以来自本地计算机，也可以来自于其他计算机，同时可以使用 URL 来进行定位；用户访问 Web 站点的权限，以及打开该 Web 站点时所使用的应用程序，将设计好的潮流服装店的源代码复制到 Web 站点目录中，即 C:\Inetpub\wwwroot，或者更改本地路径，使其指向存储潮流服装店设计文件的目录。

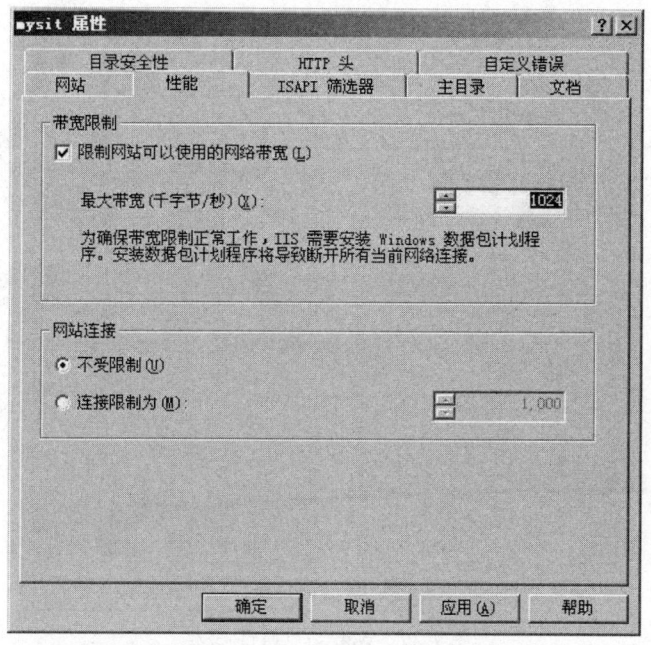

图 7-27　Web 站点属性－性能

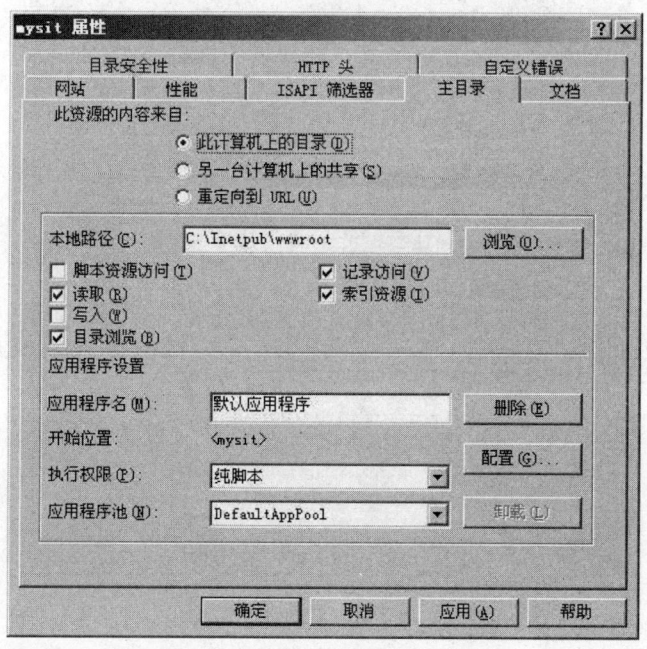

图 7-28　Web 站点属性－主目录

在如图 7-29 所示的"文档"属性页中，设定当前 Web 站点所显示的是一个文档名称，系统默认为 default.htm、default.asp 和 index.htm，所以，我们在建立网站目录中的第一个文档名称时，需使用这些名称。当然也可以使用其他名称，但是需要进行添加，如图 7-30 所示。由于我们建立潮流服装店网站首页为 index.asp，所以应将该文件名添加至默认内容文档中，并将潮流服装店所有的文件拷贝到 C:\Inetpub\wwwroot 中，完成网站发布。

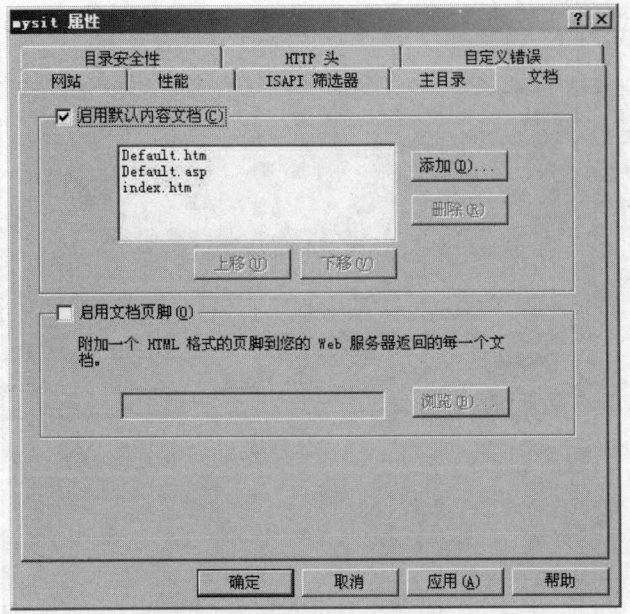

图 7-29　Web 站点属性-文档

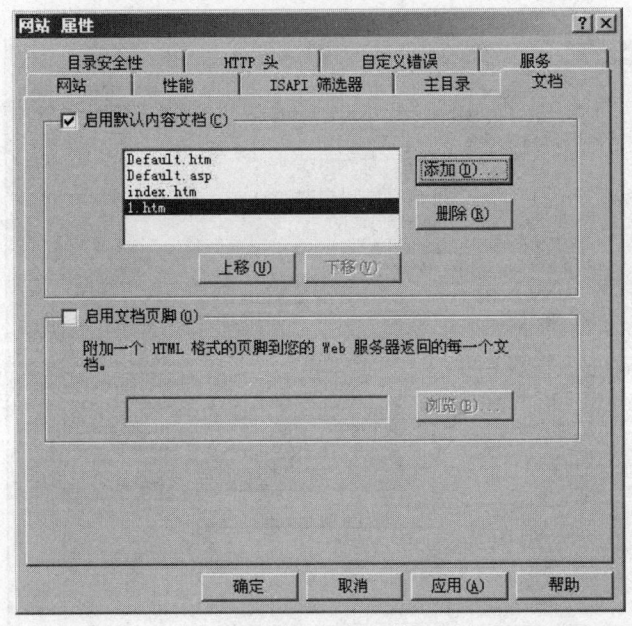

图 7-30　添加文档

【知识扩展】

在制作一个集功能和美观于一身的网页时，可以选择不同的网页制作工具来实现。各种工具的特点又都有所不同，但是一款功能强大、使用简单的软件往往可以起到事半功倍的效果。由于现在网页中常常需要嵌入多种元素，包括图片、动画、声音、视频等，因此网页制作涉及的工具也比较多，首先就是网页制作工具了，最常用的就是 Dreamweaver。除此之外，还有图片编辑工具，如 Photoshop、Photoilllpact 等；动画制作工具，如 Flash、C0013d、GifAnimator

等；还有网页特效工具，如会声会影等。

1. 网页制作工具 Dreamweaver

Dreamweaver 可以使用动态 HTML 功能（例如具有动态效果的层和行为），而不用写一行代码。它甚至还可以检查用户的工作成果在所有流行的平台和浏览器中可能发生的错误。Dreamweaver 还是一个可以完全自定义的应用程序。用户可以创建自己的对象和命令，修改菜单和快捷键，甚至编写 JavaScript 代码，扩展 Dreamweaver 的行为和属性检查器。

2. 动画制作工具 Flash

Flash 用于 Web 站点的交互式矢量图形和动画的制作，它可制作出用于浏览的导航控制、制作动画图标、带同步声音的大段的动画，创建出生动的富于表现力的网页。Flash 中的图形都是矢量的，占据存储空间较少，因而下载时间短，且能很好地适应浏览者不同尺寸的屏幕。Flash 交互性的大部分设置就在 Action 和 Fs command 里，通过对 Action 和 Fs command 的设置，你可以随意地设置各事件发生的效果，还有对变量及函数的设置。

3. 图片处理软件 Photoshop

Photoshop 是目前最流行的图形、图像编辑设计软件，在数码影像处理、图像编辑合成、广告设计、封面设计、美术绘画、网页设计等领域都被广泛地应用。

4. JavaScript

JavaSript 是一种基于对象和事件驱动并具有安全性能的脚本语言。使用它的目的是与 HTML 超文本标记语言、Java 脚本语言（Java 小程序）一起实现在一个 Web 页面中链接多个对象，与 Web 客户交互作用，从而可以开发客户端的应用程序等。它是通过嵌入或调入标准的 HTML 语言中实现的。它的出现弥补了 HTML 语言的缺陷，是 Java 与 HTML 折衷的选择。

5. 动态网站的脚本语言 PHP

PHP 语言是一种服务器端 HTML 嵌入式的脚本语言。它以独特的语法混合了 C、Java 和 Perl 的语言特色。在保证最大可操作性的前提下，提供了比一般 CGI 更快的执行速度。

PHP 是能生成动态网页的工具之一。由于其和 ADache 服务器紧密结合，不断地更新及加入新的功能，支持几乎所有主流与非主流数据库，高速的执行效率等特点使得在 1999 年中使用 PHP 的站点超过了 15 万。PHP 的第四代 zend（PHP4）核心引擎已经进入最后测试阶段，整个程序的核心大幅更动，让执行速度满足更快的要求。

【思考与实践】

一、简答题

1. 网页是什么？主页是什么？网页、首页、网站有什么区别？
2. 如何规划网站？网页编辑工具有哪些？

二、实践题

1. 使用 ASP 和 Access 创建在线通讯录。
2. 将上题中的 Access 数据库改为 SQL Server 数据库，如何在 Asp 代码中进行数据库连接？

参考文献

[1] 方美琪. 电子商务. 北京：清华大学出版社，2002.
[2] 万守付. 电子商务基础. 北京：人民邮电出版社，2007.
[3] （美）加里 P 施耐德. 电子商务. 北京：机械工业出版社，2004.
[4] 中国就业培训技术指导中心. 电子商务师. 北京：中央广播电视大学出版社，2005.
[5] 方美琪，刘鲁川. 电子商务技术员教程. 北京：清华大学出版社，2005.
[6] 商务部. 中国电子商务报告（2010-2011）. 2010.
[7] 中国互联网络信息中心. 中国互联网络发展状况统计报告. 2012.
[8] 易诗莲，刘洋. 国内外电子商务发展经验及其动态研究. 大众商务，2010,5:146-147.
[9] 殷园. 论韩国电子商务的发展. 辽宁省交通高等专科学校学报，2008,3:47-59.
[10] 吕品. 我国移动电子商务发展与对策分析. 经营管理，2009,5:103.
[11] 阿里巴巴（中国）网络技术有限公司. 2009 中国中小企业电子商务发展报告. 中国中小企业 2, 10. 2:35-37.
[12] 徐善针，金小峰，李永珍. 中国电子商务发展现状综述. 延边大学学报（自然科学版），2000,9:222-226.
[13] 叶佳丽. 中国电子商务发展现状及其面临的问题. 商业经济，2010,4:35-37.
[14] 乐均斌，刘崴，马浩然. 中小型民营企业电子商务的发展. 商场现代，2010,3:74.
[15] 边文魁，张永春，张晓峰. 中国电子商务发展现状及对策. 上海交通大学学报（社科版），2000,1:70-74.
[16] 赵枫. 中国电子商务发展现状分析. 中共长春市委党校学报，2004,12:25-27.
[17] 唐光临，孟卫东，昊实. 集团经济研究. 2007,7:306-307.
[18] 杨坚争. 我国电子商务标准体系研究. 上海理工大学学报，2002,1:76-80.
[19] 袁文清，刘建斌. 我国电子商务标准化问题的研究. 标准科学，2009,4:36-39.
[20] 马海群. 电子商务标准建设. 中国软科学，2002,10:125-127.
[21] 樊建墨. 电子商务网站的设计思想. 现代商业，2008,17:170.
[22] 曾懿. 电子商务网站色彩设计研究. 科技信息，2010,3 84-85.
[23] （美）Andrew S. Tanenbaum 著. 计算机网络（第 4 版）. 潘爱民译. 北京：清华大学出版社，2004.
[24] 张敏等. 3G 时代我国移动电子商务现状与发展策略. 通讯管理与技术，2009,3:28-29.
[25] 张立丽. 发展移动电子商务浅议. 沈阳干部学刊，2009.2:31-32.
[26] 姚传富. 工信部电信研究院副院长曹淑敏. 移动电子商务是移动信息化主体. 人民邮电 2010-3-29 日，第 005 版 移动电子商务专刊.
[27] 罗巍. 基于位置服务的移动电子商务平台构建. 中国科技信息，2010.2:172-174.
[28] 李盎. 建立健全中国移动电子商务市场相关法律法规. 西部时报，2009.
[29] 何咏梅. 论移动电子商务. 科技信息，2009.27:53.

[30] 石彪, 刘利枚. 移动电子商务及其主要实现技术浅析. 经济研究导刊, 2009.7:104-105.

[31] 王敬童. 移动电子商务技术及其安全策略. 湖南商学院学报, 2009.2:107-110.

[32] 侯云龙, 赵偲. 移动电子商务发展需拓展新服务形态. 经济参考报, 2010.

[33] 张玉起. 移动电子商务及其发展. 经济关注.

[34] 曹静琪. 移动电子商务及其应用. 科协论坛, 2010.7: 122-123.

[35] 李远方, 颜菊阳. 移动电子商务应用驶入"快行道". 中国商报, 2009.

[36] 胡峰, 傅茜茜. 移动电子商务在企业中的应用. 黑龙江科技信息.

[37] 杭志等. 移动电子商务中的服务组合研究. 计算机技术与发展, 2010.4:187-190.

[38] 王健. 电子商务法规政策的新发展-解读商务部《关于网上交易的指导意见（暂行）》. 国际商报, 2007.

[39] 相峰, 陈雨松. 发展电子商务: 立法先行——谈国际电子商务立法现状及对我国电子商务立法工作的几点建议. 国际商报, 2000.

[40] http://wenku.baidu.com 百度文库.

[41] 姜红波. 电子商务概论. 北京: 清华大学出版社, 2009.

[42] 钟秀红. 电子商务应用. 北京: 清华大学出版社, 2007.

[43] 陈月波, 解勤华, 潘明风. 电子商务实务. 北京: 电子工业出版社, 2007.

[44] 高巨山, 仲伟伫, 徐兰. 电子商务概论. 北京: 电子工业出版社, 2008.

[45] 中国就业培训技术指导中心. 电子商务师国家职业资格考试培训教程（三级）. 北京: 中央广播电视大学出版社, 2005.

[46] 中国就业培训技术指导中心. 电子商务师（基础知识）——国家职业资格培训教程. 北京: 中央广播电视大学出版社, 2005.

[47] 冯英健. 网络营销基础与实践（第三版）. 北京: 清华大学出版社, 2009.

[48] 杨坚争. 网络营销教程（电子商务系列教材）. 北京: 中国人民大学出版社, 2002.

[49] 高晖. 网络营销. 西安: 西安交通大学出版社, 2012.

[50] 宋文官. 电子商务概论. 北京: 清华大学出版社. 2006.

[51] http://www.morningpost.com.cn/itpd/itdc/2010-12-17/90208.shtml, 北京晨报.

[52] 苟新生. 网络支付与结算. 北京: 电子工业出版社, 2004.

[53] 徐勇. 网络支付与结算. 北京: 北京大学出版社, 2010.

[54] 臧良运, 纪香清. 电子商务支付与安全. 北京: 电子工业出版社, 2006.

[55] 曾子明. 电子商务安全与支付. 北京: 科学出版社, 2008.

[56] 纪琳. 网上支付与结算. 北京: 机械工业出版社, 2009.

[57] 艾瑞咨询: 2010年中国第三方网上支付年度数据发布

[58] 帅青红. 网上支付与电子银行. 北京: 机械工业出版社, 2010.

[59] 杨坚争, 赵雯, 杨立帆. 电子商务安全与电子支付. 北京: 机械工业出版社, 2007.

[60] 阿里巴巴（中国）网络技术有限公司. 阿里巴巴电子商务初级认证教程. 北京: 清华大学出版社, 2006.

[61] 杨坚争. 电子商务网站典型案例评析. 西安: 西安电子科技大学出版社, 2005.

[62] 仲岩. 电子商务实务. 北京: 北京大学出版社, 2009.

[63] 移动电子商务发展还需移动支付发力. http://go.rss.sina.com.cn/redirect.php?url=http://

tech.sina.com.cn/i/2011-02-10/10275163850.shtml

[64] 北京金智恒信通信信息咨询公司．2009-2010 年度中国移动支付市场发展状况及趋势分析．2009．

[65] 张磊，韩刚．电子支付与安全．北京：人民邮电出版社．2006．

[66] 宋文官．电子商务实用教程（第三版）．北京：高等教育出版社，2007．

[67] 德意电子商务实验室指导手册

[68] 肖和阳，卢嫣．电子商务安全技术．北京：国防科技大学出版社．

[69] 苛新生．网络支付与结算．北京：电子工业出版社，2004．

[70] 方美琪，刘鲁川．电子商务技术员教程．北京：清华大学出版社，2005．

[71] 张炯明．安全电子商务实用技术．北京：清华大学出版社，2002．

[72] 曾子明．电子商务安全与支付．北京：科学出版社，2008．

[73] 苛新生．网络支付与结算．北京：电子工业出版社，2004．

[74] 徐勇．网络支付与结算．北京：北京大学出版社，2010．

[75] 臧良运，纪香清．电子商务支付与安全．北京：电子工业出版社，2006．

[76] 纪琳．网上支付与结算．北京：机械工业出版社，2009．

[77] 帅青红．网上支付与电子银行．北京：机械工业出版社，2010．

[78] 王晴，王建华．电子商务网站的构建与推广中国商贸．2009,11:85-86．

[79] 文远保，王书华．基于 Internet 电子商务网站多层结构 Web 的实现．现代计算机（专业版）2003(5)：44-47．

[80] 朱志敏．个人电子商务网站设计步骤和规划原则．2006,1:58-60．

[81] 吴晓葵，盛宜．网站建设与维护．西安：西北工业大学出版社，2008．

[82] 杨森香，聂志勇．网页设计与制作案例教程．北京：北京大学出版社，2009．